武汉统计年鉴

WUHAN STATISTICAL YEARBOOK

2020

（总第32期，NO. 32）

武 汉 市 统 计 局

WUHAN MUNICIPAL STATISTICS BUREAU

国家统计局武汉调查队

STATE STATISTICAL BUREAU WUHAN INVESTIGATION TEAM

中国统计出版社

China Statistics Press

图书在版编目(CIP)数据

武汉统计年鉴. 2020 = Wuhan Statistical Yearbook 2020 : 汉英对照 / 武汉市统计局, 国家统计局武汉调查队编. -北京 : 中国统计出版社, 2020.9
ISBN 978-7-5037-9214-4

Ⅰ. ①武… Ⅱ. ①武… ②国… Ⅲ. ①统计资料-武汉-2020-年鉴-汉、英 Ⅳ. ①C832.631-54

中国版本图书馆 CIP 数据核字(2020)第 125700 号

武汉统计年鉴-2020

作　　者 / 武汉市统计局　国家统计局武汉调查队
责任编辑 / 钟　钰
装帧设计 / 潘正琼
出版发行 / 中国统计出版社有限公司
地　　址 / 北京市丰台区西三环南路甲 6 号
邮政编码 / 100073
电　　话 / 邮购(010)63376909　书店(010)68783171
网　　址 / http://www.zgtjcbs.com
印　　刷 / 武汉市仁达印刷厂
经　　销 / 新华书店
开　　本 / 890mm×1240mm 1/16
字　　数 / 1017 千字
印　　张 / 24
版　　别 / 2020 年 9 月第 1 版
版　　次 / 2020 年 9 月第 1 次印刷
定　　价 / 300.00 元　Price: 300.00 yuan(RMB)

如有印装差错，由本社发行部调换。

《武汉统计年鉴—2020》编辑部

Editorial Department of Wuhan Statistical Yearbook—2020

Editors - in - chief: Zhang Jin　Chen Xiaoqing

Associate Editors - in - chief:

He Zhigang	Deng Chuanfa	Ying Xiaoli	Liu Zhongqing
Jiang Yu	Dong Jiefang	Xia Guohua	Meng Xianqi
Xiao Honghua	He Xiaolin	Hu Youxi	Guo Shuhua
Xiong Liangjun			

Editors: (In order of strokes of chinese Surname)

Wang Qing	Wang Baohan	Wang Shan	Fang Fang
Ai Xin	Shuai Guohao	Qiao Bin	Liu Penghui
Li Yulan	Li Changxun	Li Zhongming	Zhang Xiaoyong
Wu Qi	Yang Dan	Yang Xiaodong	Chen Quanyi
Chen Yan	Lin Hong	Zhao Guoxiong	Hu Hong
Hu Zeng	Hu Kaifeng	Hu Hongjiu	Zhu Yousheng
Gui Yongchao	Guo Li	Tang Junxiang	Huang Ping
Zeng Wei	Pan Zhengqiong		

Executive Editor:

Pan Zhengqiong　Zhao Guoxiong

Editorial Staff:

Chen Yang	Yu Hui	Wang Meng	Zhang Wen
Tian Tian	Xu Changxiong	Qu Fang	Cao Wenhui

English Translators: Yu Hui　Wang Meng

编 辑 说 明

一、《武汉统计年鉴－2020》以大量数据，全面、系统地反映了武汉市2019年经济、科技和社会发展情况，是一本信息密集的资料性年刊和工具书。

二、全书内容由统计公报等12部分组成。包括综合、核算，人口与劳动统计，工业、能源消费，农业，固定资产投资与建筑业，公用事业，公共交通及邮电，贸易、外经、旅游，财政金融和保险，物价指数和人民生活，科技、教育、文化，分区资料等方面的数据和区主要统计资料。为便于读者正确使用统计资料，篇首加注了简要说明，篇末附有主要统计指标解释。

三、本年鉴辑入的统计数据，以2019年为主，重点指标还列出了中华人民共和国成立以来主要历史年份的统计数据。部分资料来自抽样调查。

四、根据最新掌握的统计资料以及国家新的统计制度之规定，本年鉴对过去发表的一些重要统计资料重新予以核实，对部分历史数据进行了调整。因此，读者在使用历史资料时，凡与本年鉴有出入的，均以本年鉴为准。

五、本年鉴各表中，有关对全表的注解均在该表的上方，对表中部分指标的注解则在该表的下方。

六、资料中所使用的度量衡单位均采用国际标准计量单位。

七、本年鉴表中的使用符号说明："－"表示无数据；"…"表示数据不足本表最小单位；"空格"表示该项统计指标数据不详或无该项数据；"#"表示其中的主要数据；"＊"或"①"表示本表下有注解。

八、本年鉴中的部分数据由于单位取舍不同产生的计算误差均未作机械调整。

EDITORS NOTES

Ⅰ.*Wuhan Statistical Yearbook –2020* is an annual statistical publication with dense information. It comprehensively and systematically reflects the achievements of Wuhan economic, technological and social development in 2019 making use of a large number of statistical data.

Ⅱ. This annual publication contains twelve parts such as features, including General Survey, Population and Employment, Industry、Consumption of energy, Agriculture, Investment in Fixed Assets, Public Utilities, Transportation、Post and Telecommunications, Trade、International Cooperation、Tourism, Finance、Banking and Insurance, Price Indices and People's Livelihood, Science and Technology、Education、Culture, and Main Statistical Information on the administrative areas of Wuhan. There are brief introductions at the beginning of each part so that readers are able to use correctly statistical data in it. In addittion, Explanatory Notes on Main Statistical Indicators are provided at the end of each section.

Ⅲ. Most of the statistical data in this yearbook is based on all kinds of 2019's reports. The statistical data of main historic years since 1949 for some key indicators are listed in it. Some of the data are from sample survey.

Ⅳ. According to the up – to – data statistical information and the newnational stipulation conncerned, some data in this yearbook has been revised after verifying a number of important statistical data released in the past. Therefore, readers should use data in this yearbook in case that it is not in accord with this yearbook.

V. The notes concerning the whole table are placed at the upper part of the book, while the notes concerning the individual indicators are at the bottom of the table.

VI. The units of measurement used in this book are international standard measurement ones.

VII. Notations used in this book: " – " indicates no data in the item; " … " indicates that the figures are not large enough to be measured with the smallest unit in the table; the blank indicates that the data aren' t available; "#" indicates the major items in the tabel; " * " indicates "see the footnotes below".

Ⅷ. The calculating errors of some data in this yearbook caused by the unit conversion aren' t adjusted mechanically.

目　录
Content

三、工业、能源消费
INDUSTRY ADN ENERGY CONSUMPTIONS

四、农　　业
AGRICULTURE

五、固定资产投资与建筑业

INVESTMENT IN FIXED ASSETS CONSTRUCTION

九、财政、金融和保险

FINANCE, BANKING AND INSURANCE

十二、分区资料
STATISTICS FOR DISTRICT

特　　载

FEATURE ARTICLES

2019年武汉市国民经济和社会发展统计公报

2019年，全市上下以习近平新时代中国特色社会主义思想为指导，全面贯彻党的十九大和十九届二中、三中、四中全会精神，按照市委、市政府决策部署，坚持稳中求进工作总基调，以办好军运会和推动高质量发展为重点，扎实做好稳就业、稳金融、稳外贸、稳外资、稳投资、稳预期工作，全市经济运行总体平稳，发展水平迈上新台阶，发展质量稳步提升，人民生活福祉持续增进，各项社会事业繁荣发展，“十三五”规划主要指标进度符合预期，全面建成小康社会取得新的进展。

一、综合

初步核算，2019年，全市实现地区生产总值（GDP）16223.21亿元，按可比价格计算，比上年增长7.4%。其中，第一产业增加值378.99亿元，增长3.0%；第二产业增加值5988.88亿元，增长6.5%；第三产业增加值9855.34亿元，增长8.2%。三次产业结构调整为2.3 ∶ 36.9 ∶ 60.8。按常住人口计算，全市人均地区生产总值145545元，按平均汇率折合为2.11万美元。根据第四次全国经济普查结果和我国GDP核算制度规定，2018年武汉市GDP修订为14928.72亿元。

全市单位GDP能耗继续保持下降态势，年初确定的2.5%的下降目标顺利完成。

人口：年末全市常住人口1121.20万人，比上年末增加13.1万人，其中城镇常住人口902.45万人，占总人口比重（常住人口城镇化率）为80.49%，比上年末提高0.2个百分点。年末全市户籍人口906.40万人。全年户籍出生人口11.46万人，出生率12.8‰；死亡人口5.12万人，死亡率5.7‰；自然增长率7.1‰。

就业：全年城镇新增就业24.25万人，比上年增长10.7%。年末城镇登记失业率2.02%，比上年末下降0.12个百分点。

价格：全年居民消费价格（CPI）比上年上涨3.2%。其中，食品价格上涨9.8%，非食品价格上涨1.6%。12月份武汉新建商品住宅价格同比上涨11.8%。

市场主体：年末全市市场主体130.13万户，比上年增长9.9%，其中，企业55.71万户，增长14.3%；个体工商户73.94万户，增长6.9%。全年新登记市场主体21.78万户，增长14.0%，其中，新登记企业12.16万户，增长22.1%；新登记个体工商户9.58万户，增长5.1%。

脱贫攻坚：全年共派出3239名驻村工作队员开展驻村帮扶工作，投入专项扶贫资金11.18亿元，实现685户1563名贫困人口“摘帽脱贫”。脱贫攻坚年度任务全部完成。

二、农业

全年农林牧渔及服务业增加值399.86亿元，比上年增长3.3%。主要农产品中，粮食产量88.60万吨，下降5.9%；蔬菜产量779.87万吨，增长1.7%；生猪出栏168.61万头，下降31.6%；家禽出笼4088.50万只，增长7.0%；禽蛋产量9.33万吨，增长3.3%；水产品产量44.19万吨，下降0.3%。全市各类新型农业经营主体6341家，增长3.6%。乡村休闲游综合收入185亿元，增长17.8%。农产品网络零售额1500亿元，增长39.0%。

三、工业和建筑业

工业：全年全部工业增加值4539.11亿元，比上年增长6.5%。规模以上工业增加值增长4.4%。全年规模以上工业企业营业收入14178.43亿元，增长1.7%。利润总额930.67亿元，增长25.8%。

全年规模以上工业中，汽车制造业增加值增长0.2%，烟草制品业增长0.8%，电力、热力生产和供应业增长8.6%，计算机、通信和其他电子设备制造业增长12.3%，电气机械和器材制造业增长4.5%，石油、煤炭及其他燃料加工业增长4.1%，黑色金属冶炼和压延加工业下降5.5%，金属制品业增长12.8%，非金属矿物制品业增长3.2%，医药制造业增长12.9%，农副食品加工业下降1.4%，化学原料和化学制品制造业下降10.6%。

建筑业：全年具有资质等级的总承包和专业承包建筑业企业1590户，实现建筑业总产值10390.16亿元，比上年增长13.0%。

四、固定资产投资和房地产开发

固定资产投资：全年固定资产投资（不含农户）比上年增长9.8%。按产业分，第一产业投资增长84.5%；第二产业投资增长11.8%，其中工业投资增长16.3%；第三产业投资增长8.7%，其中基础设施投资增长12.9%。按构成分，建筑安装工程投资增长6.0%，设备工器具购置增长38.2%，其他费用增长9.5%。民间投资增长8.0%，占固定资产投资的比重为51.1%。

房地产开发：全年房地产开发投资比上年增长6.7%。其中，住宅投资增长11.6%，办公楼投资下降3.7%，商业营业用房投资下降16.2%。全市房屋施工面积13556.46万平方米，比上年增长15.3%。其中，本年新开工面积3430.84万平方米，增长10.4%。全年房屋竣工面积697.50万平方米，增长52.1%。

保障性住房建设：全年城中村改造、棚户区改造分别完成1.26万户、2.51万户。保障性住房投资198.03亿元，建成保障性住房2.78万套，筹集租赁房6.30万套。

表1 2019年主要工业产品产量及其增长速度

产品名称	单位	产量	比上年增长(%)
生铁	万吨	1543.31	-1.9
钢材	万吨	1734.96	-2.1
汽车	万辆	154.85	-9.2
#轿车	万辆	96.27	-3.5
卷烟	万箱	254.75	-0.2
原油加工量	万吨	813.91	1.5
发电量	亿千瓦时	278.24	9.3
机制纸及纸板(外购原纸加工除外)	万吨	66.25	21.4
房间空气调节器	万台	2110.93	14.1
布	万米	4563.01	-10.4
服装	万件	10019.30	10.1
饮料	万吨	471.02	20.2
显示器	万台	1517.51	29.7
化学药品原药	吨	23446.76	0.3
乙烯	万吨	88.95	0.6
光纤	万千米	1944.35	-6.7
光缆	万芯千米	5973.39	-11.4
水泥	万吨	1014.02	-1.7
手机	万台	3357.50	-11.0
电子计算机整机	万台	1291.86	14.6

五、市场消费

全年社会消费品零售总额7449.64亿元,比上年增长8.9%。按商品形态分,商品零售额6724.02亿元,增长8.5%;餐饮收入725.61亿元,增长12.0%。按销售类值分,限额以上单位21大类商品中,日用品类增长16.9%,家用电器和音像器材类增长10.5%,粮油食品类增长10.2%,中西药品类增长9.6%,通讯器材类增长9.2%。全年限额以上批发零售企业通过互联网实现零售额756.34亿元,增长17.9%。

六、对外经济

对外经济:全年武汉地区进出口总额2440.20亿元,比上年增长13.7%。其中,进口1077.90亿元,增长23.3%;出口1362.30亿元,增长7.1%。一般贸易进出口1764.90亿元,增长13.7%;加工贸易进出口418.30亿元,增长6.9%。全年对外经济合作营业额43.93亿美元,增长15.0%。全年外国驻汉领事馆4个,国际友好城市28个,国际友好交流城市85个。接待外宾及港澳同胞13397人次,增长299.8%。

引进外资:全年实际利用外资123.09亿美元,增长12.6%。新引进世界500强企业34家,累计达到300家。

七、财政、金融和保险

财政:全年一般公共预算总收入2912.11亿元,比上年增长0.4%,其中地方一般公共预算收入1564.12亿元,增长2.3%。在地方一般公共预算收入中,税收收入1320.34亿元,增长2.0%。一般公共预算支出2237.10亿元,增长15.9%。

金融:年末全市金融机构(含外资)本外币存款余额28658.90亿元,比上年增长8.8%。其中,住户存款8992.96亿元,增长14.4%;非金融企业存款12299.99亿元,增长2.9%。年末全市金融机构(含外资)本外币贷款余额32114.31亿元,增长14.3%。其中,企业贷款19710.45亿元,增长14.3%;消费贷款8244.17亿元,增长18.7%。

年末总部设在武汉的金融机构31家。在汉设立或筹建后台服务中心的金融机构33家。上市公司80家,比上年增加3家,其中境外上市公司21家,境内上市公司59家。

保险:全年实现保险保费收入767.26亿元,比上年增长23.6%。其中,财产险保费收入198.24亿元,增长16.6%;人身险保费收入569.02亿元,增长26.2%。全年各类保险赔付支出206.93亿元,增长29.6%。其中,财产险赔付104.77亿元,增长23.5%;人身险赔付102.15亿元,增长36.5%。

八、交通运输、邮电通信和旅游

交通运输:全年社会物流总额4万亿元,比上年增长9.7%。实现物流业增加值1450.00亿元,增长10.8%。全年完成货运量67555.22万吨,增长8.7%;货物周转量3897.18亿吨公里,增长7.2%。全市民用航空航线200条,比上年增加13条,其中,国际及地区航线63条,新开通4条;国内航线137条,新开通9条。中欧(武汉)国际班列到达国家11个,比上年增加2个;中欧(武汉)国际班列到达城市19个,比上年增加5个。

表 2　2019 年各种运输方式完成货物运输量及其增长速度

指标	单位	绝对数	比上年增长（%）
货物运输量	万吨	67555.22	8.7
铁路	万吨	8186.10	11.0
水运	万吨	17573.73	9.0
航空	万吨	17.19	-13.4
公路	万吨	41778.20	8.1
货物周转量	亿吨公里	3897.18	7.2
铁路	亿吨公里	1253.80	9.5
水运	亿吨公里	1781.40	2.7
航空	亿吨公里	5.59	-5.8
公路	亿吨公里	856.39	14.1
货物吞吐量	万吨	9183.32	-11.2

全年旅客运输量 25370.77 万人，比上年下降 11.4%。旅客运输周转量 1238.82 亿人公里，增长 0.5%。

年末全市民用小汽车拥有量 313.70 万辆，比上年增加 27.80 万辆。

年末轨道交通线路长 389 公里，比上年增长 9.9%。地铁 2 号线南延线、蔡甸线、8 号线三期开通试运营，全年地铁运营总里程 339 公里，增长 11.5%。轨道交通客运量 122903 万人次，增长 17.7%，占公共交通客运量比重 46.2%。

邮电通信：全年完成邮政业务总量 260.0 亿元，比上年增长 32.5%。邮政业完成快递业务量 11.3 亿件，增长 21.5%；快递业务收入 114.8 亿元，增长 23.8%。全年完成电信业务总量 1086.3 亿元，增长 53.5%。电信业务收入 151.7 亿元，下降 1.9%。年末移动电话用户 1577.2 万户，其中 5G 用户 1.48 万户，4G 用户 1330.2 万户，移动电话普及率 142.0 部/百人。互联网用户 532.0 万户，比上年末增长 7.3%。年末光纤到户覆盖数 574.5 万户，增长 2.5%。城域网出口宽带 8200G，增长 14.3%。固定电话用户 157.7 万户，固定电话普及率 14.2 部/百人。

旅游：年末 A 级旅游景区 44 个，旅游厕所 698 座，星级以上宾馆 57 家。全年旅游总人数 31898.31 万人，比上年增长 10.8%；旅游总收入 3570.79 亿元，增长 12.9%。全年发放"武汉人游武汉"旅游惠民券 103 万张。全年出入境 239.22 万人，比上年下降 29.84 万人。

九、教育和科技

教育：全年在校研究生 14.93 万人，比上年增长 8.2%；本专科在校生 100.69 万人，增长 3.9%；中等职业教育在校生 7.97 万人，下降 1.0%；普通中学在校生 34.40 万人，增长 4.8%；小学在校生 62.31 万人，增长 7.7%；幼儿园在校生 35.73 万人，增长 12.4%。

科技：全年武汉地区科技研究机构 101 个，国家重点实验室 22 个，国家工程实验室 4 个，国家级工程技术研究中心 28 个，拥有中国科学院院士 31 人，中国工程院院士 41 人。全年科技"小巨人"企业 1251 家，比上年增加 11 家。全年技术合同认定登记 25094 项，增长 43.1%；技术合同登记成交额 841.27 亿元，增长 16.4%。荣获国家科技进步奖 21 项，国家技术发明奖 4 项。

全年"四上"高新技术产业增加值 4167.27 亿元，比上年增长 11.8%，占 GDP 比重 25.7%。

全年专利申请量 77097 件，授权量 39258 件，比上年增长 27.4% 和 21.2%；发明专利申请量 33202 件，授权量 11754 件，增长 15.5% 和 33.5%。每万人发明专利拥有量 41.6 件。PCT 国际专利申请量 1825 件，增长 23.7%。

十、文化、卫生和体育

文化：年末共有市直公共图书馆 2 个，藏书 339.8 万册，接待读者 487 万人次；市直博物馆 10 个，接待观众 640.96 万人次；市直群众艺术馆 1 个，演出 145 场次；艺术表演团体 8 个，新排上演剧目 12 台，获国家奖 6 个。

卫生：年末共有卫生事业机构 6497 个，比上年增长 2.5%；床位 9.94 万张，增长 4.3%。每千人拥有医院病床 7.56 张。卫生技术人员 11.71 万人，增长 6.9%；其中执业（助理）医师 4.31 万人，护师、护士 5.77 万人。每千人拥有医生 3.83 人。年末共有三级医院 49 个，卫生防疫、防治机构 28 个，妇幼保健院所 16 个，国家临床重点专科 122 个。公民无偿献血 22.6 万人。人均期望寿命 81.4 岁。

体育：年末共有体育场馆 158 个，等级运动员发展人数 439 人。全年举办国际国内赛事活动 21 场。我市运动员共获得 4 个世界冠军，3 个全国冠军。成功举办第七届世界军人运动会，109 个国家 9308 名军体健儿同台竞技，赛事规模、竞技水平创历届之最。全年体育彩票销售额 32.78 亿元。

十一、居民生活和社会保障

居民生活：全年全市居民人均可支配收入 46010 元，比上年增长 9.2%。按常住地分，城镇居民人均可支配收入 51706 元，增长 9.2%；农村居民人均可支配收入 24776 元，增长 9.4%。

全年全市居民人均消费支出 30863 元，比上年增长 9.0%。按常住地分，城镇居民人均消费支出 34005 元，增长 9.0%；农村居民人均消费支出 19150 元，增长 9.3%。

社会保障:年末参加城镇职工基本养老、基本医疗、失业、工伤和生育保险人数分别为482.3万人、481.48万人、258.56万人、310.35万人和271.12万人,分别比上年末增加28.06万人、24.11万人、28.35万人、23.24万人和18.63万人。社会保险新增扩面60.14万人。企业退休人员基本养老金人均上调161.89元。

全年拥有社会福利机构271个,床位47040张。城市低保对象救助标准780元,比上年提高65元,全市享受城镇居民最低生活保障人数5.33万人,累计支出5.49亿元。全年农村低保对象救助标准635元,比上年提高55元,全市享受农村居民最低生活保障人数6.36万人,累计支出5.83亿元。全年新改扩建社区老年人服务中心830家。

十二、资源、公用事业和城市环境

资源:全市国土面积8569.15平方公里,建成区面积812.39平方公里,耕地保有量454.69万亩,耕地面积440.79万亩。全年液化石油气供气总量16.1万吨,其中家庭用量3.74万吨;天然气供气总量24.2亿立方米,其中家庭用量7.40亿立方米。

全年水资源总量31.07亿立方米,水功能区水质达标率83.3%。供水总量13.90亿吨,居民生活用水量6.63亿吨,增长16.8%。全年新增排水干网11106.71公里,中心城区新增抽排能力90立方米/秒,新增污水处理能力13.0万吨/日。

全年用电量615.46亿千瓦时,比上年增长6.1%。其中,全行业用电489.26亿千瓦时,增长4.9%;城乡居民生活用电126.20亿千瓦时,增长10.8%。

公用事业:全年开工建设海绵城市50.00平方公里,完成海绵城市建设40.69平方公里。新增路灯28568盏,比上年增长307.6%。新建成微循环道路129条。新改扩建城区公共厕所360座。全年公众食品安全满意率81.6%,比上年提高3.5个百分点;药品抽样检测合格率98.9%。全年道路交通事故死亡人数497人,下降23.3%。

城市环境:全年化学需氧量排放量11.98万吨,比上年下降4.1%;二氧化硫排放量6.40万吨,下降2.4%;氨氮排放量1.46万吨,下降3.3%;氮氧化物排放量9.70万吨,下降2.8%。全年环境空气细颗粒物(PM2.5)年均浓度值45微克/立方米,下降2.2%。全年空气质量优良天数245天,空气质量优良率67.1%。城市生活垃圾无害化处理率100%。

全市建成区绿地面积25866.47公顷,比上年增加3458.24公顷。人均公园绿地面积10.19平方米,建成区绿化覆盖率达40.02%。全年新增绿地650万平方米,新建绿道303.44公里,新建公园3个。公园总数85个,总游人量10700万人次。

注:

1、本公报所列数据为快报数,最终核实数以当年《武汉统计年鉴》为准。

2、地区生产总值、三次产业数据根据国家统一核算制度和武汉市第四次全国经济普查结果进行了修订。

3、2019年接待外宾及港澳同胞人次数,不含华人华侨。

4、中欧(武汉)国际班列到达国家、城市统计口径调整为实际到达数量。

一、综合核算

GENERAL SURVEY

资料整理人员：潘正琼　余　晖　陈　阳　王　蒙　张　雯　田　甜
　　　　　　　张晓勇　刘　洁　肖从新　唐厚国　吴华章

STAFF FOR DATA PROCESSING:

Pan Zhengqiong　Yu Hui　Chen Yang　Wang Meng　Zhang Wen　Tian Tian
Zhang Xiaoyong　Liu Jie　Xiao Congxin　Tang Houguo　Wu Huazhang

简要说明

本篇资料由武汉市行政区划与自然状况、国民经济综合资料和国民经济核算资料三部分组成。

行政区划与自然状况涵盖了全市版图面积、人口规模、气象情况等。其中行政区划及群众自治组织、版图面积由民政局整理提供；户数、人口数由市公安局按行政区户籍人口变动情况汇总整理提供；人口密度由市统计局人口处根据人口数与土地面积之比计算整理；气象资料由武汉市气象局提供。

国民经济综合资料是抽取全书的精华，是通过对各篇章主要统计指标及其速度、结构、比例和效益等的加工计算，来反映国民经济和社会发展的总体情况。

国民经济核算资料中城市生产总值数据是市统计局核算处根据不同产业部门、不同支出构成的特点和资料来源情况而采用不同方法计算的。本年鉴公布的国民经济核算资料，最后一年数据是初步核实数；如果遇到普查年，在能够获得更详细的基础资料的情况下，生产总值的历史数据也会发生变动。

Brief Description

The data in this chapter involve administrative division and natural conditions, comprehensive data on national economy, data on national accounts of Wuhan city.

Administrative division and natural conditions include land area, population scale and meteorological data of Wuhan city. Data on administrative division and land area are prepared by Wuhan Civil Affairs Bureau. Households and population are prepared by Wuhan Public Security Bureau according to changes of population of household register. Population density is prepared and collected by population department of Wuhan Statistics Bureau in line with ratio of population number and land area. Meteorological data are provided by Wuhan Weather Bureau.

Comprehensive data on national economy highlight the overall situation of economic and social development by processing key statistical indicators including growth, structure, ratio and efficiency data derived from other chapters.

The data on GDP are calculated by national accounts department of Wuhan Statistics Bureau with various approaches in the light of various sectors, various expenditure structure and data sources. Data on national accounts of the latest year published in the yearbook are preliminary. When it comes to census year, the historical data on GDP will also be revised, on condition that more detailed data can be obtained.

1-1 土地面积、人口密度、户数、人口数
LAND AREA, POPULATION DENSITY, HOUSEHOLDS AND POPULATION

地 区 District		土地面积 (平方公里) LandArea (sq. km)	人口密度 (人/平方公里) Population Density (person/sq. km)	2019年户籍人口		2018年户籍人口		2019年常住人口 (万人) Resident Population (10000 persons)
				户 数 (户) Households (household)	年末人数 (人) Population (person)	户 数 (户) Households (household)	年末人数 (人) Population (person)	
全市	Whole City	8569.15	1308	3295321	9063973	3210727	8837299	1121.20
江岸区	Jiangân	80.28	11993	308198	785889	299938	764636	96.28
江汉区	Jianghan	28.29	25797	206723	513560	203148	507789	72.98
硚口区	Qiaokou	40.06	21689	215063	539853	212084	533730	86.89
汉阳区	Hanyang	111.54	6007	287468	717939	272263	678739	67.00
武昌区	Wuchang	64.58	19904	389301	1103366	383633	1097617	128.54
青山区	Qingshan	57.12	9261	169218	459550	168192	460506	52.90
洪山区	Hongshan	573.28	2988	412950	1219571	382862	1124363	171.29
东西湖区	Dongxihu	495.34	1214	133739	354974	126801	335592	60.13
汉南区	Hannan	287.05	474	44025	116662	43669	116343	13.60
蔡甸区	Caidian	1093.17	718	152543	469490	151943	466731	78.49
江夏区	Jiangxia	2018.31	489	246218	646885	240942	632165	98.70
黄陂区	Huangpi	2256.70	456	408512	1163333	405324	1151159	102.80
新洲区	Xinzhou	1463.43	626	321363	972901	319928	967929	91.60

注:1、人口密度按常住人口计算。

2、行政区户籍人口户数中:汉阳区含武汉经济技术开发区 67418 户,武昌区含东湖生态旅游风景区 18102 户,洪山区含东湖新技术开发区 175638 户。

3、行政区户籍人口中:汉阳区含武汉经济技术开发区 19.64 万人,武昌区含东湖生态旅游风景区 4.36 万人,洪山区含东湖新技术开发区 53.89 万人。

4、行政区常住人口中:武昌区含东湖风景区 1.92 万人,洪山区含东湖新技术开发区 41.82 万人、东湖风景区 6.75 万人和武汉化工区 4.64 万人,蔡甸区含武汉开发区 31.3 万人,江夏区含东湖新技术开发区 27.55 万人。

Note:1. Population density is calculated according to resident population.

2. The households of Hanyang district includes 67418 households of Wuhan Economic and Technological Development Zone, Wucang district includes 18102 households of East Lake Ecotourism Scenic Zone, Hongshan district includes 175638 households of East Lake High-Tech Development Zone.

3. The registered population of Hanyang district includes 196.4 thousand people of Wuhan Economic Technological Development Zone, Wucang district includes 43.6 thousand people of East Lake Ecotourism Scenic Zone, Hongshan includes 538.9 thousand people of East Lake High-Tech Development Zone.

4. The resident population of Wuchang district includes 19.2 thousand people of East Lake Ecotourism Scenic Zone. Hongshan district includes 418.2 thousand people of East Lake High-Tech Development Zone, 67.5 thousand people of East Lake Ecotourism Scenic Zone, 46.4 thousand people of Wuhan Chemical Industry Park. Caidian district includes 313 thousand people of Wuhan Economic and Technological Development Zone. Jiangxia district includes 275.5 thousand people of East Lake High-Tech Development Zone.

1－2 行政区划及群众性自治组织(2019)
ADMINISTRATIVE DIVISION AND GRASSROOTS UNITS(2019)

单位:个 (Unit)

地区 District	乡政府 Township Governments	镇政府 Town Governments	街办事处 Subdistrict Offices	社区居委会 Community Committees	村民委员会 Villagers' Committees
全市 Whole City	3	1	156	1409	1805
江岸区 Jiang'an			16	149	4
江汉区 Jianghan			13	108	
硚口区 Qiaokou			11	132	1
汉阳区 Hanyang			11	116	
武昌区 Wuchang			14	141	1
青山区(武汉化工区) Qingshan (Wuhan Chemical Indurstry Park)			10	85	32
洪山区 Hongshan	1		13	177	3
东西湖区 Dongxihu			11	70	
武汉经济技术开发区(汉南区) Wuhan Economic Technological Development Zone(Hannan)			4	57	50
蔡甸区 Caidian	1		11	51	283
江夏区 Jiangxia			15	66	268
黄陂区 Huangpi	1		15	79	590
新洲区 Xinzhou		1	12	84	546
东湖高新区 East Lake High－Tech Development Zone				78	26
东湖生态旅游风景区 East Lake Ecotourism Scenic Zone				16	1

1－3 气 象 情 况
METEOROLOGICAL DATA

指标名称 Index Name	计量单位	2015	2016	2017	2018	2019
年平均气温(℃) Annual Average Temperature(℃)	摄氏度	16.8	17.3	17.3	17.3	17.4
年平均最低气温(℃) Annual Average Lowest Tmperature(℃)	摄氏度	13	13.5	13.4	13.4	13.2
年平均最高气温(℃) Annual Average Highest Temperature(℃)	摄氏度	21.8	21.9	22.3	22.4	22.5
年极端最低气温(℃) Annual Utmost Lowest Temperature(℃)	摄氏度	－5.2	－9.4	－5	－8.8	－6.8
最低气温日期(日/月) Utmost Lowest Temperature Day	(日/月)	17/12	25/1	18/12	31/12	1/1
年极端最高气温(℃) Annual Utmost Highest Temperature(℃)	摄氏度	36.4	38.4	39.7	38.6	38.7
最高气温日期(日/月) Utmost Highest Temperature Day	(日/月)	29/6	31/7	27/7	21/7	18/8

1－4 分月气象情况(2019 年)
METEOROLOGICAL DATA OF MONTH (2019)

月份 Month	当月平均气温(℃) Average Temperature(℃)	当月日照时数(小时) Sunshine Hours(hour)	当月降雨天数(天) Number of Rainy Days(day)	当月降雨量(毫米) Volume of Precipitation(mm)
一月 January	3.7	47.6	11	59.9
二月 February	4.1	19.4	16	66
三月 March	12.5	135.8	9	60.5
四月 April	17.7	134.2	13	144.6
五月 May	21.4	136.1	12	189.2
六月 June	26.1	146.9	12	335.6
七月 July	29.3	220.8	5	62.1
八月 August	30.8	222.2	7	12.3
九月 September	25.1	200.3	3	1.6
十月 October	18.3	126.5	10	35.6
十一月 November	12.9	108.3	10	56.7
十二月 December	6.5	103.5	7	27.1

1-5 国民经济和社会发展总量指标
AGGREGATE INDICATORS ON NATIONAL ECONOMIC AND SOCIAL DEVELOPMENT

指标名称 Index Name	总量指标 Aggregate Data				
	2015	2016	2017	2018	2019
人口与就业 Population and Employment					
人 口 Population					
年末户籍总人口数(万人) Registered Population at the Year - end(10 000 persons)	829.27	833.85	853.65	883.73	906.40
男性人口(万人) Male(10 000 persons)	423.63	425.45	435.27	450.08	461.07
女性人口(万人) Female(10 000 persons)	405.64	408.40	418.38	433.65	445.33
乡村人口(万人) rural population(10 000 persons)	243.56	235.66	234.30	236.80	238.30
城镇人口(万人) urban population(10 000 persons)	585.71	598.19	619.35	646.93	668.10
就 业 Employment					
从业人员数(万人) Employment(10 000 persons)	544.92	550.37	564.08	610.72	623.13
#城镇非私营单位从业人员数(万人) Staff and Workers(10 000 persons)	207.28	213.26	219.90	247.25	247.86
宏观经济 Macroeconomy					
国民核算 National Accounts					
生产总值(亿元) Gross Domestic Product (100 million yuan)	10547.67	11531.42	13090.81	14928.72	16223.21
第一产业(亿元) Primary Industry(100 million yuan)	305.35	342.20	359.60	362.00	378.99
第二产业(亿元) Secondary Industry(100 million yuan)	4360.74	4579.29	5053.35	5579.42	5988.88
第三产业(亿元) Tertiary Industry(100 million yuan)	5881.58	6609.93	7677.86	8987.31	9855.34
物价指数 Price Index					
居民消费价格指数(上年=100) Consumer Price Index(Preceding year=100)	101.4	102.4	101.9	101.9	103.2
商品零售价格指数(上年=100) Retail Price Index(Preceding year=100)	100.0	101.3	100.1	101.4	102.5
能 耗 Energy Gonsumption					
单位GDP能耗上升或下降(±%) The Reduced Rate of Unit GDP Energy Gonsumption(±%)	-5.95	-4.59	-4.85	-4.79	-3.31

注:从2015年起,公安户籍数据调整统计口径,由原来的农业人口、非农业人口调整为乡村人口、城镇人口。

Note:Data on household register of public security bureau have adjusted caliber since 2015 that former agricultrual and non - agricultural population are replaced with rural and urban population.

1-5 续 表 1 Continued 1

指标名称 Index Name	总量指标 Aggregate Data				
	2015	2016	2017	2018	2019
工 业 Industry					
规模以上工业总产值(亿元) Above - Scale Industrial Output Value (100 million yuan)	12374.92	13159.09	14433.27	14422.86	14798.42
主要工业产品产量 Output of Major Industrial Products					
纱(万吨) Yarn(10 000 tons)	14.37	3.84	3.93	3.87	1.33
布(万米) Cloth(10 000 metres)	8412.10	7964.21	5495.59	5089.99	4563.01
原油加工量(万吨) Grude Oil Processing (10 000 tons)	770.24	676.41	792.72	801.85	813.91
化学药品原药(万吨) Chemical Raw Medicine (10 000 tons)	1.67	1.64	1.77	1.26	2.34
中成药(万吨) Traditional Chinese Patent Medicine (10 000 tons)	4.37	4.44	4.92	6.44	6.88
显示器(万部) Monitors (10 000 units)	1834.78	2183.94	1347.58	1168.07	1517.51
生 铁(万吨) Pig Iron (10 000 tons)	1515.49	1488.48	1554.59	1572.61	1543.31
粗 钢(万吨) Steel (10 000 tons)	1698.05	1647.66	1743.91	1792.04	1723.06
钢 材(万吨) Steel Products (10 000 tons)	1587.97	1562.95	1694.61	1753.05	1709.11
汽 车(万辆) Automobile (10 000 units)	142.64	176.68	189.78	170.33	154.85
光 缆(万芯千米) Optical Cable (10 000 tons km)	4223.81	5435.68	6699.57	6739.53	5973.39
房间空气调节器(万台) Household Air Conditioner (10 000 units)	1213.04	1206.38	1746.05	1842.86	2110.93
规模以上的工业企业主要经济指标 Major Economic Indicators of Industrial Enterprises Above Designated Size					
固定资产合计(亿元) Total Fixed Assets (100 million yuan)	3925.90	4199.03	4080.35	4043.84	3957.06
利润总额(亿元) Pre - tax Profits (100 million yuan)	480.65	691.31	759.56	961.59	867.20

注:规模以上工业指年主营业务收入2000万元及以上法人工业企业。

Note: Industrial enterprises above designated size refer to corporate industrial enterprises with annual sales income of 20 mil yuan and above.

1-5 续 表 2 Continued 2

指标名称 Index Name	总量指标 Aggregate Data				
	2015	2016	2017	2018	2019
农　业 Agriculture					
乡村农林牧渔业从业人员(万人) Employment in Farming, Forestry, Animal Husbandry and Fishery (10 000 persons)	42.88	42.96	43.84	42.69	42.93
农林牧渔业总产值(亿元) Gross Output Value of Farming, Forestry, Animal Husbandry and Fishery (100 million yuan)	620.28	564.85	611.84	619.74	653.17
主要农产品产量 Output of Major Farm Products					
粮　食(万吨) Grain(10 000 tons)	107.32	96.00	94.77	94.14	88.60
棉　花(万吨) Cotton(10 000 tons)	2.83	1.35	1.28	1.17	1.07
油　料(万吨) Oil - bearing Crops(10 000 tons)	13.17	13.12	13.71	13.36	13.41
蔬　菜(万吨) Vegetables(10 000 tons)	702.52	717.62	739.00	766.84	779.87
水　果(万吨) Fruits(10 000 tons)	9.71	10.08	11.25	12.85	14.13
肉猪出栏(万头) Slaughtered Hogs (10 000 heads)	278.34	263.31	251.57	246.57	168.61
家禽出笼(万只) Slaughtered Poultry (10 000 heads)	3829.04	3751.97	3735.12	3820.34	4088.50
禽　蛋(万吨) Eggs(10 000 tons)	8.94	8.75	8.77	9.03	9.33
牛　奶(万吨) Milk(10 000 tons)	2.02	1.60	2.33	0.95	1.04
水产品(万吨) Aquatic Products(10 000 tons)		44.14	43.65	44.31	44.19
固定资产投资 Investment in Fixed Assets					
全社会固定资产投资(亿元) Total Investment in Fixed Assets (100 million yuan)	7725.26	7093.17	7871.66		
#工业投资(亿元) Industrial Investment (100 million yuan)	2769.36	2117.05	2404.95		
房地产开发投资(亿元) Investment in Real Estate development (100 million yuan)	2581.79	2517.44	2686.34	2780.01	2966.21
建筑业 Construction					
建筑业总产值(亿元) Gross Output Value (100 million yuan)	6016.26	6980.37	8067.78	91942.90	103901.65
房屋建筑施工面积(万平方米) Floor Space of Buildings Under Construction (10 000 sq. m)	35391.07	44516.58	50084.32	56063.87	60097.24
房屋建筑竣工面积(万平方米) Floor Space Completed (10 000 sq. m)	11958.87	13612.53	14635.43	15629.42	17494.71

注:2016 - 2017 年农林牧渔业产值数据根据第三次农业普查修订;2013 - 2017 年主要农产品产量数据根据第三次农业普查修订。
Note:The gross output value of farming、forestry、animal husbandry and fishery from 2016 - 2017 are revised based on the third agricultural census;Output of major farm products from 2013 - 2017 are revised based on the third agricultural census.

1－5 续 表 3 Continued 3

指标名称 Index Name	总量指标 Aggregate Data				
	2015	2016	2017	2018	2019
交通运输 Transportation					
全社会旅客运输量(万人) Passenger Traffic in Transportation System (10 000 persons)	27628.71	29177.15	29950.30	28638.88	25370.77
铁　　路(万人) Railway (10 000 persons)	15083.90	16393.10	18074.30	18220.30	18807.70
公　　路(万人) Highway (10 000 persons)	11381.26	11484.00	10410.00	8867.00	4883.00
航　　空(万人) Aviation (10 000 persons)	1163.55	1300.05	1466.00	1551.58	1680.07
全社会货物运输量(万吨) Freight Traffic in Transportation System (10 000 tons)	48185.19	49981.81	57271.17	62517.88	67555.22
铁　　路(万吨) Railway (10 000 tons)	6579.00	6744.20	6980.90	7372.80	8186.10
公　　路(万吨) Highway (10 000 tons)	28495.59	28891.92	34981.98	38633.90	41778.20
水　　运(万吨) Waterway (10 000 tons)	13099.71	14331.86	15292.25	16491.33	17573.73
航　　空(万吨) Aviation (10 000 tons)	10.89	13.83	16.04	19.85	17.19
邮电通信业 Postal and Telecommunication Services					
邮政业务总量(2010 年不变价格)(亿元) Business Volume of Post(in 2010 constant price)(100 million yuan)	77.32	107.64	150.28	196.16	259.98
电信业务总量(2015 年不变价格)(亿元) Business Volume of Telecommunication (in 2015 constant price)(100 million yuan)	279.39	180.14	321.19	707.90	1086.30
函　　件(万件) Number of Letters Delivered (10 000 pieces)	3558.35	3364.27	3709.44	4174.76	3408.30
包　　件(万件) Number of Parcels (10 000 pieces)	38.31	32.54	30.74	23.95	27.46
固定电话用户数(万户) Resident Telephone Subscribers(10 000 subscribers)	249.03	221.73	208.82	175.10	157.70
移动电话用户数(万户) Mobile Telephone Subscribers(10 000 subscribers)	1584.50	1518.86	1601.17	1684.40	1577.20
互联网用户(万户) Internet Subscribers(10 000 subscribers)	463.49	398.90	429.86	495.70	532.00
国内商业 Domestic Trade					
社会消费品零售总额(亿元) Total Retail Sales of Consumer Goods(100 million yuan)	5301.82	5843.66	6493.24	7169.70	7774.49

注:邮政业务总量按 2010 年不变价格计算,邮政业务总量含快递业务;电信业务总量 2015 年数据按 2010 年不变价格计算,2016－2019 年数据按 2015 年不变价格计算。

Note:Business volume of post is calculated by 2010 constant price and it includes express delivery business;Data of 2015's business volume of telecommunication is calculated by 2010 constant price, data of 2016－2019's is calculated by 2015 constant price.

1－5 续 表 4 Continued 4

指标名称 Index Name	总量指标 Aggregate Data				
	2015	2016	2017	2018	2019
对外经济贸易 Foreign Trade					
进出口总额(亿元) Total Imports and Exports(100 million yuan)	1749.30	1570.10	1935.70	2148.40	2440.20
#进口总额(亿元) Imports(100 million yuan)	804.90	664.30	778.20	873.20	1077.90
出口总额(亿元) Exports(100 million yuan)	944.40	905.80	1157.50	1275.20	1362.30
利用外资 Utilization of Foreign Capital					
实际利用外资(亿美元) Amount of Foreign Capital Actually Utilized(USD 100 million)	73.43	85.23	96.47	109.27	123.09
国际旅游 International Tourism					
接待入境旅客人数(万人次) Number of Inbound Tourists Received (10 000 persons)	202.35	224.94	250.31	276.75	312.04
国际旅游(外汇)收入(亿美元) International Tourism Foreing Exchange Earnings (USD 100 million)	13.37	15.15	16.93	18.97	21.60
财　政 Public Finance					
一般公共预算总收入(亿元) General Public Budget Revenue(100 million yuan)	2231.67	2423.16	2677.66	2900.24	2912.11
#地方一般公共预算收入(亿元) Local General Public Budget Revenue(100 million yuan)	1245.63	1322.10	1402.93	1528.70	1564.12
一般公共预算支出(亿元) General Public Budget Expenditure(100 million yuan)	1338.05	1524.68	1718.62	1929.31	2237.10
金融保险 Finance and Insurance					
金融机构本外币存款(亿元) Local and Foreign Currency Deposits of Financial Institutions (100 million yuan)	19393.16	22196.21	24499.41	26331.62	28658.90
金融机构本外币贷款(亿元) Local and Foreign Currency Loans of Financial Institutions (100 million yuan)	17135.79	20754.87	23947.76	28270.77	32114.31
保险公司保费收入(亿元) Premium Income of Insurance Companies(100 million yuan)	324.57	425.76	554.03	621.02	767.26
保险公司赔款及给付(亿元) Claim and Indemnity of Insurance Companies(100 million yuan)	99.50	122.90	129.04	159.70	206.93

1－5 续 表 5 Continued 5

指标名称 Index Name	总量指标 Aggregate Data				
	2015	2016	2017	2018	2019
教育、文化 Education and Culture					
教　育 Education					
在校学生数（万人） Students Enrollment（10 000 persons）	186.30	188.63	194.26	199.82	209.10
#普通高等院校（万人） Institutions of Higher Education（10 000 persons）	95.68	94.88	94.77	96.93	100.69
普通中学（万人） Regular Secondary Schools（10 000 persons）	30.28	30.83	31.57	32.84	34.40
中等职业学校（万人） Vocational Secondary Schools（10 000 persons）	10.81	10.49	11.32	10.02	9.68
小　学（万人） Primary Schools（10 000 persons）	47.39	50.26	53.46	57.87	62.31
专任教师数（万人） Full－time Teachers（10 000 persons）	12.53	12.55	12.80	12.95	13.35
#普通高等院校（万人） Institutions of Higher Education（10 000 persons）	5.72	5.78	5.83	5.90	5.96
普通中学（万人） Regular Secondary Schools（10 000 persons）	3.12	3.13	3.13	3.17	3.23
中等职业学校（万人） Vocational Secondary Schools（10 000 persons）	0.74	0.69	0.70	0.63	0.63
小　学（万人） Primary Schools（10 000 persons）	2.70	2.76	2.91	3.06	3.34
文　化 Culture					
出版社图书种数合计（种） Species of Books by Publishing House（species）	15939	15105	13590	13419	13052
#出版新图书（种） New Book Published（species）	8932	7911	7404	6852	5847
图书总印数（万册） Number of Books Printed（10 000 copies）	26299.74	27044.43	22972.55	26834.91	31700.31
家庭、生活、环境 Family，People's Livelihood and Environment					
家　庭 Family					
家庭总户数（万户） Total Number of Households（10 000 households）	297.10	302.12	310.88	321.07	329.53
城镇常住居民平均每户家庭人口（人） Average Household Size in Urban Areas（person）	2.66	2.65	2.66	2.92	2.95
农村常住居民平均每户家庭人口（人） Average Household Size in Rural Areas（person）	2.70	2.78	2.81	2.83	2.88

注：不包含研究生教育机构、成人教育高校及民办教育机构等。

Note：Postgraduate Education Institutions，Adult Education Colleges and Non－governmental Education Organizations are not included.

1－5 续 表 6 Continued 6

指标名称 Index Name	总量指标 Aggregate Data				
	2015	2016	2017	2018	2019
婚　姻 Marriages and Divorces					
结婚数(对) Number of Marriages(couples)	99560	89242	90048	89562	84885
离婚数(对) Number of Divorces(couples)	31359	41211	48046	45559	48570
生　活 Livelihood					
城镇常住居民人均可支配收入(元) Per Capita Disposable Income of Urban Residents(yuan)	36436	39737	43405	47359	51706
农村常住居民人均可支配收入(元) Per Capita Disposable Income of Rural Residents(yuan)	17722.18	19152	20887	22652	24776
城镇非私营单位就业人员平均工资(元) Average Wage of Employees in Urban Non－private Units(yuan)	64407	70590	77726	85885	95286
卫　生 Health Care					
医院、卫生院及社区卫生服务中心(个) Number of Hospitals(unit)	505	519	554	615	612
卫生事业床位数(张) Number of Beds in Health Institutions(unit)	80726	87408	91635	95277	96357
执业(助理)医师(人) Certified Assistant Doctors(person)	32888	34730	36266	39566	41327
市政建设 Municipal Construction					
排水管道长度(公里) Length of Sewer Drain Pipes(km)	9202.00	9316.00	9350.00	8240.46	10849.03
建成区绿化覆盖率(％) Coverage Rate of Green Area in Developed Area(％)	39.65	39.65	39.55	39.46	40.02
水厂综合生产能力(万吨/日) General Productive Capacity of Water Works(10 000 tons/day)	478.20	527.70	536.00	531.33	567.33
营运公共车辆(辆) Operating Public Vehicles(unit)	8301	8970	9049	9710	9724

1－6 国民经济和社会发展主要结构指标
STRUCTURAL INDICATORS ON NATIONAL ECONOMIC AND SOCIAL DEVELOPMENT

单位:%　　　　(%)

指标名称	Index Name	2015	2016	2017	2018	2019
人口与就业	**Population and Employment**					
人　口	**Population**					
性别结构	Sex Structure					
男	Male	51.1	51.0	51.0	50.9	50.9
女	Female	48.9	49.0	49.0	49.1	49.1
城乡结构	Urban and Rural Structure					
乡村人口	rural population	29.4	28.3	27.4	26.8	26.3
城镇人口	urban population	70.6	71.7	72.6	73.2	73.7
就　业	**Employment**					
产业结构	Industrial Structure					
第一产业	Primary Industry	9.1	9.0	8.8	8.2	8.0
第二产业	Secondary Industry	38.4	38.0	37.1	37.0	37.0
第三产业	Tertiary Industry	52.5	53.0	54.1	54.8	55.0
宏观经济	**Macro Economy**					
国民核算	**National Accounts**					
生产总值产业结构	Industrial Structure					
第一产业	Primary Industry	2.9	3.0	2.7	2.4	2.3
第二产业	Secondary Industry	41.3	39.7	38.6	37.4	36.9
第三产业	Tertiary Industry	55.8	57.3	58.7	60.2	60.7
投　资	**Investment**					
固定资产投资结构	Investment Structure of Fixed Assets					
第一产业	Primary Industry	0.5	0.6	0.6	0.3	0.5
第二产业	Secondary Industry	37.0	32.2	32.1	25.9	26.4
第三产业	Tertiary Industry	62.5	67.2	67.3	73.8	73.1
利用外资	**Utilization of Foreign Capital**					
实际利用外资结构	Structure of Foreign Capital Actually Utilized					
外商直接投资	Direct Investment by Foreign Entrepreneurs	88.2	88.7	100.0	100.0	100.0
外商其他投资	Other Investment by Foreign Entrepreneurs	11.8	11.3	0.0	0.0	0.0

注:从2015年起,公安户籍数据调整统计口径,由原来的农业人口、非农业人口调整为乡村人口、城镇人口。
Note: Data on household register of public security bureau have adjusted caliber since 2015 that former agricultrual and non－agricultural population were replaced with urban and rural population.

1－6 续 表 Continued

指标名称	Index Name	2015	2016	2017	2018	2019
产业结构	**Industrial Structure**					
农 业	**Agriculture**					
农林牧渔业产值结构	Structure of Gross Output Value					
农 业	Farming	57.9	62.4	62.8	63.3	62.9
林 业	Forestry	1.6	1.8	1.7	1.9	2.1
牧 业	Animal Husbandry	21.8	13.8	12.0	10.8	11.3
渔 业	Fishery	14.8	16.7	16.9	16.7	15.8
农林牧渔服务业	Farming, Forestry, Animal Husbandry & Fishery Services	3.9	5.3	6.6	7.3	7.9
工 业	**Industry**					
规模以上工业总产值结构	Structure of Above Scale Industrial Output Value					
轻工业	Light Industry	26.2	22.8	24.4	24.5	25.0
重工业	Heavy Industry	73.8	77.2	75.6	75.5	75.0
运输业	**Transportation**					
货运量结构	Structure of Freight Traffic					
按运输方式分	By means of Transportation					
铁 路	Railway	13.7	13.5	12.2	11.8	12.1
公 路	Highway	59.1	57.8	61.1	61.8	61.8
水 运	Waterway	27.2	28.7	26.7	26.4	26.0
国际旅游	**International Tourism**					
来汉旅游人数结构	Structure of Tourists to Wuhan					
外国人	Foreigners	81.1	78.5	81.4	80.8	80.7
港澳台同胞	Compatriots form Hong Kong, Macao and Taiwan	18.9	21.5	18.6	19.2	19.3
教 育	**Education**					
在校学生结构	Structure of Student Enrollment					
普通高等学校	Institutions of Higher Education	51.4	50.3	48.8	48.5	48.2
普通中学	Regular Secondary Schools	16.3	16.3	16.3	16.4	16.5
中等职业及技工学校	Secondary vocational and technical schools	6.9	6.6	7.3	6.0	5.4
小 学	Primary Schools	25.3	26.7	27.5	29.0	29.8
盲、聋、哑学校	Schools for the Blind and the Deaf－mute	0.1	0.1	0.1	0.1	0.1
专任教师结构	Structure of Full－time Teachers					
普通高等学校	Institutions of Higher Education	45.7	46.0	45.5	45.6	44.6
普通中学	Regular Secondary Schools	24.9	24.9	24.4	24.5	24.2
中等职业及技工学校	Secondary vocational and technical school	7.7	6.9	7.2	6.1	6.0
小 学	Primary Schools	21.5	22.0	22.7	23.6	25.0
盲、聋、哑学校	Schools for the Blind and the Deaf－mute	0.2	0.2	0.2	0.2	0.2

注：运输业货运量结构中，航空运输量相对于其他三种方式运量极低，所占比重可以忽略不计。

Note: Freight traffic by air transportation is so small compared with other three means that its proportion can be negligible.

1-7 按经济类型分的国民经济比例关系
PROPORTIONS OF AGGREGATE INDICATORS BY TYPE OF OWNERSHIP

单位:% (%)

指标名称 Index Name	2015	2016	2017	2018	2019
规模以上工业总产值 Above Scale Industrial Output Value					
国有经济 State - owned	16.5	16.0	8.1	7.2	7.6
集体经济 Collective owned	0.3	0.2	0.1	0.1	0.1
外商及港澳台经济 Economy of foreign, Hong Kong, Macao and Taiwan	30.8	30.9	32.8	30.1	32.2
其　他 Other	52.4	52.9	59.0	62.6	60.1
全社会从业人员数 Employment					
国有经济 State - owned	15.7	15.4	15.0	14.6	14.3
集体经济 Collective owned	0.7	0.6	0.5	0.5	0.5
私营个体经济 Private Individuals	41.1	40.7	40.5	40.3	41.7
农村经济 Agriculture	15.3	15.2	15.0	14.0	13.9
其　他 Other	27.2	28.1	29.0	30.6	29.6

1-8 历年地区生产总值及构成
GROSS DOMESTIC PRODUCT AND ITS COMPOSITION OVER THE YEARS

本表按当年价格计算　　Data in this table are calculated at current prices

年份 Year	地区生产总值（亿元）Gross Domestic Product (100 million yuan)	第一产业 Primary Industry	第二产业 Secondary Industry	第三产业 Tertiary Industry	构成（%）Composition (%)	第一产业 Primary Industry	第二产业 Secondary Industry	第三产业 Tertiary Industry	人均地区生产总值（元）Per Capita GDP (yuan)
1998	1001.89	75.85	449.72	476.32	100.0	7.6	44.9	47.5	12983
1999	1085.68	78.54	478.39	528.75	100.0	7.2	44.1	48.7	13862
2000	1153.37	82.17	482.27	588.94	100.0	7.1	41.8	51.1	14473
2001	1335.40	85.00	582.40	668.00	100.0	6.4	43.6	50.0	16501
2002	1467.80	90.40	635.50	741.90	100.0	6.2	43.3	50.5	17927
2003	1622.18	95.13	701.87	825.18	100.0	5.8	43.3	50.9	19538
2004	1882.24	102.23	825.78	954.23	100.0	5.4	43.9	50.7	22378
2005	2262.77	105.90	1025.87	1131.00	100.0	4.7	45.3	50.0	26567
2006	2668.87	110.21	1186.45	1372.22	100.0	4.1	44.5	51.4	30801
2007	3184.80	120.88	1398.18	1665.74	100.0	3.8	43.9	52.3	36068
2008	4064.62	133.32	1788.85	2142.45	100.0	3.3	44.0	52.7	45466
2009	4741.69	135.18	2024.99	2581.52	100.0	2.9	42.7	54.4	52481
2010	5458.35	151.81	2363.64	2942.91	100.0	2.8	43.3	53.9	57805
2011	6586.52	174.62	2993.25	3418.65	100.0	2.7	45.4	51.9	66512
2012	7752.52	260.57	3503.95	3987.99	100.0	3.4	45.2	51.4	76986
2013	8747.64	285.62	3938.70	4523.32	100.0	3.3	45.0	51.7	86014
2014	10025.93	302.17	4222.72	5501.04	100.0	3.0	42.1	54.9	97538
2015	10547.67	305.35	4360.74	5881.58	100.0	2.9	41.3	55.8	100714
2016	11531.42	342.20	4579.29	6609.93	100.0	3.0	39.7	57.3	107902
2017	13090.81	359.60	5053.35	7677.86	100.0	2.7	38.6	58.7	120880
2018	14928.72	362.00	5579.42	8987.31	100.0	2.4	37.4	60.2	135877
2019	16223.21	378.99	5988.88	9855.34	100.0	2.3	36.9	60.7	145545

注：根据“四经普”结果，2005－2019年数据已进行历史数据修订。

Note: Data for 2005－2019 are revised based on the fourth national economic census.

1-9 历年地区生产总值指数
INDICES OF GROSS DOMESTIC PRODUCT OVER THE YEARS

上年=100

年份 Year	地区生产总值 Gross Domestic Product	第一产业 Primary Industry	第二产业 Secondary Industry	第三产业 Tertiary Industry	人均地区生产总值 Per Capita Gross Domestic Product
1996	116.0	108.2	115.1	118.8	114.2
1997	114.6	108.4	114.5	116.2	112.9
1998	111.2	99.0	110.4	114.6	109.5
1999	111.0	103.7	109.7	113.8	109.3
2000	112.0	104.4	112.5	112.6	110.0
2001	112.0	105.3	112.9	112.1	110.3
2002	111.8	103.9	112.3	112.4	110.5
2003	112.1	104.3	112.7	112.5	110.5
2004	114.5	105.2	116.7	113.7	113.0
2005	114.7	104.5	117.9	113.0	113.3
2006	114.8	104.0	118.0	112.9	112.8
2007	115.6	103.1	118.3	114.1	113.4
2008	115.1	103.0	117.6	113.6	113.7
2009	113.7	101.6	116.0	112.2	112.5
2010	114.7	104.5	117.5	112.4	109.7
2011	112.5	104.1	116.6	109.6	107.3
2012	111.4	104.5	112.8	110.5	109.5
2013	110.0	104.5	110.6	109.7	108.9
2014	109.7	105.0	110.2	109.4	108.5
2015	108.8	104.8	108.2	109.5	106.8
2016	107.8	105.3	105.8	109.5	105.7
2017	108.0	104.6	107.4	108.7	106.6
2018	108.0	104.7	105.4	110.1	106.5
2019	107.4	103.0	106.5	108.2	105.9

注:根据"四经普"结果,2005-2019年数据已进行历史数据修订。

Note: Data for 2005-2019 are revised based on the fourth national economic census.

1－10 分行业地区生产总值及指数

GROSS DOMESTIC PRODUCT BY SECTOR AND ITS INDICES

项　　目 Item	地区生产总值（亿元） Gross Domestic Product (100 million yuan)		地区生产总值指数（上年＝100） Indices of Gross Dometic Product (preceding year＝100)	
	2019 年	2018 年	2019 年	2018 年
地区生产总值 Gross Domestic Product	16223.21	14928.72	107.4	108.0
按产业分： By Type of Industry				
第一产业 Primary Industry	378.99	362.00	103.0	104.7
第二产业 Secondary Industry	5988.88	5579.42	106.5	105.4
第三产业 Tertiary Industry	9855.34	8987.31	108.2	110.1
按行业分： By Sector				
农林牧渔业 Farming, Forestry, Animal Husbandry and Fishery	399.86	380.45	103.3	104.7
工　业 Industry	4539.11	4278.29	106.5	105.9
建筑业 Construction	1466.43	1316.71	106.7	103.8
批发和零售业 Wholesale and Retail Trade	1259.72	1164.64	104.6	105.2
交通运输、仓储和邮政业 Transport, Storage, Postal and Telecommunication Services	930.58	842.15	109.9	104.0
住宿和餐饮业 Hotel and Catering Services	361.06	324.26	108.2	104.8
金融业 Banking	1486.05	1353.26	108.2	105.5
房地产业 Real Estate	1789.16	1623.60	105.6	105.4
其他服务业 Others	3991.25	3645.38	110.0	118.1

注：根据“四经普”结果，已进行历史数据修订。

Note: Historicla date have been revised based on the results of the Fourth Economic census.

主要统计指标解释

生产总值　根据国家统计局规定，从2003年起，将各地区原来所称的国内生产总值改称为地区生产总值。它是一个地区所有常住单位在一定时期内生产活动的最终成果。生产总值有三种表现形态，即价值形态、收入形态和产品形态。从价值形态看，它是所有常住单位在一定时期内所生产的全部货物和服务价值超过同期投入的全部非固定资产货物和服务价值的差额，即所有常住单位的增加值之和；从收入形态看，它是所有常住单位在一定时期内所创造并分配给常住单位和非常住单位的初次分配收入之和；从产品形态看，它是最终使用的货物和服务减去净出口货物和服务的差额。在实际核算中，三种表现形态表现为三种计算方法，即生产法、收入法和支出法。三种方法分别从不同的方面反映生产总值的形成过程。

不变价格　指用同类产品的年平均价格作为固定价格来计算各年产品价值。按不变价格计算的产品价值消除了价格变动因素，不同时期对比可以反映生产的发展速度。新中国成立后，随着工农业产品价格水平的变化，国家统计局先后多次制定了全国统一的工业产品不变价格和农业产品不变价格，从1949年到1957年使用1952年工（农）业产品不变价格，从1957年到1971年使用1957年不变价格，从1971年到1981年使用1970年不变价格，从1981年到1990年使用1980年不变价格，从1990年开始使用1990年不变价格，从2001年开始使用2000年不变价格，从2006年到2010年使用2005年不变价格，从2011年到2015年使用2010年不变价格，从2016年开始使用2015年不变价格。

平均每年增长速度　在我国计算平均增长速度有两种方法，一种是习惯上经常使用的"水平法"，又称几何平均法，是以间隔期最后一年的水平同基期水平对比来计算平均每年增长（或下降）速度。另一种是"累计法"，又称代数平均法或方程法，是以间隔期内各年水平的总和同基期水平对比来计算平均每年增长（或下降）速度。

在一般正常情况下，两种方法计算的平均每年增长速度比较接近，但在经济发展不平衡，出现大起大落时，两种方法计算的结果差别较大。

本书内所列的平均每年增长速度，除固定资产投资是用"累计法"计算以外，其余均用"水平法"计算。从某年到某年平均增长速度的年份，均不包括基期年在内。如"十一五"的平均增长速度是以2005年为基期计算的，则写为2006—2010年平均增长速度，余类推。

国有经济单位　指生产资料归国家所有的各种企业、事业单位，以及各级国家机关、人民团体等单位。

集体经济单位　指生产资料归公民集体所有的各种企业、事业单位。包括农村各种经济组织经营的农、林、牧、渔业，乡、村经营的企业、事业单位；城市、县、镇以及街道兴办的集体经济性质的企业、事业单位。

私营经济单位　指生产资料归公民私人所有的单位。包括私营独资企业、私营合伙企业和私营有限责任公司。

联营经济单位　指不同所有制性质的企业之间或者企业、事业单位之间共同投资组成新的经济实体。包括紧密型联营企业，半紧密型联营企业和松散型联营企业。

股份制经济单位　指全部注册资本由全体股东共同出资，并以股份形式投资举办企业。主要包括股份有限公司和有限责任公司。

外商投资经济单位　指外国投资者根据中华人民共和国有关涉外经济的法律、法规，以合资、合作或独资的形式在中国大陆境内开办企业。包括中外合资经营企业、中外合作经营企业和外资企业。

港、澳、台投资经济单位　指港、澳、台地区投资者参照中华人民共和国有关涉外经济的法律、法规，以合资、合作或独资的形式在大陆兴办企业。包括合资经营企业、合作经营企业和独资企业。

三次产业　三次产业的划分是世界上较为常用的产业结构分类，但各国的划分不尽一致。我国的三次产业划分是：

第一产业包含农、林、牧、渔业，不含农林牧渔业服务业。

第二产业包含采矿业，制造业，电力、燃气及水的生产和供应业，建筑业，不含开采辅助活动、金属制品、机械和设备修理业。

第三产业包含除第一、二产业以外的其他行业。

Explanatory Notes on Main Statistical Indicators

Gross Domestic Product Gross Domestic Product Called in every Region has been called Gross Regional Product since 2003 according to the regulation for which China bureau of statistics stipulates. It is the final products of all resident units in a country(or region) during a certain period of time. Gross domestic product is expressed in three different forms, i. e. value, income, and products. The form of value refers to the total value of all products and services produced by all resident units during a certain period of time minus total value of input of materials and services of the nature of non – fixed assets or the summation of the value added of all resident units; the form of income includes all the income created by all resident units and distributed primarily to all resident and non – resident units; the form of products refers to all final goods and services minus net exports of goods and services. In the practice of national accounting, gross domestic product is calculated with three approaches, i. e. product approach, income approach, and expenditure approach respectively to reflect gross domestic product and its establishment from different aspects.

Constant Price refers to the average price of a given product in a certain year, which is used for comparison of output value over time. As the output value at constant prices remove the factor of price changes, it reflects the trend of production development over time. Since 1949, with the changes in general price level, the State Statistics Bureau has issued nationally unified constant prices many times: the 1952 constant price for 1949 – 1957; the 1957 constant price for 1957 – 1971; the 1970 constant price for 1971 – 1981; the 1980 constant price for 1981 – 1990, the 1990 constant price had been used since 1990; the 2000 constant price for 2001 – 2005; the 2005 constant price for 2006 – 2010; the 2010 constant price for 2011 – 2015; and the 2015 constant price has been used since 2016.

Average Annual Growth Rate Two methods for calculating average annual growth rate are applied in China, one is often called "level approach" or the method of calculating geometric average, which is derived by comparing the level of the last year of the interval with that of the beginning year; the other is called "accumulative approach" or algebraic average or equation method, which is derived by the summation of the actual figure of each year in the interval divided by the figure in the base year.

Usually the results calculated by the two methods are fairly close, but they differed sharply when uneven economic development occurred with striking fluctuations in growth.

The average annual growth rates listed in this statistical yearbook are calculated by "level approach" except for the growth rate of investment in fixed assets. The base years are not included when calculating average annual growth rates. For instance, the average annual growth rate of the period of The Eleventh Five Year Plan is listed as average annual growth rate of 2006 – 2010 without listing the base year 2005. And the analogy of this is also for the rest.

State – owned Economic Units refer to various enterprises, institutions, and government administrative organizations at various levels, social organizations and etc. , with state ownership of production means.

Collective – owned Economic Units refer to various enterprises and institutions with collective ownership of production means, including various rural economic organizations engaged in farming, forestry, animal husbandry, and fishery, enterprises and institutions run by townships and villages; collective enterprises and institutions run by cities, counties, towns and subdistrict offices.

Private – owned Economic Units refer to economic units owned by private individuals, including individual owned private enterprises, jointly owned private enterprises, and private owned companies, Ltd.

Joint Owned Units refer to economic entities jointly invested by enterprises of different types of ownership or by enterprises and institutions, and the partnerships among the joint owned units can be close, half close, or loose.

Share Holding Economic Units refer to enterprises invested in the form of share holding with its investment by all the share holders, which mainly include companies limited by shares and companies with limited liabilities.

Foreign Owned Economic Units refer to enterprises established by foreigners in the territory of mainland China according to related economic laws and regulations of the People's Republic of China as joint ventures, cooperative corporations, or ventures exclusively with sole investment, including joint ventures, cooperative enterprises, and foreign enterprises.

Economic Units Funded by Overseas Chinese from Hong Kong, Macao, and Taiwan refer to enterprises established by entrepreneurs from Hong Kong, Macao, and Taiwan in the territory of mainland China according to related economic laws and regulations of the People's Republic of China as joint ventures, cooperative corporations and ventures exclusively with sole investment, including joint ventures, cooperative enterprises, and exclusively invested enterprises.

Three Industries Three Industries Classification of economic activities is a common practice in the world, although the grouping varies to some extent form country to country. In China economic activities are categorized into following industries:

Primary industry: includes agnculture, forestry, animal husbandry and fishery, except farming, forestry, animal husbandry and fishery service.

Secondary industry: includes mining and quarrying, manufacturing, production and supply of electricity, water and gas, and construction, except mining auxiliary activities or metal products, machinery and repair of equipment.

Tertiary industry: refers to all other economic activities not included in primary or secondary industry。

二、人口与劳动统计

POPULATION, EMPLOYMENT AND WAGE

资料整理人员：胡　增　金　英　刘　江　陈　巍　李　晖　史　瑾　张　瑾　汪　冲

STAFF FOR DATA PROCESSING：

Hu Zeng　Jin Ying　Liu Jiang　Chen Wei　Li Hui　Shi Jin　Zhang Jin　Wang Chong

简要说明

本篇资料反映我市2019年及历年人口、劳动经济方面的基本情况，包括全市的主要人口统计和劳动经济统计数据。人口的统计范围是全市人口；劳动统计的调查范围是城镇独立核算法人单位。全市人口构成及变动情况、分年龄的人口数等，是根据市公安局提供的“人口及其变动情况统计表”、“人口年龄统计表”计算整理；计划生育情况是根据市卫生和计划生育委员会提供的“自然变动情况报表”和“分孩次长效节育及女性初婚、独生子女领证情况报表”整理；历年从业人员人数、分产业从业人员人数、在岗职工年末人数及在岗职工年平均工资由市统计局人口与社会科技处根据有关单位上报的劳动统计基层年报表汇总整理。

Brief Description

This chapter shows the basic condition of population and employment statistics in 2019 and previous years of Wuhan City, including major population, emplyment ststistics of the whole city. The scope of population statistics is the household population of the whole city. The survey scope of employment statistics is the whole independent accounting department. Data on composition and change of population are prepared by Wuhan Public Security Bureau according to statistics table on population changes and population grouped by age. Data on family planning are prepared by Health and Family Planning Commission of Wuhan Municipality according to statistics table of natural changes of population. Data on employment over the years, annual average wage number of staff and workers at the year end and number of employed persons by type of industry are prepared by department of population statistics according to historical information and Basic annual employment statistics to which the whole city and every district report.

2－1 户籍总户数、总人口数与常住人口数
REGISTERED HOUSEHOLDS AND POPULATION, RESIDENT POPULATION

年　份 Year	户籍总户数(万户) Registered Households (10 000 Households)	户籍总人口数(万人) Registered Population (10 000 Persons)	常住人口(万人) Resident population (10 000 persons)
1978	124.28	548.29	555.10
1979	126.53	558.36	563.08
1980	129.53	567.23	571.18
1981	135.46	577.90	579.40
1982	139.43	586.97	587.74
1983	143.16	594.40	599.68
1984	146.82	600.59	611.86
1985	151.33	608.39	624.28
1986	157.00	619.96	636.96
1987	161.88	629.34	649.90
1988	167.93	641.72	663.10
1989	173.62	653.26	676.57
1990	178.83	669.75	690.31
1991	184.76	677.03	700.64
1992	188.23	684.46	711.13
1993	190.89	691.69	721.77
1994	194.20	700.01	732.56
1995	196.34	710.01	743.53
1996	199.17	715.94	754.65
1997	201.28	723.90	765.94
1998	205.43	731.79	777.40
1999	208.71	740.20	789.03
2000	213.66	749.19	804.81
2001	218.66	758.23	813.80
2002	224.59	768.10	823.70
2003	229.91	781.19	836.80
2004	241.58	785.90	845.43
2005	249.95	801.36	858.00
2006	255.45	818.84	875.00
2007	260.46	828.21	891.00
2008	265.00	833.24	897.00
2009	269.90	835.55	910.00
2010	274.58	836.73	978.54
2011	276.50	827.24	1002.00
2012	281.29	821.71	1012.00
2013	286.39	822.05	1022.00
2014	288.02	827.31	1033.80
2015	297.10	829.27	1060.77
2016	302.12	833.85	1076.62
2017	310.88	853.65	1089.29
2018	321.07	883.73	1108.10
2019	329.53	906.40	1121.20

2-2 人口构成(户籍统计)
POPULATION COMPOSITION

项目	Item	全市 The Whole City 人口(人) Population (person)	比重(%) Percentage of Total Population(%)
2019 年合计	**Total in 2019**	9063973	100.0
男	Male	4610667	50.9
女	Female	4453306	49.1
乡村人口	Rural Population	2382974	26.3
城镇人口	Urban Population	6680999	73.7
2018 年合计	**Total in 2018**	8837299	100.0
男	Male	4500843	50.9
女	Female	4336456	49.1
乡村人口	Rural Population	2368020	26.8
城镇人口	Urban Population	6469279	73.2
2017 年合计	**Total in 2017**	8536517	100.0
男	Male	4352703	51.0
女	Female	4183814	49.0
乡村人口	Rural Population	2343035	27.4
城镇人口	Urban Population	6193472	72.6

注:从 2015 年起,公安户籍数据调查统计口径,由原来的农业人口、非农业人口调整为乡村人口、城镇人口。
Note: Data on household register of public searity bureau have adjusted caliber since 2015 that former agricultrual and non - agricultural population arc rcplaced with urban and vural population.

2-3 人口变动(户籍统计)
POPULATION CHANGES

指标名称	Index Name	全市 The Whole City 2017 年	2018 年	2019 年
出生人口(人)	Number of births(person)	131409	119430	114610
死亡人口(人)	Number of Deaths(person)	98029	47919	51221
自然增长人口(人)	Natural Increase In Population(person)	33380	71511	63389
净迁移人口(人)	Net Migrating Population(person)	166922	230608	169625
出生率(‰)	Birth Rate(‰)	15.57	13.75	12.80
死亡率(‰)	Death Rate(‰)	11.62	5.52	5.72
自然增长率(‰)	Natural Growth Rate(‰)	3.96	8.23	7.08
净迁移率(‰)	Net Migrating Rate(‰)	19.78	26.55	18.95

2－4 分孩次生育情况 （2019 年）
STATISTICS ON PARITY FERTILITY RATE(2019)

地区	District	一孩率（%）Rate of the First Child（%）	二孩率（%）Rate of the Second Child（%）	多孩率（%）Rate of The Third Child and above（%）
总 计	**Total**	53.68	43.36	2.97
江 岸 区	Jiang'an	61.33	35.80	2.87
江 汉 区	Jianghan	62.21	34.96	2.84
硚 口 区	Qiaokou	57.49	40.04	2.48
汉 阳 区	Hanyang	60.77	36.99	2.24
武 昌 区	Wuchang	58.33	38.59	3.07
青 山 区	Qingshan	58.89	38.54	2.57
洪 山 区	Hongshan	56.77	41.34	1.89
东西湖区	Dongxihu	54.08	42.42	3.51
蔡 甸 区	Caidian	50.81	46.40	2.79
江 夏 区	Jiangxia	46.27	50.18	3.54
黄 陂 区	Huangpi	50.74	46.09	3.18
新 洲 区	Xinzhou	47.36	48.27	4.37
武汉经济技术开发区（含汉南区）	Wuhan Economic Technological Development Zone (Including Hannan)	52.61	45.54	1.84
东湖新技术开发区	East Lake High－Tech Development Zone	47.06	50.88	2.06
东湖生态旅游风景区	East Lake Ecotourism Scenic Zone	50.00	47.14	2.86
武汉化学工业区	Wuhan Chemical Industry Park	–	–	–

2-5 分年龄的人口数(2019 年户籍统计)
POPULATION GROUPED BY AGE (2019)

单位:人 (person)

指标名称 Index Name	合计 Total	男 Male	女 Female
总计 Total	9063973	4610667	4453306
0-17 岁(years old)	1490132	796918	693214
0	80192	42389	37803
1	103403	54948	48455
2	113510	60070	53440
3	121028	64038	56990
4	102427	54272	48155
5	104609	55903	48706
6	95498	51168	44330
7	100405	53704	46701
8	84140	45370	38770
9	81189	43627	37562
10	73557	39883	33674
11	72165	38567	33598
12	70423	37920	32503
13	62660	33623	29037
14	58585	31211	27374
15	58515	31328	27187
16	52488	28530	23958
17	55338	30367	24971
18-34 岁(years old)	2262895	1189405	1073490
18	64574	35373	29201
19	75131	41619	33512
20	73044	40879	32165
21	71940	40342	31598
22	72997	40513	32484
23	87192	48705	38487
24	106124	59459	46665

2-5 续 表 1 Continued 1

单位:人 (person)

指标名称 Index Name	合 计 Total	男 Male	女 Female
25	125405	69111	56294
26	143645	77055	66590
27	148073	77767	70306
28	163438	84418	79020
29	186802	95140	91662
30	197775	100203	97572
31	193339	97433	95906
32	201836	101956	99880
33	184770	94246	90524
34	166810	85186	81624
35-59(years old)	3368478	1693828	1674650
35	164530	84660	79870
36	159049	80990	78059
37	164646	83804	80842
38	137539	69591	67948
39	122489	61877	60612
40	136823	68834	67989
41	126227	63853	62374
42	122431	61408	61023
43	120938	60875	60063
44	118339	59100	59239
45	111262	55426	55836
46	116088	58324	57764
47	132971	67330	65641
48	135241	67957	67284
49	154735	77016	77719
50	146650	73054	73596
51	166947	83021	83926

2-5 续 表 2 Continued 2

单位:人 (person)

指标名称 Index Name	合 计 Total	男 Male	女 Female
52	110666	55329	55337
53	125253	63507	61746
54	121579	61568	60011
55	143357	72315	71042
56	193115	96848	96267
57	162829	81336	81493
58	97234	48047	49187
59	77540	37758	39782
60-79(years old)	1681301	820075	861226
60	101826	51008	50818
61	127759	63864	63895
62	139406	68678	70728
63	124466	60505	63961
64	113258	55146	58112
65	129489	62693	66796
66	108792	52439	56353
67	102486	50224	52262
68	89772	43997	45775
69	87501	42788	44713
70	86893	43468	43425
71	74975	36371	38604
72	74254	36381	37873
73	63463	30998	32465
74	48039	23358	24681
75	47057	22894	24163
76	39472	18579	20893

2-5 续 表 3 Continued 3

单位:人 (person)

指标名称 Index Name	合计 Total	男 Male	女 Female
77	39632	18593	21039
78	44514	20660	23854
79	38247	17431	20816
80-99(years old)	259052	109810	149242
80	29858	13273	16585
81	33287	14777	18510
82	28840	12740	16100
83	28580	12422	16158
84	25311	10751	14560
85	22177	9256	12921
86	21571	8927	12644
87	14367	5922	8445
88	11731	4951	6780
89	10602	4500	6102
90	7643	3040	4603
91	6190	2453	3737
92	5166	2003	3163
93	3779	1399	2380
94	2948	1058	1890
95	2425	846	1579
96	1737	545	1192
97	1226	400	826
98	956	328	628
99	658	219	439
100岁及以上(100 years old and above)	2115	631	1484

2-6 历年从业人员人数
EMPLOYMENT OVER THE YEARS

单位:万人 (10 000 person)

年份 Year	合计 Total	城镇非私营单位从业人员 Staff And Workers	国有经济单位 State-owned Units	城镇集体经济单位 Urban Collective-owned Units	其他经济类型单位 Units of Other Types of Ownership	个体经济从业人员 Employment of Individual Economy	农村经济从业人员 Employment of Rural Economy	私营经济从业人员 Employment of Private Enterprises	其他从业人员 Others
1949	93.45	18.38	9.59	8.79		4.21	70.86		
1950	97.05	21.29	12.39	8.90		3.61	72.14		
1951	102.73	25.55	15.49	10.06		3.34	73.84		
1952	105.21	26.84	21.59	5.26		3.02	75.35		
1953	114.86	33.93	28.11	5.82		3.32	77.62		
1954	118.28	36.30	31.29	5.01		3.82	78.17		
1955	125.19	38.24	33.55	4.70		3.09	83.86		
1956	150.61	59.70	47.70	12.00		2.88	88.03		
1957	152.70	62.78	48.38	14.40		3.56	86.37		
1958	175.41	91.28	79.78	11.51		0.60	83.53		
1959	170.54	94.14	81.23	12.91		0.11	76.29		
1960	176.85	100.43	84.36	16.07		0.30	76.12		
1961	166.35	83.32	69.61	13.71		0.59	82.43		
1962	159.03	71.42	58.33	13.09		1.82	85.79		
1963	165.49	72.97	59.84	13.13		1.98	90.54		
1964	172.96	78.44	62.79	15.65		1.61	92.92		
1965	178.30	81.86	66.60	15.26		1.29	95.15		
1966	180.13	83.84	68.17	15.67		0.80	95.50		
1967	182.83	86.79	70.68	16.11		0.00	96.04		
1968	188.38	88.67	72.12	16.56		0.00	99.71		
1969	197.27	93.10	73.90	19.20		0.00	104.17		
1970	206.58	99.96	80.03	19.93		0.00	106.62		
1971	218.55	111.26	90.53	20.73		0.00	107.29		
1972	225.18	117.68	95.02	22.66		0.00	107.50		
1973	230.56	120.05	95.05	25.00		0.00	110.51		
1974	235.30	121.92	96.21	25.71		0.00	113.38		
1975	246.41	132.06	101.46	30.60		0.00	114.35		
1976	252.31	139.00	106.51	32.49		0.00	113.31		
1977	257.91	145.83	113.08	32.75		0.00	112.08		
1978	271.92	158.22	125.04	33.18		0.00	113.70		
1979	280.17	166.12	124.58	41.54		0.33	113.72		
1980	293.25	177.90	130.89	47.01		0.55	114.79		
1981	305.64	190.05	138.54	51.51		0.90	114.69		
1982	313.18	195.79	142.51	53.28		1.08	116.31		
1983	319.77	201.86	148.27	53.59		1.95	115.96		
1984	325.97	205.03	149.14	55.75	0.15	3.00	117.94		

2-6 续 表 Continued

单位:万人 (10 000 person)

年份 Year	合计 Total	城镇非私营单位从业人员 Staff And Workers	国有经济单位 State-owned Units	城镇集体经济单位 Urban Collective-owned Units	其他经济类型单位 Units of Other Types of Ownership	个体经济从业人员 Employment of Individual Economy	农村经济从业人员 Employment of Rural Economy	私营经济从业人员 Employment of Private Enterprises	其他从业人员 Others
1985	335.81	212.55	154.41	57.96	0.18	4.04	119.22		
1986	340.90	215.36	155.71	59.41	0.24	3.50	122.05		
1987	348.30	219.50	159.95	59.29	0.27	3.96	124.84		
1988	351.25	223.02	163.42	59.20	0.39	4.95	123.29		
1989	355.15	224.99	165.32	59.07	0.60	5.86	124.31		
1990	357.80	227.12	167.99	58.45	0.68	5.21	125.47		
1991	360.24	230.15	169.78	58.72	1.65	4.62	124.62	0.85	
1992	360.61	230.02	171.08	57.07	1.87	5.22	124.46	0.91	
1993	374.92	233.58	173.23	53.53	6.92	14.89	123.42	2.93	
1994	386.83	226.34	168.39	48.70	9.25	28.12	124.71	7.67	
1995	398.64	222.30	166.71	43.27	12.32	37.48	128.51	10.35	
1996	406.42	218.85	164.50	41.13	13.22	40.48	121.87	25.22	
1997	411.83	216.44	161.91	40.61	13.92	45.76	121.41	28.22	
1998	415.20	210.74	155.43	36.64	18.67	51.49	120.36	32.61	
1999	417.78	206.89	150.49	33.80	22.60	54.15	121.44	35.30	
2000	417.80	199.64	144.04	28.95	26.65	63.61	121.30	33.25	
2001	406.12	192.96	138.52	23.18	31.26	59.67	120.33	33.16	
2002	407.30	183.79	134.65	17.23	31.91	60.79	123.78	38.94	
2003	412.00	176.24	117.49	13.85	44.90	70.04	127.99	36.80	0.93
2004	417.50	148.60	89.66	7.54	51.40	30.57	154.33	22.83	61.17
2005	421.80	148.53	90.05	7.86	50.62	42.77	148.90	29.20	52.40
2006	429.60	153.89	86.10	6.77	61.02	43.62	143.98	34.03	54.08
2007	442.20	159.58	83.61	6.94	69.03	61.14	145.60	22.78	53.10
2008	456.00	170.45	84.56	7.75	78.14	74.60	144.23	37.74	28.98
2009	468.60	175.84	80.36	7.78	87.70	90.11	143.47	38.45	20.73
2010	483.00	178.46	79.85	7.09	91.52	92.54	141.75	47.86	22.39
2011	498.00	189.77	85.15	4.53	100.09	95.69	145.74	48.30	18.50
2012	506.40	191.85	82.74	4.04	105.07	115.41	95.48	85.41	18.25
2013	522.24	198.54	87.85	4.62	106.07	124.96	88.63	87.29	22.82
2014	530.44	205.74	89.88	4.22	111.64	125.40	81.90	90.16	27.24
2015	544.92	207.28	85.46	4.00	117.82	128.89	83.11	95.16	30.48
2016	550.37	213.26	84.94	3.01	125.31	128.92	83.55	95.17	29.47
2017	564.08	219.90	84.67	2.92	132.31	132.08	84.36	96.32	31.42
2018	610.72	247.25	89.18	3.22	154.85	134.25	85.67	111.86	31.69
2019	623.13	247.86	89.27	3.12	155.47	140.32	86.92	119.24	28.79

2-7 分产业从业人员人数
EMPLOYMENT BY TYPE OF INDUSTRY

单位:万人 (10 000 persons)

年份 Year	总计 Total	第一产业 Primary Industry	第二产业 Secondary Industry	第三产业 Tertiary Industry
1995	398.64	93.64	150.98	154.02
1996	406.42	91.43	154.60	160.39
1997	411.83	92.97	154.22	164.64
1998	415.20	92.85	152.25	170.10
1999	417.78	92.96	151.87	172.95
2000	417.80	91.43	148.95	177.42
2001	406.12	90.42	141.47	174.23
2002	407.30	86.02	143.41	177.87
2003	412.00	83.08	144.43	184.49
2004	417.50	81.81	141.30	194.39
2005	421.80	80.58	137.66	203.56
2006	429.60	83.36	140.39	205.85
2007	442.20	82.96	146.60	212.64
2008	456.00	79.57	156.00	220.43
2009	468.60	63.84	175.26	229.50
2010	483.00	63.52	178.46	241.02
2011	498.00	61.10	189.50	247.40
2012	506.40	61.34	194.50	250.56
2013	522.24	50.87	200.86	270.51
2014	530.44	48.38	204.75	277.31
2015	544.92	49.68	209.24	286.00
2016	550.37	49.60	209.16	291.61
2017	564.08	49.57	209.13	305.38
2018	610.72	49.94	225.96	334.82
2019	623.13	49.66	230.31	343.16

2－8 历年城镇非私营单位就业人员平均工资
AVERAGE WAGE OF EMPLOYEES IN URBAN NON－PRIVATE UNITS OVER THE YEARS

单位:元 (yuan)

年份 Year	单位就业人员平均工资 Average Wage of Employees	其中:在岗职工 Staff and Workers
1949	548	
1950	464	
1951	485	
1952	533	
1953	546	
1954	548	
1955	569	
1956	621	
1957	637	
1958	597	
1959	549	
1960	559	
1961	555	
1962	595	
1963	630	
1964	651	
1965	648	
1966	639	
1967	637	
1968	637	
1969	681	
1970	581	
1971	498	
1972	567	
1973	568	
1974	583	
1975	589	
1976	570	
1977	568	
1978	620	
1979	679	
1980	780	
1981	770	
1982	786	
1983	798	
1984	968	

2-8 续 表 Continued

单位:元 (yuan)

年 份 Year	单位就业人员平均工资 Average Wage of Employees	其中:在岗职工 Staff and Workers
1985	1107	
1986	1239	
1987	1379	
1988	1630	
1989	1893	
1990	2093	
1991	2332	
1992	2689	
1993	3533	
1994	4580	
1995	5327	
1996	5981	
1997	6406	
1998	6746	8225
1999	7091	8812
2000	7628	9728
2001	9080	11314
2002	10039	12161
2003	11719	13729
2004	13818	15971
2005	16255	18505
2006	19759	21839
2007	22999	25136
2008	27212	28431
2009	32429	33320
2010	38428	39303
2011		45643
2012	46965	48942
2013	52387	53745
2014	59143	60624
2015	64407	65720
2016	70590	71963
2017	77726	79684
2018	85885	88327
2019	95286	98043

注:根据国家统计局劳动工资统计报表制度的变化,从 2012 年起,本表中原"全部职工"变更为"单位就业人员"。
Note: According to the change of the labor wage statistics reporting system of the State Statistics Bureau, "Employees" on this table refered to "All Staff and Workers" before 2012.

2－9　按行业分城镇非私营单位就业人员平均工资
AVERAGE WAGE OF EMPLOYEES IN URBAN NON－PRIVATE UNITS BY SECTORS

单位:元　　　　(yuan)

指标名称 Index Name	2015 年	2016 年	2017 年	2018 年	2019 年
合　计 Total	**64407**	**70590**	**77726**	**85885**	**95286**
(一)农、林、牧、渔业 Farming, Forestry, Animal Husbandry and Fishery	31540	34814	37006	39717	42180
(二)采矿业 Mining	52718	42636	45052	53466	64899
(三)制造业 Manufacturing	59943	64705	72425	78219	88464
(四)电力、热力、燃气及水生产和供应业 Electric Power, Gas and Water Production and supply	74479	80901	88662	100318	112868
(五)建筑业 Construction	49677	53574	59622	64657	68973
(六)批发和零售业 Wholesale and Retail Trade	50125	53689	57864	65309	73050
(七)交通运输、仓储和邮政业 Transportation, Storage and Post	62363	65569	69702	79436	85407
(八)住宿和餐饮业 Hotel and Catering Services	41119	43164	43870	45792	49288
(九)信息传输、软件和信息技术服务业 Information Transmission, Software and Information Technology Service	82796	95196	102833	114453	124323
(十)金融业 Banking	122171	132750	148102	163860	169546
(十一)房地产业 Real Estate	65950	68352	70439	73820	74870
(十二)租赁和商务服务业 Leasing and Commercial Services	59706	61549	66696	72350	76329
(十三)科学研究和技术服务业 Scientific Research and Technical Services	99102	107946	118818	128855	145225
(十四)水利、环境和公共设施管理业 Water Conservancy, Environment and public Facilities Management	46791	55217	60959	70091	73661
(十五)居民服务、修理和其他服务业 Resident Services, Repairs and Others	39959	44447	44191	51180	58751
(十六)教育 Education	75463	88138	98321	114977	125324
(十七)卫生和社会工作 Health care and Social Work	93437	99046	111296	125209	139857
(十八)文化、体育和娱乐业 Culture, Sports and Entertainment	69163	74861	79691	89047	105156
(十九)公共管理、社会保障和社会组织 Public Management, Social Security and Social Organizations	88278	102335	110290	122356	133130

主要统计指标解释

出生率(又称粗出生率) 指在一定时期内(通常为一年)一定地域范围内出生人数与同期人口平均数之比。一般用千分率表示,计算公式:

$$出生率 = \frac{年出生人数}{年平均人数} \times 1000‰$$

出生人数 是指活产婴儿,即胎儿脱离母体时(不管怀孕月数),有过呼吸或其他生命现象。

年平均人数 是年初、年底人口数的平均数,也可用年中人口数代替。

死亡率(又称粗死亡率) 指在一定时期内(通常为一年)一定地区的死亡人数与同期平均人数(或期中人数)之比,一般用千分率表示。计算公式:

$$死亡率 = \frac{年死亡人数}{年平均人数} \times 1000‰$$

人口自然增长率指在一定时期内(通常为一年)人口自然增加数(出生人数减死亡人数)与该时期内平均人数(或期中人数)之比,一般用千分率表示。计算公式:

$$人口自然增长率 = \frac{本年出生人数 - 本年死亡人数}{年平均人数} \times 1000‰$$

$$人口自然增长率 = 人口出生率一人口死亡率$$

从业人员 指从事一定社会劳动并取得劳动报酬或经营收入的人员。包括:(1)全部在岗职工;(2)再就业的离退休人员;(3)私营业主;(4)个体户主;(5)私营和个体从业人员;(6)乡镇企业从业人员;(7)农村从业人员;(8)其他从业人员。这一指标反映了一定时期内全部劳动力资源的实际利用情况,是研究我国基本国情国力的重要指标。

国有经济单位 指资产归国家所有的经济组织。包括按《中华人民共和国企业法人登记管理条例》规定登记注册的非公司制的经济组织,以及中央、地方各级国家机关、事业单位和社会团体。

集体经济单位 指生产资料归集体所有,并按《中华人民共和国企业法人登记管理条例》规定登记注册的经济组织。

其他经济单位 包括股份合作单位、联营单位、有限责任公司、股份有限公司、港澳台商投资单位以及外商投资单位等其他登记注册类型单位。

在岗职工 指在本单位工作并由单位支付工资的人员,以及有工作岗位,但由于学习、病伤产假等原因暂未工作,仍由单位支付工资的人员。

工资总额 指各单位在一定时期内直接支付给本单位全部单位从业人员的劳动报酬总额。工资总额的计算原则应以直接支付给单位从业人员的全部劳动报酬为根据。各单位支付给职工的劳动报酬以及其他根据有关规定支付的工资,不论是计入成本的还是不计入成本的,不论是按国家规定列入计征奖金税项目的,还是未列入计征奖金税项目的,不论是以货币形式支付的还是以实物形式支付的,均包括在工资总额内。

平均工资 指企业、事业,机关单位的从业人员在一定时期内平均每人所得的货币工资额。它表明一定时期单位从业人员工资收入的高低程度,是反映单位从业人员工资水平的主要指标。计算公式为:

$$平均工资 = \frac{报告期实际支付的全部单位从业人员工资总额}{报告期全部单位从业人员平均人数}$$

Explanatory Notes on Main Statistical Indicators

Birth Rate(or Crude Birth Rate) refers to the ratio of the number of births to the average population during a certain period of time(usually a year), which is often expressed in ‰. The following formula is used:

$$\text{Birth Rate} = \frac{\text{Number of births}}{\text{Average Number of Population}} \times 1000‰$$

Number of Births refers to live births, i. e. the births when babies had showed any vital phenomena regardless of the length of pregnancy.

Annual Average Number of Population is the average number of population at the beginning of the year and that at the end of the year. Sometimes it is substituted with the mid – year population.

Death Rate(or Crude Death Rate) refers to the ratio of the number of deaths to the average population(or mid – year population) during a certain period of time(usually a year), which is often expressed in ‰. The following formula is used:

$$\text{Death Rate} = \frac{\text{Number of Deaths}}{\text{Average Number of Population}} \times 1000‰$$

Natural Growth Rate of Population refers to the ratio of natural increase in population (number of births minus number of deaths) in a certain period of time(usually a year) to the average population(or mid – year population) of the same period. which is often expressed in ‰. The following formula is applied:

$$\text{Natural Growth Rate of Population} = \frac{\text{Number of Births} - \text{Number of Deaths}}{\text{Average Number of Population}} \times 1000‰$$

Natural Growth Rate of Population = Birth Rate – Death Rate

Employees refers to people who are engaged in social labour and receive remuneration payment or earn business income, including: (1) total staff and workers; (2) re – employed retirees; (3) employers of private enterprises; (4) employers of individual economy; (5) employees in private enterprises and individual economy; (6) employees in township enterprises; (7) employees in rural areas; (8) other employees.

This indicator reflects the actual utilization of total labour force during a certain period of time and is the key to the research on China's economic affairs and national power.

State – owned Units refer to economic units where the entire assets are owned by the state, including non – corporation economic units, government agencies at all levels, institutions and social organizations which have registered in accordance with the Regulation of the People's Republic of China on the Management of Registration of Corporate Enterprises.

Collective – owned Units refer to economic units where the assets are owned collectively and which have registered in accordance with the Regulation of the People's Republic of China on the Management of Registration of Corporate Enterprises.

Units of other types of ownership Include Cooperative units, joint ownership units, limited liability corporations, share – holding corporations Ltd, units with investment from HongKong, Macau and Taiwan, units with foreign investment and so on.

Fully Employed Staff and Workers refer to people who work in, and receive wages from their working units, as well as people who have their work posts, but are temporarily absent from work for reasons of study or sickness, injury or maternal leave and still receive wages from their working units.

Total Wages of Staff and Workers refer to the total remuneration payment to staff and workers in various units during a certain Deriod of time. The calculation of total wages is based on the total remuneration payment to staff and workers. Therefore, all the wages and salaries and other payments to staff and workers are included in the total wages regardless of their sources, categories, and forms (in kind or cash).

Average Wage of Staff and Workers refers to the average wage in money terms per person during a certain period of time for staff and workers in enterprises, institutions, and government agencies, which reflects the general level of wage income during a certain period of time and is calculated as follows:

$$\text{Average Wage of Staff and Workers} = \frac{\text{Total Wages of Staff and Workers in Reference Period}}{\text{Average Number of Staff and Workers in Reference Period}}$$

三、工业、能源消费

INDUSTRY AND ENERGY CONSUMPTIONS

资料整理人员：吴　麒　徐志黎　杨伟成　肖诗军　栾　波　杨　凡　张　莉　陈莎莎
陈全意　万庆敏　朱　颖　陈泽逾　金　怡

STAFF FOR DATA PROCESSING：

Wu Qi　Xu Zhili　Yang Weicheng　Xiao Shijun　Luan Bo　Yang Fan　Zhang Li
Chen Shasha
Chen Quanyi　Wan Qingmin　Zhu Ying　Chen Zeyu　Jin Yi

简要说明

本篇工业资料内容包括武汉市规模以上工业企业单位数、工业总产值、主要工业产品产量等主要经济指标；能源消费内容包括能源消费量（折标煤）和全社会用电量。

工业统计调查范围为武汉地区全部工业企业。1997 年以前，我国工业的统计范围分为乡及乡以上独立核算工业企业和非独立核算生产单位、村办工业、城镇合作工业、农村合作工业、城镇个体工业、农村个体工业六大部门（1984 年以前村办工业不在工业统计范围内）。1998 年后统计范围修定为按企业规模划分：全部国有及年产品销售收入 500 万元及以上非国有工业企业和年产品销售收入 500 万元以下非国有工业企业两部分。2007 年后统计范围又进行了调整，改为全部 500 万元及以上工业企业和年主营业务收入 500 万元以下工业企业。2010 年后统计范围再次调整，改为全部年主营业务收入 2000 万元及以上工业企业和年主营业务收入 2000 万元以下工业企业。统计数据是根据工业统计年度报表中有关资料整理汇总的。2003 年起，工业统计执行新的国民经济行业分类和大中小型企业划分标准，有关轻、重工业和行业分组资料与往年比已发生变化。

能源消费统计范围，1999 年以前年份为全社会统计口径，1999 年以后年份（含 1999 年）为规模以上工业企业。全社会用电量资料由武汉供电公司提供。

Brief Description

Data in this chapter involve numbers of industrial enterprises, the gross industrial output value, sales output, output of key industrial products, major indicators of industrial enterprises above designated size in Wuhan City. The content of energy consumption involves consumption of energy(in standard coal equivalent) and electricity specifically.

The scope of industrial statistics includes all industrial enterprises within Wuhan city. Before 1997, industrial statistics was based on types of ownership, and there were mainly six categories which were industrial enterprises at and above county level with independent accounting system and productive units without accounting system, village industrial enterprises, urban joint industrial enterprises, rural joint industrial enterprises, urban individual industrial enterprises, and rural industrial enterprises (not included until 1984). Since 1998, the categorization of industrial statistics had been modified as sizes of enterprises which consists of all state – owned industrial enterprises and those non – state industrial enterprises with annual sales of 5 million yuan and above, non – state industrial enterprises with annual sales below 5 million yuan. Since 2007, the scope had been adjusted to all industrial enterprises with annual sales of 5 million yuan and above, and with annual sales below 5 million yuan. Since 2010, the scope has been adjusted again, to all industrial enterprises with annual sales of 20 million yuan and above, and with annual sales below 20 million yuan. The statistics data are prepared from annual industrial statistics reports. Since 2003, industrial statistics have complied with the new standard industrial classification codes and categorization of big, medium and small enterprises, which leads to different statistic results on light and heavy industry, as well as industry dassification from the past.

The statistic scope of energy consumptions was citywide before 1999, and then modified to industrial enterprises above designated size. Electricity consumption data are provided by Wuhan Power Supply company.

3－1 规模以上工业企业单位数及构成
NUMBER OF INDUSTRIAL ENTERPRISES ABOVE DESIGNATED SIZE AND ITS COMPOSITION

项　目	Item	2018 单位数(个) Number (unit)	2018 构成(%) Composition (%)	2019 单位数(个) Number (unit)	2019 构成(%) Composition (%)
规模以上工业	Industrial Enterprises Above Designated Size	2689	100	2890	100
按登记注册类型分	Grouped by Ownership				
国有企业	State－owned	18	0.67	16	0.55
集体企业	Gollective－owned	19	0.71	18	0.62
股份合作企业	Cooperative Enterprises of Share Holding	1	0.04	1	0.03
联营企业	Joint－owned	1	0.04	1	0.03
有限责任公司	Companies of Limited Liabilities	986	36.67	1073	37.13
股份有限公司	Share－holding	146	5.43	154	5.33
私营企业	Private－owned	1190	44.25	1307	45.22
其他企业	Others	1	0.04	1	0.03
港澳台投资企业	Enterprises Funded by Entrepreneurs from Hongkong, Macao & Taiwan	75	2.79	73	2.53
外商投资企业	Foreign－Funded	252	9.37	246	8.51
按企业规模分	Grouped by Size				
大型企业	Large Enterprises	93	3.46	83	2.87
中型企业	Medium－Sized Enterprises	308	11.45	293	10.14
小型企业	Small－Sized Enterprises	2175	80.89	2284	79.03
微型企业	Micro－Sized Enterprises	113	4.20	230	7.96

注：规模以上工业指年主营业务收入2000万元及以上法人工业企业(下同)。

Note: Industrial enterprises above designated size refer to corporate industrial enterprises with annual sales income of 20 mil yuan and above. (the same applied to the following tables)

3－2 规模以上工业总产值(2019 年)
GROSS INDUSTRIAL OUTPUT VALUE ABOVE DESIGNATED SIZE(2019)

单位:亿元 (100 million yuan)

项目	Item	2019 年(按当年价格计算)(Current Prices)	2019 年比 2018 年 ±(%) Growth Rate in 2019 over 2018(%)
规模以上工业总产值	Gross industrial output value above designated size	14798.42	3.2
按经济类型分	Grouped by Ownership		
其中:国有企业	State－owned	1122.66	7.8
集体企业	Collective－owned	18.30	8.3
股份合作企业	Cooperative Enterprises of Share Holding	0.73	21.7
股份制企业	Joint－stock Enterprises	8873.90	3.2
外商及港、澳、台投资企业	Foreign Funded and Enterprises Funded by Entrepreneurs From Hongkong, Macao & Taiwan	4768.52	2.0
按轻重工业分	Grouped by Light & Heavy Industry		
轻工业	Light Industry	3705.86	3.1
重工业	Heavy Industry	11092.56	3.2

3-3 历年规模以上工业总产值和增加值

INDUSTRIAL OUTPUT VALUE AND ADDED VALUE ABOVE DESIGNAIED SIZE OVER THE YEARS

本表按当年价格计算 Data in this table are calculated at current prices.

单位:亿元 (100 million yuan)

年份 Year	规模以上工业总产值 Above Scale Industrial Output Value	轻工业 Light Industry	重工业 Heavy Industry	规模以上工业增加值 Above Scale Industrial Added Value
2001	1020.84			329.80
2002	1138.98			365.04
2003	1334.49			427.88
2004	1678.34	460.90	1217.44	538.89
2005	2286.69	502.08	1784.61	734.53
2006	2818.59	617.79	2200.80	880.53
2007	3525.63	785.91	2739.72	1055.18
2008	4338.28	944.10	3394.18	1388.00
2009	5032.18	1152.79	3879.39	1656.15
2010	6424.59	1493.30	4931.29	1941.33
2011	7390.66	1564.57	5826.09	2458.77
2012	9018.88	1967.92	7050.96	2711.47
2013	10394.07	2393.00	8001.07	3113.30
2014	11764.59	2721.74	9042.85	3453.35
2015	12374.92	3240.87	9134.05	3504.23
2016	13159.09	2995.36	10163.73	3493.03
2017	14433.27	3525.47	10907.80	3769.73
2018	14422.86	3529.34	10893.52	3796.85
2019	14798.42	3705.86	11092.56	4011.45

3-4 历年规模以上工业总产值和增加值指数

INDUSTRIAL OUTPUT VALUE AND ADDED VALUE INDEX ABOVE DESIGNAIED SIZE OVER THE YEARS

本表按当年价格计算　　Data in this table are calculated at current prices.

上年=100　　(Preceding year=100)

年　份 Year	规模以上工业总产值 Above Scale Industrial Output Value	轻工业 Light Industry	重工业 Heavy Industry	规模以上工业增加值 Above Scale Industrial Added Value
2001	114.8			111.8
2002	111.6			112.6
2003	117.9			114.3
2004	126.0	118.3	129.2	121.7
2005	128.2	115.1	132.4	123.8
2006	122.7	122.1	122.8	124.2
2007	125.5	129.3	124.4	122.1
2008	125.4	124.7	125.5	120.3
2009	110.2	117.5	108.2	118.5
2010	128.4	130.1	127.9	121.7
2011	121.8	124.8	121.0	116.0
2012	115.3	124.2	113.0	115.2
2013	118.0	117.4	118.2	111.7
2014	112.3	112.0	112.3	110.9
2015	106.8	108.5	106.3	108.5
2016	105.8	101.0	107.3	105.0
2017	113.2	113.9	113.1	107.7
2018	107.6	108.3	107.4	105.7
2019	103.2	103.1	103.2	104.4

3-5 分经济类型的规模以上工业总产值及构成
THE TOTAL ABOVE SCALE INDUSTRIAL OUTPUT VALUE OF ECONOMIC TYPE AND COMPOSITION

本表按当年价格计算　　Data in this table are calculated at current prices.

年份 Year	规模以上工业总产值(亿元) Above Scale Industrial Ortput Value(100 million yuan)			
	国有经济 State - owned Enterprises	集体经济 Colletive - owned Enterprises	外商及港澳台经济 Economy of foreign, Hong Kong, Macao and Taiwan	其他经济 Enterprises of Other Ownership
2008	1315.18	29.63	1274.41	1719.06
2009	1333.86	28.31	1567.96	2102.05
2010	1698.99	32.20	2110.94	2582.46
2011	1914.78	22.71	2411.86	3041.31
2012	2789.15	39.37	2804.30	3386.06
2013	2580.95	29.77	3268.69	4514.66
2014	1885.47	34.47	3634.58	6210.07
2015	2038.93	34.07	3814.58	6487.35
2016	2106.79	31.89	4072.35	6948.06
2017	1165.88	24.17	4730.95	8512.27
2018	1031.25	17.68	4342.29	9031.64
2019	1122.66	18.30	4768.52	8888.94

年份 Year	构成(%) Composition(%)			
	国有经济 State - owned Enterprises	集体经济 Colletive - owned Enterprises	外商及港澳台经济 Economy of foreign, Hong Kong, Macao and Taiwan	其他经济 Enterprises of Other Ownership
2008	30.3	0.7	29.4	39.6
2009	26.5	0.6	31.2	41.8
2010	26.4	0.5	32.9	40.2
2011	25.9	0.3	32.6	41.2
2012	30.9	0.4	31.1	37.6
2013	24.8	0.3	31.4	43.5
2014	16.0	0.3	30.9	52.8
2015	16.5	0.3	30.8	52.4
2016	16.0	0.2	30.9	52.9
2017	8.1	0.1	32.8	59.0
2018	7.2	0.1	30.1	62.6
2019	7.6	0.1	32.2	60.1

3-6 规模以上工业主要产品产量
OUTPUT OF MAJOR INDUSTRIAL PRODUCTS OF ENTERPRISES ABOVE DESIGNATED SIZE

项目	Item	2018	2019
食用植物油(万吨)	Edible Vegetable Oil(10 000 tons)	55.23	53.54
乳制品(万吨)	Dairy Products(10 000 tons)	53.06	44.75
饮料酒(万千升)	Alcoholic Beverages(1000 kilolite)	86.42	104.85
饮料(万吨)	Drinks(10 000 ton)	381.96	471.02
卷　烟(万箱)	Gigarettes(10 000 boxes)	255.17	254.75
纱(吨)	Yarn(ton)	38701.22	13271.25
布(万米)	Cloth In total(10 000 meters)	5089.99	4563.01
化纤长丝机织物(万米)	(10 000 meters)	4858.00	3860.00
服　装(万件)	Garments (10 000 units)	9183.06	10019.30
家　具(万件)	Furniture(10 000 units)	74.26	569.17
机制纸及纸板(万吨)	Machine Made paper and Paperboards	72.15	66.25
原油加工量(万吨)	Grude Oil processing Volume(10 000 tons)	801.85	813.91
汽　油(万吨)	Gasoline(10 000 tons)	180.78	186.85
柴　油(万吨)	Diesel Oil(10 000 tons)	240.78	241.42
燃料油(万吨)	Fuel Oil(10 000 tons)	4.40	3.45
焦　炭(万吨)	Coke(10 000 tons)	578.52	546.16
农用氮、磷、钾化学肥料(折纯)(万吨)	Nitrogen, Phosphorus, Potassium fertilizers applied in algriculture (in pure Volume) (10 000 tons)	18.50	20.01
涂　料(万吨)	Paint (10 000 tons)	11.07	9.88
化学药品原药(吨)	Chemical Raw Medicine(ton)	12607.76	23446.76
中成药(万吨)	Traditional Chinese Patent Medicine (10 000 tons)	6.44	6.88
塑料制品(万吨)	Plastic Products(10 000 tons)	117.39	136.32
水　泥(万吨)	Cement (10 000 tons)	1031.23	1014.02
砖(亿块)	Bricks(100 million cubes)	15.65	9.99
平板玻璃(万重量箱)	Plate Glass(10 000 Weight - Box)	1911.51	1894.97

3-6 续 表 Continued

项目	Item	2018	2019
生　铁(万吨)	Crude Iron(10 000 tons)	1572.61	1543.31
粗　钢(万吨)	Crude Steel(10 000 tons)	1792.04	1723.06
钢　材(万吨)	Steel (10 000 tons)	1753.05	1709.11
铝　材(万吨)	Aluminum(10 000 tons)	9.09	7.60
工业锅炉(蒸发量吨)	Industrial Boiler(tons)	2416.90	1813.00
工业机器人(套)	Industrial Robot(unit)	2114.00	1308.00
汽　车(万辆)	Motor Vehicles(10 000 unit)	170.33	154.85
#轿　车(万辆)	Trucks	100.76	96.27
SUV(万辆)	Cars	56.62	51.04
民用钢质船舶(万载重吨)	Loading Capacity of Commerical Steel Ships(10 000 ton)	10.68	0.00
发电设备(万千瓦)	Generating Equipment(10 000 Kw)	153.68	119.59
电动机(万千瓦)	(10 000 Kw)	139.83	154.01
光　缆(万芯千米)	Optical Cable(10 000 tons km)	6739.53	5973.39
房间空气调节器(万台)	House Air Conditioner(10 000 units)	1842.86	2110.93
电子计算机整机(万台)	Computer(10000 units)	1132.76	1291.86
显示器(万部)	Display(10 000 units)	1168.07	1517.51
移动通信手持机(万台)	Mobile handsets(1000 units)	1132.76	1291.86
集成电路圆片(万片)	Integrated Circuit Wafer(10000 units)	29.68	30.22
光电子器件(亿只)	Optoelectronic Devices(100 million yuan)	2.00	2.27
光学仪器(万台)	Optical Instrument(10000 units)	39.25	2.08
发电量总计(亿千瓦时)	Power Generation(100 mil Kwh)	254.64	280.22
#火　电(亿千瓦时)	Thermal power Generation(100 mil Kwh)	254.64	280.22

3－7 规模以上工业企业主要经济指标(2019 年)

单位:亿元

项目	Item	企业单位数(个) Number of Enterprises (unit)
总计	**Total**	2890
一、按登记注册类型分组:	**Grouped by Ownership**	
内资企业	Domestic funded Enterprises	2571
国有企业	State－owned Units	16
集体企业	Collective－owned Units	18
股份合作企业	Share－holding Cooperative	1
联营企业	Joint－owned Economic Units	1
有限责任公司	Companies of Limited Liabilities	1073
股份有限公司	Companies of Share holding with Limited Liabilitios	154
私营企业	Private－owned	1307
其他企业	Others	1
港、澳、台商投资企业	Enterprises Funded by Entrepreneurs from Hongkong, Macao & Taiwan	73
外商投资企业	Foreign Funded	246
二、在总计中:亏损企业	**of the Total: Loss－making Enterprises**	468
在总计中:国有控股企业	of the Total: State－holding Enterprises	256
在总计中:轻工业	Light Industry	852
重工业	Heavy Industry	2038
在总计中:大型企业	Large Enterprises	83
中型企业	Medium－Sized Enterprises	293
小型企业	Small－Sized Enterprises	2284
微型企业	Micro－Sized Enterprises	230

MAJOR ECONOMIC INDICATORS OF INDUSTRIAL ENTERPRISES ABOVE DESIGNATED SIZE (2019)

(100 million yuan)

#亏损企业 Loss - making Enterpriese	资产总计 Total Assets	流动资产合计 Total Cureut Assets	#应收账款 Account Receivables	#存　货 Inventories	#产成品 Finished Goods
468	16324.48	8111.25	2109.02	1470.56	469.54
402	13207.34	6394.50	1694.32	1215.44	361.84
4	1480.55	129.32	44.82	10.39	5.84
3	7.48	5.38	1.37	1.43	0.62
0	0.57	0.45	0.16	0.24	0.10
1	0.54	0.43	0.18	0.12	0.08
180	7332.46	3548.44	1080.18	762.94	195.53
33	3103.23	1883.82	298.68	275.75	78.45
181	1282.05	826.41	268.91	164.39	81.21
0	0.46	0.24	0.02	0.18	0.01
16	565.02	366.17	109.87	64.59	29.99
50	2552.12	1350.59	304.83	190.52	77.70
468	4623.16	1302.44	199.53	248.82	81.55
42	10084.32	4452.77	737.28	823.93	194.90
104	2550.76	1713.81	349.14	496.30	144.70
364	13773.72	6397.44	1759.88	974.25	324.84
8	9572.91	4314.13	855.69	826.72	205.73
34	3251.81	1686.87	550.97	268.64	113.17
366	3044.13	1906.98	660.74	343.19	135.98
60	455.64	203.27	41.61	32.01	14.65

3-7 续 表 1

单位:亿元

项目	Item	固定资产净额 Net Fixed Assets
总计	**Total**	3957.06
一、按登记注册类型分组:	**Grouped by Ownership**	
内资企业	Domestic funded Enterprises	3054.88
国有企业	State - owned Units	1135.69
集体企业	Collective - owned Units	0.59
股份合作企业	Share Holding Cooperative	0.11
联营企业	Joint - owned Economic Units	0.08
有限责任公司	Companies of Limited Liabilities	1538.65
股份有限公司	Companies of Share - holding with Limited Liabilities	149.58
私营企业	Private - owned	230.18
其他企业	Others	0.00
港、澳、台商投资企业	Enterprises Funded by Entrepreneurs from Hongkong, Macao & Taiwan	122.38
外商投资企业	Foreign Funded	779.79
二、在总计中:亏损企业	**of the Total: Loss - making Enterprises**	1894.39
在总计中:国有控股企业	of the Total: State - holding Enterprises	2648.34
在总计中:轻工业	Light Industry	442.74
重工业	Heavy Industry	3514.32
在总计中:大型企业	Large Enterprises	2831.87
中型企业	Medium - Sized Enterprises	481.96
小型企业	Small - Sized Enterprises	554.72
微型企业	Micro - Sized Enterprises	88.51

3－7 Continued 1

(100 million yuan)

负债合计 Total Liabilities	营业收入 Sales Income	#主营业务收入 Revenues of Mojor Business	营业成本 Sales Cost	税金及附加 Business Taxes and Extras	销售费用 Selling Expenses	管理费用 Management Expenses
8594.73	13865.02	13573.04	11365.95	642.51	411.95	512.03
6677.72	9485.23	9271.34	7817.22	477.58	266.97	352.14
908.96	1106.44	1101.15	1066.00	3.68	0.72	21.16
3.90	18.75	17.86	16.92	0.12	0.21	0.67
0.39	0.75	0.75	0.68	0.00	0.00	0.05
0.34	0.23	0.23	0.33	0.00	0.00	0.06
4149.30	5321.64	5159.30	4196.40	459.57	131.99	207.08
937.30	948.34	915.86	744.31	4.37	62.66	46.34
677.25	2087.92	2075.04	1791.61	9.83	71.33	76.70
0.28	1.16	1.16	0.97	0.00	0.05	0.08
294.67	660.21	651.09	533.53	4.61	44.52	24.55
1622.34	3719.58	3650.60	3015.20	160.32	100.47	135.34
2749.48	2428.66	2365.65	2295.28	14.48	31.57	101.71
5109.70	6674.63	6493.39	5239.30	594.84	154.10	253.63
1211.39	3378.17	3256.37	2329.39	451.26	183.44	115.18
7383.34	10486.85	10316.67	9036.56	191.25	228.51	396.85
5079.21	7910.78	7716.76	6332.38	608.87	208.87	248.10
1672.22	2237.85	2179.70	1880.14	14.95	82.02	94.31
1602.69	3487.74	3452.30	2960.43	17.36	112.36	151.34
240.61	228.65	224.27	193.01	1.32	8.71	18.29

3-7 续 表 2

单位:亿元

项目	Item	研发费用 R&D Expenditure
总计	**Total**	269.40
一、按登记注册类型分组:	**Grouped by Ownership**	
内资企业	Domestic funded Enterprises	226.08
国有企业	State - owned Units	2.35
集体企业	Collective - owned Units	0.00
股份合作企业	Share Holding Cooperative	0.00
联营企业	Joint - owned Economic Units	0.00
有限责任公司	Companies of Limited Liabilities	131.49
股份有限公司	Companies of Share holding with Limited Liabilities	76.78
私营企业	Private - owned	15.46
其他企业	Others	0.00
港、澳、台商投资企业	Enterprises Funded by Entrepreneurs from Hongkong, Macao & Taiwan	11.75
外商投资企业	Foreign Funded	31.57
二、在总计中:亏损企业	**of the Total: Loss - making Enterprises**	66.97
在总计中:国有控股企业	of the Total: State - holding Enterprises	168.01
在总计中:轻工业	Light Industry	37.74
重工业	Heavy Industry	231.66
在总计中:大型企业	Large Enterprises	160.46
中型企业	Medium - Sized Enterprises	63.76
小型企业	Small - Sized Enterprises	41.46
微型企业	Micro - Sized Enterprises	3.72

3-7 Continued 2

(100 million yuan)

财务费用 Financial Expenses	利息费用 Interest Expenses	利润总额 Total Profits	亏损企业亏损总额 Total Loss of Loss-making Enterprises	利税总额 Total Profits and taxes	本年应交增值税 Value-added Payable of the Gurrent Year
61.12	104.65	867.20	123.14	1878.90	369.19
58.15	74.55	555.95	75.64	1282.97	249.44
11.00	11.05	4.72	0.58	36.83	28.44
0.03	0.02	0.86	0.18	1.82	0.84
0.00	0.00	0.03	0.00	0.07	0.03
0.00	0.00	-0.15	0.15	-0.14	0.01
34.37	44.03	255.92	62.15	866.83	151.33
0.73	12.44	178.51	4.70	201.08	18.20
12.02	7.02	116.00	7.90	176.37	50.54
0.00	0.00	0.05	0.00	0.10	0.05
0.37	19.24	46.92	5.46	76.49	24.96
2.60	10.86	264.33	42.03	519.44	94.79
29.95	33.12	-123.14	123.14	-76.94	31.71
30.74	56.71	445.27	84.62	1248.81	208.70
9.29	10.75	277.92	12.33	882.88	153.70
51.83	93.90	589.28	110.81	996.02	215.49
25.24	69.58	547.22	39.59	1394.45	238.37
12.13	16.47	118.64	46.87	174.04	40.45
23.10	17.90	195.78	29.32	300.65	87.51
0.66	0.71	5.57	7.35	9.76	2.87

3-7 续 表 3

项 目 Item		全部从业人员年平均人数（万人） Annual Average employees (10 000 persons)
总 计	**Total**	67.17
一、按登记注册类型分组:	**Grouped by Ownership**	
内资企业	Domestic funded Enterprises	52.44
国有企业	State - owned Units	4.93
集体企业	Collective - owned Units	0.19
股份合作企业	Share Holding Cooperative	0.01
联营企业	Joint - owned Economic Units	0.02
有限责任公司	Companies of Limited Liabilities	26.56
股份有限公司	Companies of Share holding with Limited Liabilities	6.85
私营企业	Private - owned	13.88
其他企业	Others	0.01
港、澳、台商投资企业	Enterprises Funded by Entrepreneurs from Hongkong, Macao & Taiwan	4.18
外商投资企业	Foreign Funded	10.55
二、在总计中:亏损企业	**of the Total: Loss - making Enterprises**	14.14
在总计中:国有控股企业	of the Total: State - holding Enterprises	25.29
在总计中:轻工业	Light Industry	17.33
重工业	Heavy Industry	49.84
在总计中:大型企业	Large Enterprises	29.26
中型企业	Medium - Sized Enterprises	15.04
小型企业	Small - Sized Enterprises	22.30
微型企业	Micro - Sized Enterprises	0.57

3-7 Continued 3

总资产贡献率（%）Ratio of Total Assets to Industrial Output Value（%）	资产负债率（%）Ratio of Liabilities to Assets（%）	流动资产周转率（次/年）Turnover of Current Assets（times per year）	成本费用利润率（%）Ratio of Profits to Industrial Costs（%）	产成品存货周转天数（天）Days of Finished Goods Inventory Turnover（day）
11.84	52.65	1.71	6.87	14.87
10.10	50.56	1.48	6.38	16.66
3.23	61.39	8.56	0.43	1.97
24.63	52.18	3.48	4.84	13.28
11.87	69.14	1.68	4.12	54.52
-24.01	61.80	0.53	-37.90	85.14
12.27	56.59	1.50	5.44	16.77
6.50	30.20	0.50	19.18	37.94
14.25	52.83	2.53	5.90	16.32
22.45	61.91	4.75	4.87	2.79
13.60	52.15	1.80	7.63	20.24
20.43	63.57	2.75	8.05	9.28
-1.05	59.47	1.86	-4.88	12.79
12.68	50.67	1.50	7.62	13.39
34.87	47.49	1.97	10.39	22.36
7.57	53.60	1.64	5.93	12.94
14.85	53.06	1.83	7.85	11.70
5.67	51.42	1.33	5.56	21.67
10.38	52.65	1.83	5.95	16.54
2.14	52.81	1.12	2.48	27.32

3－8　按行业分的规模以上工业企业主要经济指标(2019 年)

单位:亿元

项　　目	Item	企业单位数（个）Number of Enterprises（unit）
总　　计	**Total**	2890
煤炭开采和洗选业	Coal Mining and Processing	0
石油和天然气开采业	Petroleum and Natural Gas	0
黑色金属矿采选业	Ferrous Metals Mining and Processing	1
有色金属矿采选业	Non－Ferrous Metals Mining and Processing	0
非金属矿采选业	Non－metal Minerals Mining and Processing	1
开采专业及辅助活动	Mining Auxiliary Activities	1
其他采矿业	Other Minerals Mining and Processing	2
农副食品加工业	Food Processing	135
食品制造业	Food Production	74
酒、饮料和精制茶制造业	Wine, Beverage and Refined Tea Production	29
烟草制品业	Tobacco Processing	3
纺织业	Textile Industry	55
纺织服装、服饰业	Textile, Garments and Fashion Industry	46
皮革、毛皮、羽毛及其制品和制鞋业	Leather, Furs, Down and Related Products	4
木材加工和木、竹、藤、棕、草制品业	Timber Processing, Wood, Bamboo, Cane, Palm Fiber and Straw Products	34
家具制造业	Furniture Manufacturing	22
造纸和纸制品业	Papermaking and Paper Products	44
印刷和记录媒介复制业	Printing and Record Processing	67
文教、工美、体育和娱乐用品制造业	Stationery, Education and Sports Goods	19
石油、煤炭及其他燃料加工业	Petroleum, Coal and Other Fuel Processing Industries	16
化学原料和化学制品制造业	Raw Chemical Materials and Chemical Products	117
医药制造业	Medical and Pharmaceutical Products	85
化学纤维制造业	Chemical Fiber Manufacturing	1
橡胶和塑料制品业	Rubber and Plastic Products	130
非金属矿物制品业	Nonmetal Mineral Products	275
黑色金属冶炼和压延加工业	Smelting and Pressing of Ferrous Metals	23
有色金属冶炼和压延加工业	Smelting and Pressing of Non－ferrous Metals	22
金属制品业	Metal Products	233
通用设备制造业	Ordinary Machinery Manufacturing	153
专用设备制造业	Special Purpose Equipment Manufacturing	206
汽车制造业	Automobile Manufacturing	427
铁路、船舶、航空航天和其他运输设备制造业	Railway, Watercraft, Aviation and Other Transportation Equipment Manufacturing	46
电气机械和器材制造业	Electric Equipment and Machinery	263
计算机、通信和其他电子设备制造业	Computer, Telecommunication and Other Electronic Equipment Manufacturing	175
仪器仪表制造业	Instruments and Meters Manufacturing	88
其他制造业	Other Manufacturing	6
废弃资源综合利用业	Utilization of Discard Resource and Material	24
金属制品、机械和设备修理业	Metal Products, Machinery and Repair of Equipment	12
电力、热力生产和供应业	Electric, Steam and Hot Water Production and Supply	18
燃气生产和供应业	Gas Production and Supply	14
水的生产和供应业	Tap Water Production and Supply	19

MAIN ECONOMIC INDICATORS OF ABOVE DESIGNATED SIZE INDUSTRIAL ENTERPRISES(2019)

(100 million yuan)

#亏损企业 Loss - making Enterprises	资产合计 Total Assets	流动资产合计 Total Current Assets	#应收账款 Account Receivable	#存货 Inventories	#产成品 Finished Goods
468	16324.48	8111.25	2109.02	1470.56	469.54
0	0.00	0.00	0.00	0.00	0.00
0	0.00	0.00	0.00	0.00	0.00
0	0.43	0.08	0.05	0.02	0.00
0	0.00	0.00	0.00	0.00	0.00
0	19.63	19.01	13.17	2.43	0.01
0	23.84	6.40	0.01	0.08	0.07
0	6.69	4.45	3.27	0.45	0.00
14	217.23	125.50	22.55	35.11	10.29
12	140.46	82.34	23.26	13.22	8.20
2	140.94	57.70	11.12	12.27	5.46
0	562.67	442.21	48.40	232.00	21.09
3	40.14	20.21	5.57	5.32	3.10
6	77.84	55.45	10.69	25.70	16.68
1	1.94	1.05	0.33	0.37	0.26
3	17.67	8.32	1.24	3.85	0.83
0	11.77	6.71	0.66	2.16	1.47
8	49.95	24.32	5.98	5.59	2.28
12	133.27	92.48	39.74	17.45	7.21
4	150.81	134.40	3.02	37.60	10.72
2	11.31	7.15	0.77	1.55	0.91
20	566.76	212.47	60.51	39.66	13.34
11	434.17	234.83	46.78	42.72	18.91
0	2.78	0.88	0.36	0.28	0.22
9	156.98	103.60	18.30	12.81	7.39
30	381.06	237.35	111.24	25.00	9.45
2	1791.54	582.06	45.60	128.53	27.75
5	11.50	6.73	1.86	1.64	0.71
24	402.16	285.60	95.46	56.98	23.52
27	311.22	202.28	59.51	44.60	14.38
27	498.51	371.11	103.98	114.10	40.56
113	3738.75	2106.97	316.55	183.40	97.22
9	151.32	89.73	25.71	17.84	4.24
46	895.08	634.84	269.08	112.79	49.98
44	3345.21	1620.60	660.69	250.53	61.79
13	98.53	77.48	29.05	17.37	7.45
0	6.89	6.14	0.98	1.24	0.53
5	60.75	26.04	10.49	4.04	2.32
4	43.25	33.06	12.45	7.38	0.22
4	1485.72	72.88	14.51	5.21	0.00
4	103.82	42.37	4.35	2.37	0.60
4	231.93	76.49	31.73	6.89	0.39

3-8 续 表 1

单位:亿元

项　目	Item	固定资产净额 Net Fixed Assets
总　计	**Total**	3957.06
煤炭开采和洗选业	Coal Mining and Processing	0.00
石油和天然气开采业	Petroleum and Natural Gas	0.00
黑色金属矿采选业	Ferrous Metals Mining and Processing	0.00
有色金属矿采选业	Non - Ferrous Metals Mining and Processing	0.00
非金属矿采选业	Non - metal Minerals Mining and Processing	0.41
开采专业及辅助活动	Mining Auxiliary Activities	15.46
其他采矿业	Other Minerals Mining and Processing	0.11
农副食品加工业	Food Processing	57.22
食品制造业	Food Production	35.18
酒、饮料和精制茶制造业	Wine, Beverage and Refined Tea Production	51.68
烟草制品业	Tobacco Processing	68.15
纺织业	Textile Industry	10.34
纺织服装、服饰业	Textile, Garments and Fashion Industry	12.22
皮革、毛皮、羽毛及其制品和制鞋业	Leather, Furs, Down and Related Products	0.22
木材加工和木、竹、藤、棕、草制品业	Timber Processing, Wood, Bamboo, Cane, Palm Fiber and Straw Products	7.15
家具制造业	Furniture Manufacturing	1.69
造纸和纸制品业	Papermaking and Paper Products	19.29
印刷和记录媒介复制业	Printing and Record Processing	22.77
文教、工美、体育和娱乐用品制造业	Stationery, Education and Sports Goods	12.94
石油、煤炭及其他燃料加工业	Petroleum Coal and Other Fuel Processing Industries	1.33
化学原料和化学制品制造业	Raw Chemical Materials and Chemical Products	184.21
医药制造业	Medical and Pharmaceutical Products	76.61
化学纤维制造业	Chemical Fiber Manufacturing	1.87
橡胶和塑料制品业	Rubber and Plastic Products	32.09
非金属矿物制品业	Nonmetal Mineral Products	88.69
黑色金属冶炼和压延加工业	Smelting and Pressing of Ferrous Metals	589.98
有色金属冶炼和压延加工业	Smelting and Pressing of Non - ferrous Metals	2.44
金属制品业	Metal Products	60.93
通用设备制造业	Ordinary Machinery Manufacturing	53.70
专用设备制造业	Special Purpose Equipment Manufacturing	68.69
汽车制造业	Automobile Manufacturing	568.79
铁路、船舶、航空航天和其他运输设备制造业	Railway, Watercraft, Aviation and Other Transportation Equipment Manufacturing	25.49
电气机械和器材制造业	Electric Equipment and Machinery	123.81
计算机、通信和其他电子设备制造业	Computer, Telecommunication and Other Electronic Equipment Manufacturing	419.34
仪器仪表制造业	Instruments and Meters Manufacturing	11.91
其他制造业	Other Manufacturing	0.20
废弃资源综合利用业	Utilization of Discard Resource and Material	17.43
金属制品、机械和设备修理业	Metal Products, Machinery and Repair of Equipment	5.79
电力、热力生产和供应业	Electric, Steam and Hot Water Production and Supply	1204.12
燃气生产和供应业	Gas Production and Supply	44.52
水的生产和供应业	Tap Water Production and Supply	60.32

3-8 Continued 1

(100 million yuan)

负债合计 Total Liabilities	营业收入 Sales Income	#主营业务收入 Revenues of Mojor Business	营业成本 Sales Cost	税金及附加 Business Taxes and Extras	销售费用 Selling Expenses	管理费用 Management Expenses
8594.73	13865.02	13573.04	11365.95	642.51	411.95	512.03
0.00	0.00	0.00	0.00	0.00	0.00	0.00
0.00	0.00	0.00	0.00	0.00	0.00	0.00
0.21	5.64	5.64	5.40	0.06	0.05	0.05
0.00	0.00	0.00	0.00	0.00	0.00	0.00
19.13	19.56	19.56	19.12	0.10	0.00	0.23
14.64	29.05	28.99	28.01	0.06	0.03	0.38
5.75	25.62	25.62	23.83	0.33	0.64	0.57
111.58	389.79	388.04	343.35	1.50	14.29	10.69
70.03	244.26	237.86	205.63	1.19	16.22	9.25
70.25	176.78	165.58	125.76	3.90	19.84	7.32
199.84	771.25	719.22	206.11	434.24	11.00	19.69
19.36	91.36	91.07	82.13	0.49	2.25	2.75
38.41	139.36	139.25	116.06	0.51	9.73	5.43
0.93	20.16	20.16	17.30	0.06	0.02	0.13
8.30	30.68	30.57	26.52	0.36	0.82	1.15
5.92	19.79	19.65	16.15	0.40	1.22	1.06
34.05	128.13	126.77	114.27	0.53	3.93	3.72
56.64	110.52	108.88	88.96	0.55	4.65	5.63
132.15	88.07	87.58	79.98	0.30	0.87	2.75
4.66	19.73	19.72	17.38	0.10	0.84	0.58
254.48	708.51	693.99	556.37	85.13	9.77	22.91
175.52	261.62	248.11	137.67	2.58	67.47	22.13
0.66	3.02	3.02	2.71	0.01	0.16	0.10
68.42	249.32	245.45	215.34	1.00	6.12	8.84
195.21	555.62	554.78	474.07	3.27	17.01	20.25
1058.45	1163.65	1118.58	1064.20	6.82	8.46	54.46
8.11	33.88	33.76	31.11	0.11	0.50	1.02
261.10	543.26	539.82	471.48	3.01	18.59	19.74
194.19	270.76	267.29	228.93	1.40	8.94	13.36
305.35	376.31	370.55	304.82	1.89	15.94	19.15
1641.53	3054.92	3005.33	2492.49	74.23	81.28	138.66
83.78	131.27	128.85	114.36	1.20	2.43	7.65
507.36	1021.99	984.45	873.85	5.84	30.77	35.30
1815.86	1701.58	1678.84	1503.01	5.26	44.40	42.53
43.64	92.36	91.99	63.99	0.65	6.81	7.51
4.43	5.83	5.83	4.46	0.02	0.43	0.46
33.72	62.04	61.94	58.05	0.18	0.73	1.55
30.81	34.89	34.87	28.39	0.15	0.31	1.35
904.10	1165.39	1157.31	1120.42	4.41	0.02	19.47
64.64	77.49	75.97	68.49	0.24	2.49	2.00
151.52	41.55	38.17	35.77	0.42	2.94	2.20

3-8 续 表 2

单位:亿元

项 目	Item	研发费用 R&D Expenditure
总 计	**Total**	269.40
煤炭开采和洗选业	Coal Mining and Processing	0.00
石油和天然气开采业	Petroleum and Natural Gas	0.00
黑色金属矿采选业	Ferrous Metals Mining and Processing	0.00
有色金属矿采选业	Non - Ferrous Metals Mining and Processing	0.00
非金属矿采选业	Non - metal Minerals Mining and Processing	0.00
开采专业及辅助活动	Mining Auxiliary Activities	0.00
其他采矿业	Other Minerals Mining and Processing	0.00
农副食品加工业	Food Processing	1.17
食品制造业	Food Production	0.68
酒、饮料和精制茶制造业	Wine, Beverage and Refined Tea Production	0.21
烟草制品业	Tobacco Processing	2.38
纺织业	Textile Industry	0.31
纺织服装、服饰业	Textile, Garments and Fashion Industry	0.05
皮革、毛皮、羽毛及其制品和制鞋业	Leather, Furs, Down and Related Products	0.00
木材加工和木、竹、藤、棕、草制品业	Timber Processing, Wood, Bamboo, Cane, Palm Fiber and Straw Products	0.08
家具制造业	Furniture Manufacturing	0.06
造纸和纸制品业	Papermaking and Paper Products	0.09
印刷和记录媒介复制业	Printing and Record Processing	1.44
文教、工美、体育和娱乐用品制造业	Stationery, Education and Sports Goods	0.31
石油、煤炭及其他燃料加工业	Petroleum Coal and Other Fuel Processing Industries	0.03
化学原料和化学制品制造业	Raw Chemical Materials and Chemical Products	4.10
医药制造业	Medical and Pharmaceutical Products	9.98
化学纤维制造业	Chemical Fiber Manufacturing	0.00
橡胶和塑料制品业	Rubber and Plastic Products	1.74
非金属矿物制品业	Nonmetal Mineral Products	2.06
黑色金属冶炼和压延加工业	Smelting and Pressing of Ferrous Metals	30.75
有色金属冶炼和压延加工业	Smelting and Pressing of Non - ferrous Metals	0.51
金属制品业	Metal Products	3.83
通用设备制造业	Ordinary Machinery Manufacturing	5.03
专用设备制造业	Special Purpose Equipment Manufacturing	14.16
汽车制造业	Automobile Manufacturing	54.39
铁路、船舶、航空航天和其他运输设备制造业	Railway, Watercraft, Aviation and Other Transportation Equipment Manufacturing	2.44
电气机械和器材制造业	Electric Equipment and Machinery	25.15
计算机、通信和其他电子设备制造业	Computer, Telecommunication and Other Electronic Equipment Manufacturing	100.78
仪器仪表制造业	Instruments and Meters Manufacturing	3.91
其他制造业	Other Manufacturing	0.16
废弃资源综合利用业	Utilization of Discard Resource and Material	0.22
金属制品、机械和设备修理业	Metal Products, Machinery and Repair of Equipment	1.19
电力、热力生产和供应业	Electric, Steam and Hot Water Production and Supply	2.05
燃气生产和供应业	Gas Production and Supply	0.06
水的生产和供应业	Tap Water Production and Supply	0.07

3-8 Continued 2

(100 million yuan)

财务费用 Financial Expenses	利息费用 Interest Expenses	利润总额 Total Profits	亏损企业亏损总额 Total Loss of Loss-making Enterprises	利税总额 Total Profits and taxes	本年应交增值税 Value-added Payable of the Gurrent Year
61.12	104.65	867.20	123.14	1878.90	369.19
0.00	0.00	0.00	0.00	0.00	0.00
0.00	0.00	0.00	0.00	0.00	0.00
0.00	0.00	0.07	0.00	0.19	0.06
0.00	0.00	0.00	0.00	0.00	0.00
0.00	0.00	0.05	0.00	0.90	0.75
0.33	0.48	0.25	0.00	0.34	0.04
0.04	0.00	0.22	0.00	0.75	0.21
2.60	2.02	19.01	2.02	24.82	4.32
-0.03	0.36	12.12	0.39	19.12	5.81
0.29	0.39	16.15	0.12	25.41	5.36
-1.96	0.00	107.72	0.00	626.97	85.01
0.61	0.17	2.94	0.04	4.86	1.44
0.91	0.35	7.24	0.22	10.59	2.84
0.02	0.02	2.62	0.01	3.70	1.02
0.57	0.26	1.26	0.02	2.14	0.52
0.14	0.13	0.82	0.00	2.08	0.86
1.03	0.77	5.47	0.19	9.09	3.09
0.38	0.48	9.39	1.17	13.05	3.11
1.33	1.41	2.60	0.10	3.77	0.87
0.09	0.09	0.67	0.04	1.37	0.60
-0.35	1.63	34.05	1.78	140.15	20.97
1.87	2.30	32.61	6.11	51.23	16.04
0.00	0.00	0.03	0.00	0.06	0.02
0.78	0.78	16.12	0.33	23.15	6.03
2.30	1.63	38.43	2.67	59.50	17.80
16.72	17.87	29.93	1.24	51.41	14.66
0.13	0.11	0.59	0.20	1.35	0.64
3.15	2.32	27.91	1.69	44.62	13.70
2.33	2.58	12.10	3.27	21.13	7.64
3.98	4.01	21.38	3.14	31.52	8.26
-2.86	11.01	349.79	42.69	505.95	81.93
0.33	0.63	1.68	1.38	5.48	2.60
3.70	4.01	53.80	3.72	76.21	16.57
3.43	30.54	33.21	43.31	45.39	6.92
0.50	0.49	11.32	0.81	15.39	3.42
0.01	0.01	0.34	0.00	0.49	0.13
0.36	0.26	1.44	0.45	3.71	2.09
0.99	0.95	2.44	0.23	2.84	0.25
13.39	13.10	9.01	1.42	45.09	31.67
1.05	0.92	3.79	0.49	4.76	0.73
2.99	2.56	-1.34	3.87	0.30	1.22

3-8 续 表 3

项 目	Item	全部从业人员年平均人数（万人）Annual Average Employees（10 000 persons）
总 计	**Total**	67.17
煤炭开采和洗选业	Coal Mining and Processing	0.00
石油和天然气开采业	Petroleum and Natural Gas	0.00
黑色金属矿采选业	Ferrous Metals Mining and Processing	0.02
有色金属矿采选业	Non－Ferrous Metals Mining and Processing	0.00
非金属矿采选业	Non－metal Minerals Mining and Processing	0.05
开采专业及辅助活动	Mining Auxiliary Activities	0.03
其他采矿业	Other Minerals Mining and Processing	0.08
农副食品加工业	Food Processing	1.86
食品制造业	Food Production	1.50
酒、饮料和精制茶制造业	Wine, Beverage and Refined Tea Production	1.13
烟草制品业	Tobacco Processing	0.67
纺织业	Textile Industry	0.83
纺织服装、服饰业	Textile, Garments and Fashion Industry	1.49
皮革、毛皮、羽毛及其制品和制鞋业	Leather, Furs, Down and Related Products	0.06
木材加工和木、竹、藤、棕、草制品业	Timber Processing, Wood, Bamboo, Cane, Palm Fiber and Straw Products	0.29
家具制造业	Furniture Manufacturing	0.20
造纸和纸制品业	Papermaking and Paper Products	0.56
印刷和记录媒介复制业	Printing and Record Processing	0.97
文教、工美、体育和娱乐用品制造业	Stationery, Education and Sports Goods	0.36
石油、煤炭及其他燃料加工业	Petroleum Coal and Other Fuel Processing Industries	0.08
化学原料和化学制品制造业	Raw Chemical Materials and Chemical Products	1.67
医药制造业	Medical and Pharmaceutical Products	2.60
化学纤维制造业	Chemical Fiber Manufacturing	0.02
橡胶和塑料制品业	Rubber and Plastic Products	1.53
非金属矿物制品业	Nonmetal Mineral Products	2.77
黑色金属冶炼和压延加工业	Smelting and Pressing of Ferrous Metals	2.76
有色金属冶炼和压延加工业	Smelting and Pressing of Non－ferrous Metals	0.14
金属制品业	Metal Products	3.08
通用设备制造业	Ordinary Machinery Manufacturing	2.31
专用设备制造业	Special Purpose Equipment Manufacturing	2.37
汽车制造业	Automobile Manufacturing	11.76
铁路、船舶、航空航天和其他运输设备制造业	Railway, Watercraft, Aviation and Other Transportation Equipment Manufacturing	1.29
电气机械和器材制造业	Electric Equipment and Machinery	5.53
计算机、通信和其他电子设备制造业	Computer, Telecommunication and Other Electronic Equipment Manufacturing	10.34
仪器仪表制造业	Instruments and Meters Manufacturing	1.28
其他制造业	Other Manufacturing	0.06
废弃资源综合利用业	Utilization of Discard Resource and Material	0.24
金属制品、机械和设备修理业	Metal Products, Machinery and Repair of Equipment	0.52
电力、热力生产和供应业	Electric, Steam and Hot Water Production and Supply	4.75
燃气生产和供应业	Gas Production and Supply	0.42
水的生产和供应业	Tap Water Production and Supply	0.64

3-8 Continued 3

总资产贡献率 (%) Ratio of Total Assets to Industrial Output Value(%)	资产负债率 (%) Ratio of Liabilities to Assets (%)	流动资产周转率 (次/年) Turnover of Current Assets (times/year)	成本费用利润率 (%) Ratio of Profits to Industrial Costs (%)	产成品存货周转天数(天) Days of Finished Goods Inventory Turnover (day)
11.84	52.65	1.71	6.87	14.87
0.00	0.00	0.00	0.00	0.00
0.00	0.00	0.00	0.00	0.00
44.71	47.82	73.83	1.21	0.00
0.00	0.00	0.00	0.00	0.00
4.57	97.45	1.03	0.24	0.15
2.77	61.41	4.54	0.85	0.93
11.29	86.05	5.76	0.86	0.00
12.25	51.37	3.11	5.11	10.79
13.43	49.86	2.97	5.23	14.36
18.07	49.84	3.06	10.53	15.63
111.16	35.52	1.74	45.41	36.83
12.56	48.25	4.52	3.34	13.59
13.98	49.35	2.51	5.47	51.74
191.87	47.69	19.21	14.98	5.46
13.61	46.99	3.69	4.33	11.32
18.78	50.32	2.95	4.42	32.70
19.68	68.16	5.27	4.45	7.19
10.23	42.50	1.20	9.29	29.16
3.42	87.63	0.66	3.05	48.25
12.76	41.22	2.76	3.55	18.77
24.60	44.90	3.33	5.74	8.63
12.15	40.43	1.11	13.64	49.45
2.01	23.62	3.42	1.17	28.67
15.17	43.58	2.41	6.92	12.35
15.86	51.23	2.34	7.45	7.18
3.78	59.08	2.00	2.55	9.39
12.51	70.51	5.03	1.78	8.21
11.55	64.93	1.90	5.40	17.96
7.44	62.40	1.34	4.68	22.61
6.99	61.25	1.01	5.97	47.90
13.40	43.91	1.45	12.66	14.04
3.78	55.37	1.46	1.32	13.36
8.84	56.68	1.61	5.55	20.59
1.56	54.28	1.05	1.96	14.80
16.01	44.29	1.19	13.68	41.91
7.29	64.28	0.95	6.10	42.64
6.52	55.50	2.38	2.37	14.37
8.81	71.24	1.06	7.56	2.76
3.90	60.85	15.99	0.78	0.00
5.61	62.26	1.83	5.12	3.17
1.20	65.33	0.54	-3.05	3.92

3-9 规模以上工业能源消费量(折标煤)

ENERGY CONSUMPTION OF INDUSTRIAL ENTERPRISES ABOVE DESIGNATED SIZE(COVERTED INTO SCE)

单位:万吨 (10 000 tons)

年份 Year	总计 Total	#用于转换 for Coverting into Other Type of Energy	煤炭 Coal	#洗精煤 Pure Coal	焦炭 Coke	原油 Crude	燃料油 Fuel Oil
1997	2335.92	1233.83	960.82	417.66	305.74	412.40	48.49
1998	2285.71	1175.40	962.44	415.60	307.78	333.81	35.39
1999	2189.45	1133.91	917.01	415.39	309.28	390.49	24.58
2000	2485.33	1191.40	926.39	413.95	333.58	430.29	25.16
2001	2265.24	1087.32	863.67	414.91	320.59	365.58	25.62
2002	2356.15	822.71	950.27	432.16	331.34	412.45	21.97
2003	2615.67	1522.64	1084.49	460.09	379.43	435.27	25.47
2004	3274.48	1501.02	1435.12	496.14	368.92	530.24	29.21
2005	3255.39	1330.78	1742.06	589.56	411.12	584.18	38.96
2006	3828.17	1592.27	1891.64	584.12	441.93	580.95	29.58
2007	3884.03	1654.59	1863.85	705.64	422.65	611.07	26.50
2008	3914.27	1652.12	1793.92	699.84	506.28	569.31	27.29
2009	3741.91	1719.81	1672.25	761.05	485.07	646.93	11.68
2010	4071.71	1874.52	1768.01	823.63	644.22	713.41	8.14
2011	4396.63	2010.75	1977.36	912.65	668.84	720.11	8.29
2012	4230.66	1829.82	1824.80	847.81	627.09	619.07	4.61
2013	4872.01	2256.35	1928.65	869.08	637.33	917.30	2.74
2014	5191.93	2406.52	1781.16	824.48	613.81	1127.25	2.30
2015	5105.13	2395.96	1725.62	817.89	585.67	1101.35	1.92
2016	4860.15	2223.59	1659.16	791.38	575.42	967.13	0.66
2017	5233.69	2511.64	1672.47	774.76	559.06	1133.26	0.45
2018	5289.77	2520.63	1703.79	758.41	567.91	1146.22	0.23
2019	5354.99	2527.05	1724.76	703.52	550.00	1163.45	0.40

年份 Year	汽油 Gasoline	柴油 Kerosene	煤油 Diesel Oil	炼厂干气 Refinery Net Gas	液化石油气 Coke Gas	焦炉煤气 Coke Gas	外购热力 Heat Bought Beyond the City	电力 Electricity
1997	16.54	33.46	15.07	8.32	0.68	79.33	35.97	385.59
1998	17.12	31.27	15.67	8.64	1.52	84.18	45.33	431.03
1999	2.73	6.39	0.12	14.96	0.61	88.27	45.68	375.89
2000	5.38	6.40	0.24	11.66	0.48	90.59	49.68	403.96
2001	2.22	6.49	0.32	11.65	0.58	74.82	42.55	442.30
2002	7.61	2.77	0.25	13.58	0.12	89.68	57.42	325.54
2003	5.34	15.53	0.21	17.39	3.53	97.13	49.62	395.33
2004	4.92	9.82	0.61	22.69	2.74	90.54	53.37	710.32
2005	21.68	21.14	0.92	24.97	0.48	112.01	33.09	223.26
2006	44.24	42.21	2.27	26.36	0.45	129.05	103.87	178.24
2007	9.13	20.63	0.31	29.89	0.63	122.79	108.73	215.37
2008	8.26	14.48	0.40	28.48	0.66	140.38	100.04	221.32
2009	7.15	10.60	0.54	28.20	0.71	176.50	105.17	229.67
2010	9.86	11.32	0.68	25.01	1.16	171.15	89.07	259.98
2011	4.11	8.29	0.36	24.91	0.83	184.74	94.12	296.52
2012	4.28	9.02	0.37	21.40	0.58	170.86	88.18	375.71
2013	3.96	8.41	0.43	30.20	11.01	176.69	82.56	391.61
2014	4.10	8.64	0.45	37.86	51.95	175.18	81.58	408.59
2015	4.05	6.82	0.31	36.98	65.63	171.75	102.63	415.28
2016	4.11	6.31	0.34	33.53	45.86	157.05	90.89	434.75
2017	4.25	7.10	0.31	37.01	58.00	156.70	113.54	454.29
2018	3.64	7.78	0.17	35.93	61.89	135.66	114.81	481.08
2019	3.27	7.58	0.29	35.68	64.44	125.01	136.90	509.95

注:规模以上工业企业能源消费量,2004 年为经济普查数据,2005 年电力折算系数由 4.04 改为 1.229。

Note: Energy Consumptions in 2004 of industrial enterprises above designated size were from National Economic Census. The power conversion factor has been adjusted from 4.04 to 1.229 since 2005.

3-10 平均每万元工业总产值能源消费量
ENERGY CONSUMPTION PER 10000 YUAN GROSS INDUSTRIAL OUTPUT VALUE

年份 Year	能源总量(吨标煤) Total Energy (TON)	煤炭(吨) Coal (ton)	焦炭(吨) Coke (ton)	原油(吨) Crude Oil (ton)	燃料油(吨) Fuel Oil (ton)	电力(千瓦时) Electricity (KWH)
1996	2.42	2.63	0.69	0.57	0.10	1631
1997	2.43	2.28	0.60	0.55	0.06	1806
1998	2.09	1.98	0.52	0.38	0.04	1486
1999	2.10	1.55	0.42	0.36	0.02	1131
2000	1.43	1.50	0.44	0.39	0.02	1205
2001	1.15	1.18	0.32	0.25	0.02	1016
2002	1.35	0.84	0.34	0.28	0.02	795
2003	0.82	1.13	0.29	0.23	0.02	733
2004	0.94	0.89	0.23	0.22	0.01	1006
2005	0.81	0.99	0.19	0.18	0.01	975
2006	0.79	0.88	0.16	0.14	0.01	515
2007	0.63	0.74	0.12	0.12	0.01	497
2008	0.45	0.58	0.12	0.09	0.004	415
2009	0.34	0.33	0.10	0.13	0.002	456
2010	0.29	0.28	0.10	0.11	0.001	405
2011	0.27	0.33	0.09	0.10	0.001	400
2012	0.23	0.26	0.07	0.07	0.001	417
2013	0.21	0.24	0.06	0.06	0.002	307
2014	0.20	0.15	0.05	0.10	0.0002	347
2015	0.18	0.18	0.05	0.06	0.001	273
2016	0.17	0.16	0.05	0.05	0.00003	269
2017	0.15	0.12	0.04	0.08	0.00003	256
2018	0.16	0.12	0.04	0.08	0.00002	272
2019	0.17	0.13	0.04	0.08	0.00003	302

注：从2000年开始，万元工业产值能源消费量数据调整为万元工业产值综合能源消费量。
Note: Data on energy consumption per 10000 gross industrial output value have been adjusted to comprehensive energy consumption per 10000 gross industrial output value since 2000.

3-11 全社会用电量
CONSUMPTION OF ELECTRICITY

单位:万千瓦时 (10 000 Kwh)

项目	Item	2018	2019
全社会用电总计	**Total Electricity Consumption**	580.34	615.46
A、全行业用电合计	Total Electricity Consumption of Industries	466.40	489.26
第一产业	Primary Industry	4.54	3.20
第二产业	Secondary Industry	292.27	295.42
第三产业	Tertiary Industry	169.60	190.64
B、城乡居民生活用电合计	Residential Electricity Consumption	113.93	126.20
城镇居民	In Urban Areas	99.63	110.53
乡村居民	In Rural Areas	14.30	15.67
全行业用电分类	**Classification by Sector**	466.40	489.26
一、农、林、牧、渔业	Farming, Forestry, Animal Husbandry, Fishery and Water Conservancy	4.54	4.88
二、工业	Industry	279.67	283.66
其中:1.采矿业	Mining and Quarrying	0.40	0.35
2.制造业	Manufacturing	226.21	223.60
3.电力、燃气及水的生产和供应业	Electricity, Gas and Tap Water Production and Supply	53.05	59.71
三、建筑业	Construction	12.60	12.73
四、交通运输、仓储和邮政业	Transportation, Storage, Postal and Telecommunications Services	26.57	29.95
五、信息传输、软件和信息技术服务业	Information Transmission, Software and Information Technology Service	7.34	9.08
六、批发和零售业	Wholesale and Retail Trade	29.85	31.75
七、住宿和餐饮业	Hotel and Catering Services	10.98	10.83
八、金融业	Financial Intermediation	3.91	4.07
九、房地产	Real Estate	38.82	45.36
十、租赁和商务服务业	Leasing and Business Services	3.38	3.70
十一、公共服务及管理组织	Public Service and Management Organization	48.74	53.25
1.科学研究和技术服务业	Scientific Research and Technical Services	5.67	6.20
2.水利、环境和公共设施管理业	Water Conservancy, Environment and Public Facilities	8.82	10.21
3.居民服务、修理和其他服务业	Resident Services, Repairs and Others	2.93	2.88
4.教育、文化、体育和娱乐业	Education, Culture, Sports and Recreation Services	16.74	18.43
5.卫生和社会工作	Health care and Social Work	7.16	7.77
6.公共管理和社会组织、国际组织	Public Management, Social Organization and International Organization	7.43	7.76

主 要 统 计 指 标 解 释

工业 指从事自然资源的开采，对采掘品和农产品进行加工和再加工的物质生产部门。具体包括(1)对自然资源的开采，如采矿、晒盐、森林采伐等(但不包括禽兽捕猎和水产捕捞)；(2)对农副产品的加工、再加工。如粮油加工、食品加工、轧花、缫丝、纺织、制革等；(3)对采掘品的加工、再加工，如炼铁、炼钢、化工生产、石油加工、机器制造、木材加工等，以及电力、自来水、煤气的生产和供应等；(4)对工业品的修理、翻新，如机器设备的修理、交通运输工具(包括小卧车)的修理等。1984 年以前农村的村及村以下办工业归属农业，1984 年以后划归工业。

工业统计调查单位 工业统计调查单位分为两类：独立核算法人工业企业和工业活动单位。

(1)独立核算法人工业企业指从事工业生产经营活动的单位。独立核算法人工业企业应同时具备以下条件：①依法成立，有自己的名称、组织机构和场所，能够承担民事责任；②独立拥有和使用资产，承担负债，有权与其他单位签订合同；③独立核算盈亏，并能够编制资产负债表。

(2)工业活动单位是指在一个场所从事一种或主要从事一种工业生产活动的经济单位。它包括独立核算工业企业按主营业务活动(即工业生产活动)划分的主营业务活动单位和非工业企业所属的工业生产活动单位(即原非独立核算工业生产单位)。工业活动单位，一般应同时具备以下三个条件：①具有一个场所，从事一种或主要从事一种工业活动；②单独组织工业生产经营或业务活动；③单独核算收入和支出。

国有经济工业 (即过去的全民所有制工业或国营工业)指生产资料归国家所有的一种经济类型。包括中央和地方各级国家机关、部队、科研机构、学校、人民团体和国有经济企事业单位等举办的国有经济工业。1957 年以前的公私合营和私营工业，后均改造为国营工业，1992 年改为国有工业，这部分工业的资料不单独分列时，均包括在国有工业内。

集体经济工业 指生产资料归公民集体所有的一种经济类型，是社会主义公有制经济的组成部分。包括城乡所有使用集体投资举办的企业，以及部分个人通过集资自愿放弃所有权并依法经工商行政管理机关认定为集体所有制的企业。

其他经济类型工业 指除国有经济、集体经济、城乡个体经济以外的其他经济类型工业企业(单位)。包括私营经济、联营经济、股份制经济(股份有限公司，有限责任公司)；外商投资经济(中外合资经营、中外合作经营、外资企业)；港、澳、台投资经济(与大陆合资经营、与大陆合作经营、港、澳、台独资企业)及其他经济类型的工业。

轻工业 指主要提供生活消费品和制作手工工具的工业。按其所使用的原料不同，可分为两大类(1)以农产品为原料的轻工业，是指直接或间接以农产品为基本原料的轻工业。主要包括食品制造、饮料制造、烟草加工、纺织、缝纫、皮革和毛皮制作、造纸以及印刷等工业；(2)以非农产品为原料的轻工业，是指以工业品为原料的轻工业。主要包括文教体育用品、化学药品制造、合成纤维制造、日用化学制品、日用玻璃制品、日用金属制品、手工工具制造、医疗器械制造、文化和办公用机械制造等工业。

重工业 是指为国民经济各部门提供物质技术基础的主要生产资料的工业。按其生产性质和产品用途，可以分为下列三类(1)采掘(伐)工业，是指对自然资源的开采，包括石油开采、煤炭开采、金属矿开采、非金属矿开采和木材采伐等工业；(2)原材料工业，指向国民经济各部门提供基本材料、动力和燃料的工业。包括金属冶炼及加工、炼焦及焦炭化学、化工原料、水泥、人造板以及电力、石油和煤炭加工等工业；(3)加工工业，是指对工业原材料进行再加工制造的工业。包括装备国民经济各部门的机械设备制造工业、金属结构、水泥制品等工业，以及为农业提供的生产资料如化肥、农药等工业。

根据上述划分原则，修理业中以重工业产品为修理作业对象的划为重工业，反之划为轻工业。

工业总产值 是以货币表现的工业企业在一定时期内生产的已出售或可供出售的工业产品总量，它反映一定时间内工业生产的总规模和总水平。它包括：在本企业内不再进行加工，经检验、包装入库(规定不需包装的产品除外)的成品价值，对外加工费收入，自制半成品、在产品期末期初差额价值。工业总产值采用“工厂法”计算，即以工业企业作为一个整体，按企业工业生产活动的最终成果来计算，企业内部不允许重复计算，不能把企业内部各个车间(分厂)生产的成果相加。但在企业之间、行业之间、地区之间存在着重复计算。

轻重工业总产值的划分也是按“工厂法”计算的，即一个工业企业在正常情况下生产的主要产品的性质属于轻工业，则该企业的全部总产值作为轻工业总产值；一个工业企业生产的主要产品的性质属于重工业，则该企业的全部总产值作为重工业总产值。

工业增加值 是指工业企业在报告期内以货币表现的工业生产活动的最终成果。

固定资产原价 指企业在建造、购置、安装、改建、扩建、技术改造某项固定资产时所支出的全部货币总额。它一般包括买价、包装费、运杂费和安装费等。

固定资产净值 是指固定资产原价减去历年已提折旧额后的净额。

流动资产 是指可以在一年或者超过一年的一个营业周期内变现或者耗用的资产，包括现金及各种存款、短期投资、应收及预付货款、存货等。

利税总额 指企业利润总额、产品销售税金及附加和应交增值税之和。

工业企业能源消费量 指工业企业在工业生产活动和非工业生产活动中消费的能源，包括工业生产活动中作为燃料、动力、原料、辅助材料使用的能源，生产工业中使用的能源，用于能源加工转换的能源，非工业生产活动中使用的能源。

Explanatory Notes On Main Statistical Indicators

Industry refers to the material production sector which is engaged in extraction of natural resources and processing and reprocessing of minerals and agricultural products, including(1) extraction of natural resources, such as mining, salt production, logging(but not including hunting and fishing); (2) processing and reprocessing of farm and sideline produces such as rice husking, flour milling, winemaking. oil pressing, cotton ginning, silk reeling, spinning and weaving, andleather making; (3) manufacture of industrial products, such as steel making, iron smelting, chemicals manufacturing, petroleum processing, machine building, timber processing water and gas production and electricity generation and supply; (4) repairing of industrial products such as the repairing of machinery and means of transport(including cars).

Prior to 1984, the rural industry run by villages and cooperative organizations under village was classified into agriculture. Since 1984, it has been grouped into industry.

Units of industrial Statistics and inquiry: They are classified into two categories(1) corporate industrial enterprises with independent accounting system(2) industrial establishments.

(1) Corporate industriat enterprises with independent accounting system refer to enterprises engaging in industrial production activities, which meet the following retluirements: 1. They are established legally, having their own names, organizations, location, able to take civil liability 2. They possess and use their assets independently, assume liabilities, and are entitled to sign contracts with other units 3. They are financially independent and compile their own balance sheets.

(2) Industrial establishnmnts refer to economic units which are located in one single place and engaged entirely or primarily in one kind of industrial activity, including financially independent industrial enterprises and units engaged in industrial activities under the non – industrial enterprises(or financially dependent). Industrial establishments generally meet the following requirements: < a > They have each one location and are engaged in one kind of industry activity < b > They operate and manage their industrial production activities separately < c > They have accounts of income and expenditures separately.

State – owned Industry refers to industrial enterprises where the means of production or income are owned by the state. Joint state – private industries and private industries which existed before 1957 have been transformed into state industries. Statistics on these enterprises have been included in the state – owned industries since 1957 when separation of data was no longer necessary.

Collective Owned industry refers to industrial enterprises where the means of production are owned collectively, including urban and rural enterprises invested by collectives and enterprises which were formerly owned privately but have been registered in industrial and commercial administration agency as collective units through raising fund from the public.

Industry of Other Types of Ownerships refers to industrial enterprises(units) of ownerships other than the state – owned economy, collective economy, individual economy. They include the enterprises of private economy, joint – owned economy, share – holding economy (companies limited by shares and companies limited with liabilities), foreign – funded economy(Sino – foreign joint ventures. Sino – foreign cooperative enterprises and foreign ventures exclusively with their own investment), economy funded by the entrepreneurs from Hong Kong, Macao and Taiwan(joint ventures and cooperative enterprises with the mainland as well as ventures exclusively with their own investment) and other types of ownership.

Light industry refers to the industry which produces consumer goods and hand tools. It consists of two categories, depending on the materials used:

(1) Industries using farm products as raw materials. These are branches of light industry which directly or indirectly use farm products as basic raw materials, including the manufacture of food and beverages, tobacco processing, textile, clothing, fur and leather manufacturing, paper making, printing, etc.

(2) Industries using non – farm products as raw materials. These are branches of light industry which use manufactured goods as raw materials, including the manufacture of cultural, educational articles and sports goods, chemicals, synthetic fiber, chemical products for daily use, glass products for daily use. metal products for daily use, hand tools, medical apparatus and instruments, and the manufacture of cultural and clerical machinery.

Heavy industry refers to the industry which produces capital goods, and provides various sectors of the national economy with necessary material and technical basis. It consists of the following three branches according to the purpose of production or the use of products:

(1) Milling, quarrying and logging industry refers to the industry that extracts natural resources, including extraction of petroleum, coal, metal and non – metal ores and logging.

(2) Raw materials industry refers to the industry that provides various sectors of the national economy with raw materials, fuels and power. It includes smelting and processing of metals, coking and coke chemistry, chemical materials and building materials such as cement, plywood, and power, petroleum refining and coal dressing.

(3) Manufacturing industry refers to the industry that processes raw materials. It includes machine – building industry which equips sectors of the national economy, industries of metal structure and cement products, industries producing means of agricultural production, such as chemical fertilizers and pesticides.

According to the above principle of classification, the repairing trades which are engaged primarity in repairing products of heavy industry are classified into heavy industry while these engaged in repairing products of light industry are classified into light industry.

Gross Industrial Output Value is the total volume of industrial products sold or available for sale in value terms which reflects the total achievements and overall scale of industrial production during a given period。 It includes the value of the finished products, which are not to be further processed in the enterprises and have been inspected, packed and put in storage, the Value of industrial services rendered to other units and the ehanges in the value of the semi finished products and products in process between the beginning and closing of the period(only the enterprises with long production cycle are required to calculate the changes). The gross industrial output value is calculated with" factory method". No double calculations are to be made within the same enterprise. However, double counting does oceur among different enterprises.

Output value of light and heavy industries are also classified with the" factory" method. Under normal conditions, if the major products of an industrial enterprise belong to light industry products, the gross output value of that enterprise is classified wholly into light industry; the same principle applies to heavy industry.

Value Added of Industry refers to the final results of industrial production of the industrial trade in money terms during the reference period.

Original Value of Fixed Assets refers to the original value of all fixed assets owned by industrial enterprises, calculated at the cost paid at the time of purchase, installation, reconstruction, expansion, and technical innovation and transformation of the said assets, which includes expenses on purchase, package, transportation, and installation, etc.

Net Value of Fixed Assets is obtained by deducting depreciation over years from the original value of fixed assets.

Working Capital(Current Assets) refers to assets which can be cashed in or spent or consumed in an operating cycle of one year or over one year, which includes cash, various deposits, short – term investment, receivable payments, advance payments, and stock, etc.

Total Value of Profit and Tax(Pre – tax Profits) refers to the sum of the total profits, products sales tax and surcharges and the value added tax payable of industrial enterprises. It is also called pretax profits.

Energy Consumptions of Industrial Enterprises Energy Consumptions of industrial enterprises in the industrial production and non – industrial production activities. Including energy utilized as fuel, power, raw materials, auxiliary materials during industrial production activities, energy for manufacturing, processing and conversion, and non – industrial production activities

四、农　　　业

AGRICULTURE

资料整理人员：黄　萍　陈业林　郑文毅　李　珣

STAFF FOR DATA PROCESSING:
Huang Ping　Chen Yelin　Zheng Wenyi　Li Xun

简要说明

本篇资料反映我市农业生产和农村经济的基本情况，内容主要包括乡村从业人员、耕地、农业机械拥有量、农林牧渔业产值、主要农产品产量、国营农场基本情况等方面的统计资料。

有关资料根据《农林牧渔业统计报表制度》和《农业产值统计报表制度》整理。《农林牧渔业统计报表制度》由各级统计部门根据所在地实际情况，采取抽样调查、重点调查或全面调查的办法搜集资料并层层上报；或利用同级业务部门统计资料。

2016－2017年农林牧渔业产值数据根据第三次农业普查修订；2013－2017年产量、面积数据根据第三次农业普查修订。

Brief Description

The data in this chapter show the basic conditions of agricultural production and rural economy, including mainly rural laborer, cultivated land, quantity of agricultural machinery, output value of farming, forestry, animal husbandry and fishery, output of major agricultural products, and basic conditions of the state－owned farms.

Data related are processed according to the comprehensive statistical reporting on farming, forestry, animal husbandry and fishery, the comprehensive statistical reporting on agricultural output value. The comprehensive statistical reporting on farming, forestry, animal husbandry and fishery is collected by statistical offices at all levels by means of sample surveys, surveys of key units or full enumeration depending on the local circumstances, or estimated by using information from other government agencies at the same level.

The gross output value of farming、forestry、animal husbandry and fishery from 2016－2017 are revised based on the third agricultural census. The output and area data from 2013－2017 are revised based on the third agricultural census.

4-1 农村基层组织、户数、人口、从业人员
RURAL GRASSROOT UNITS, HOUSEHOLDS, POPULATION, LABOR FORCES

指标名称 Index Name	2015	2016	2017	2018	2019
一、农村基层组织(个) Rural Grassroots Units(unit)					
乡政府(个) Township Governments(unit)	3	3	3	3	3
镇政府(个) Town Governments(unit)	3	1	1	1	1
办事处(个) Subdistrict Office(unit)	72	72	74	118	118
村委会(个) Villagers Committees(unit)	1902	1895	1923	1893	1889
村民小组(个) Villagers Subcommittees(unit)	16948	16787	16735	16649	16574
二、乡村从业人员(万人) Number of Rural Laborers By Sector(10 000 persons)	136.43	136.14	138.58	138.56	136.74
1. 农林牧渔业(万人) Farming, Forestry, Animal Husbandry & Fishery (10 000 persons)	42.88	42.96	43.84	42.69	42.93
2. 非农从业人员(万人) Non - agriculture Employees(10 000 persons)	93.55	93.18	94.74	95.87	93.81
三、国营农林牧渔场从业人员(万人) Number of Laborers in State - owned Farms (10000 persons)	6.53	6.11	3.57	2.72	2.78
1. 农业从业人员(万人) Agricultural Laborers(10 000 persons)	2.87	2.61	1.31	0.79	0.79
2. 非农业从业人员(万人) Non - Agricultural Laborers(10 000 persons)	3.66	3.50	2.26	1.93	1.99

注:村委会含具有村级行政管理职能的村级组织。

Note: Villagers Committees include village organizations having administrative functions at village level.

4-2 农村社会基础设施
RURAL SOCIAL INFRASTRUCTURE

指标名称	Index Name	2018	2019
自来水受益村数(个)	Number of Villages with Access to Tap Water(unit)	1892	1888
占全部村民委员会比重(%)	Proportion in All Villages(%)	99.9	99.9
通有线电视村数(个)	Number of Villages with Access to Cable Television	1893	1889
占全部村民委员会比重(%)	Proportion in All Villages(%)	100	100
通宽带村数(个)	Number of Villages with Access to Broadband	1893	1889
占全部村民委员会比重(%)	Proportion in All Villages(%)	100	100

4-3 农业生产条件和农业投入
AGRICULTURAL PRODUCTION CONDITION AND CONSUMPTION

指标名称	Index Name	2018	2019
一、农田水利建设情况	**Irrigation and Water Conservancy**		
有效灌溉面积(千公顷)	Effective Irrigation Area(1 000 hectares)	159.84	157.64
旱涝保收面积(千公顷)	Flood - Free and Drought - Free Area(1 000 hectares)	119.00	119.12
机电排灌面积(千公顷)	Motor - pumped Irrigation Area(1 000 hectares)	120.42	121.71
二、主要能源及物质消耗	**Consumption of Main Energy and Materials**		
农村用电量(万千瓦小时)	Consumption of Electricity in Rural Area(10 000 kwh)	142982	144889
农用化肥施用量(折纯量,吨)	Consumption of Chemical Fertilizers(scalar quantity,ton)	115844	110785
1.氮肥(吨)	Nitrogenous Fertilizer(ton)	41716	39299
2.磷肥(吨)	Phosphate Fertilizer(ton)	17502	16344
3.钾肥(吨)	Potash Fertilizer(ton)	14001	12970
4.复合肥(吨)	Compound Fertilizer(ton)	42625	42171
农用塑料薄膜使用量(吨)	Consumption of Plastic Film for Farm Use(ton)	5709	5683
#地膜(吨)	Mulch Film(ton)	3271	3292
#地膜覆盖面积(千公顷)	Coverage Area of Mulch Film(1 000 hectares)	26.84	27.58
农用柴油(吨)	Agricultural Diesel Oil(ton)	20587	20575
农药使用量(吨)	Consumption of Pesticide(ton)	3577	3351

4-4 农业机械化情况
BASIC CONDITIONS OF FARM MECHANIZATION

指标名称	Index Name	2018	2019
农业机械总动力(万千瓦)	Total Power of Agricultural Machinery(10 000 kw)	234.37	237.72
1.柴油发动机动力	Diesel Engines	137.28	139.98
2.汽油发动机动力	Gasoline Engines	7.69	7.7
一、耕作机械	Machines for Cultivation		
大中型拖拉机(台)	Large & Medium Tractors(unit)	8831	9129
动力(万千瓦)	Power(10 000kw)	34.36	35.96
小型及手扶拖拉机(台)	Mini - tractors(unit)	22448	22461
动力(万千瓦)	Power(10 000kw)	20.63	20.65
大中型拖拉机配套农具(部)	Number of Machinery Farm Tools Matching With Large & Medium Tractors(unit)	2159	2580
小型拖拉机配套农具(部)	Number of Machinery Farm Tools Matching With Mini - Tractors(unit)	57396	57355
二、排灌机械	Irrigation Machinery		
农用水泵(台)	Pumps(unit)	39165	39914
三、收割机械	Harvest Machinery		
联合收割机(台)	Combine(unit)	1979	1988
动力(千瓦)	Power(kw)	104414	104984.9
机动脱粒机(台)	Motorized Thresher(unit)	14544	14695

4-5 历年农林牧渔业总产值
GROSS OUTPUT VALUE OF FARMING, FORESTRY, ANIMAL HUSBANDRY AND FISHERY OVER THE YEARS

单位:万元 (10 000 yuan)

年份 Year	产值 Output Value	年份 Year	产值 Output Value
1951	9930	1986	178272
1952	11134	1987	216576
1953	13934	1988	294433
1954	10565	1989	326277
1955	14089	1990	368637
1956	17254	1991	352689
1957	19424	1992	411035
1958	20250	1993	485043
1959	16722	1994	723819
1960	19239	1995	943381
1961	20144	1996	1098393
1962	22901	1997	1213162
1963	29824	1998	1176359
1964	29568	1999	1211291
1965	40569	2000	1269443
1966	46023	2001	1337788
1967	44789	2002	1412480
1968	44403	2003	1517909
1969	36686	2004	1656507
1970	43815	2005	1805957
1971	50414	2006	1912103
1972	53667	2007	2159177
1973	56244	2008	2446364
1974	62128	2009	2517873
1975	59702	2010	2810947
1976	61725	2011	3294880
1977	61436	2012	4760365
1978	65218	2013	5302657
1979	87748	2014	5594354
1980	69502	2015	6202842
1981	81558	2016	5648500
1982	99678	2017	6118426
1983	94353	2018	6197369
1984	133116	2019	6531708
1985	161919		

注:2016-2017 年数据根据第三次农业普查修订。

Note: Data for 2016-2017 are revised based on the third agricultural census.

4－6 历年农林牧渔业总产值指数(上年＝100)

INDICES OF GROSS OUTPUT VALUE OF FARMING, FORESTRY, ANIMAL HUSBANDRY AND FISHERY OVER THE YEARS (preceding year＝100)

年份 Year	农林牧渔业总计 Total	农业 Farming	林业 Forestry	牧业 Animal Husbandry	渔业 Fishery
1951	111.4	111.9	137.9	109.6	106.2
1952	110.0	109.3	116.1	115.0	108.5
1953	113.9	114.6	111.8	113.4	105.9
1954	76.3	61.0	125.6	125.1	173.8
1955	129.2	158.1	95.2	79.3	71.5
1956	116.3	117.9	135.6	107.6	111.3
1957	109.8	106.8	103.8	129.2	111.7
1958	100.6	103.5	108.8	85.3	99.1
1959	78.2	76.9	110.3	76.0	91.0
1960	111.2	115.6	97.9	94.3	96.2
1961	89.8	91.6	83.1	95.4	61.5
1962	112.7	111.5	77.2	119.7	128.9
1963	129.9	128.2	168.7	142.7	121.7
1964	100.6	101.0	122.9	92.9	107.0
1965	130.5	134.2	118.1	121.5	97.1
1966	98.1	93.3	139.7	122.4	119.5
1967	97.3	99.4	86.6	92.2	81.9
1968	99.3	100.2	66.7	93.0	115.2
1969	79.8	75.6	101.5	95.2	109.0
1970	119.3	124.2	144.6	102.8	90.4
1971	117.5	118.9	112.9	127.4	72.7
1972	104.3	104.8	92.0	104.6	96.4
1973	104.7	105.5	121.3	95.5	115.9
1974	106.9	109.2	99.1	95.4	94.5
1975	96.1	95.2	108.2	100.7	97.1
1976	104.5	103.8	106.4	109.5	106.0
1977	98.2	98.5	94.2	93.6	111.3
1978	103.3	102.5	89.1	111.0	102.8
1979	114.8	112.9	92.6	133.2	106.0
1980	81.4	80.1	87.8	79.2	122.8
1981	110.2	109.3	122.7	116.4	101.8
1982	121.0	122.4	101.2	113.9	124.3
1983	91.0	87.9	93.4	106.6	100.5
1984	125.8	127.1	103.1	119.5	132.9
1985	107.5	102.0	104.4	131.2	124.9

注:2016－2017年数据根据第三次农业普查修订。

Note: Data for 2016－2017 are revised based on the third agricultural census.

4-6 续 表 Continued

年份 Year	农林牧渔业总计 Total	农业 Farming	林业 Forestry	牧业 Animal Husbandry	渔业 Fishery
1986	104.1	102.3	99.8	106.1	122.1
1987	106.6	103.2	105.8	114.1	122.0
1988	104.1	100.0	107.3	114.7	114.3
1989	103.8	102.4	96.7	106.3	109.8
1990	106.3	96.5	99.5	115.8	157.8
1991	94.4	88.9	104.3	104.4	100.3
1992	113.3	115.8	78.0	110.4	111.0
1993	107.9	105.8	114.6	107.1	118.2
1994	109.4	104.6	101.9	111.4	124.1
1995	112.0	109.3	122.6	110.0	123.6
1996	108.7	106.7	103.4	113.0	108.7
1997	108.4	108.7	99.1	107.0	109.9
1998	99.7	97.8	110.3	93.4	113.6
1999	106.9	106.6	118.9	107.1	107.1
2000	105.3	104.5	108.0	106.9	105.2
2001	105.6	104.6	88.7	106.1	108.1
2002	105.2	104.7	124.9	104.7	106.2
2003	106.5	103.0	139.5	108.5	103.0
2004	106.2	107.9	91.1	102.3	107.9
2005	105.5	105.8	100.8	106.3	105.0
2006	105.1	105.6	85.8	102.8	107.9
2007	104.0	102.2	99.3	106.6	106.8
2008	103.5	101.3	97.1	110.9	99.5
2009	102.9	100.8	84.9	104.9	107.1
2010	104.5	102.8	125.4	106.5	106.4
2011	104.0	102.4	160.4	105.1	104.7
2012	105.7	106.2	127.7	106.3	102.0
2013	104.5	108.5	122.9	97.6	100.6
2014	105.0	105.6	118.2	103.0	102.5
2015	104.8	105.2	111.7	101.2	105.0
2016	103.6	106.6	83.0	95.2	102.7
2017	104.8	105.2	100.6	101.6	100.6
2018	103.3	103.5	107.7	99.6	101.3
2019	103.3	104.1	121.7	91.9	101.7

4-7 农林牧渔业总产值及构成
GROSS OUTPUT VALUE OF FARMING, FORESTRY, ANIMAL HUSBANDRY, FISHERY AND ITS COMPOSITION

年份 Year	农林牧渔业总计 Total	农业 Farming	林业 Forestry	牧业 Animal Husbandry	渔业 Fishery	农林牧渔服务业 Farming, Forestry, Animal Husbandry & Fishery Service
产值(万元) Output Value(10 000 yuan)						
1999	1211291	757552	7905	263655	182179	
2000	1269443	782006	8473	291210	187754	
2001	1337788	794920	7284	325084	210500	
2002	1412480	842941	8658	338440	222441	
2003	1517909	881895	15520	368760	233701	
2004	1656507	959760	13744	409578	260177	13248
2005	1805957	1033226	14974	458194	289117	10446
2006	1912103	1122949	13214	447692	317139	11109
2007	2159177	1212819	13738	561204	359839	11577
2008	2446364	1322469	14598	695589	401135	12573
2009	2517873	1388083	13867	647831	455231	12861
2010	2810947	1512017	19902	739386	525628	14014
2011	3294880	1746823	34861	900221	594045	18930
2012	4760365	2585872	48708	1213014	784105	128666
2013	5302657	3051002	65857	1186703	836617	162478
2014	5594354	3162714	87107	1269943	874004	200586
2015	6202842	3591590	99532	1352725	918058	240937
2016	5648500	3525000	101400	778300	942500	301300
2017	6118426	3844815	107029	732446	1033166	400969
2018	6197369	3924611	116594	668744	1032789	454631
2019	6531708	4111493	135289	739799	1031017	514110
比重(%) Composition(%)						
1999	100.0	62.5	0.7	21.8	15.0	
2000	100.0	61.6	0.7	22.9	14.8	
2001	100.0	59.4	0.5	24.3	15.8	
2002	100.0	59.7	0.6	24.0	15.7	
2003	100.0	58.1	1.0	24.3	15.4	
2004	100.0	58.0	0.8	24.7	15.7	0.8
2005	100.0	57.2	0.8	25.4	16.0	0.6
2006	100.0	58.7	0.7	23.4	16.6	0.6
2007	100.0	56.2	0.6	26.0	16.7	0.5
2008	100.0	54.1	0.6	28.4	16.4	0.5
2009	100.0	55.1	0.6	25.7	18.1	0.5
2010	100.0	53.8	0.7	26.3	18.7	0.5
2011	100.0	53.0	1.1	27.3	18.0	0.6
2012	100.0	54.3	1.0	25.5	16.5	2.7
2013	100.0	57.5	1.2	22.4	15.8	3.1
2014	100.0	56.5	1.6	22.7	15.6	3.6
2015	100.0	57.9	1.6	21.8	14.8	3.9
2016	100.0	62.4	1.8	13.8	16.7	5.3
2017	100.0	62.8	1.7	12.0	16.9	6.6
2018	100.0	63.3	1.9	10.8	16.7	7.3
2019	100.0	62.9	2.1	11.3	15.8	7.9

注:2016－2017年数据根据第三次农业普查修订。

Note: Data for 2016－2017 are revised based on the third agricultural census.

4-8 农林牧渔业分类总产值
GROSS OUTPUT VALUE OF FFAF BY CATEGORY OF AGRICULTURAL PRODUCTS

单位:万元 (10 000 yuan)

项目	Item	按当年价格计算 At Current Prices 2018	2019
农林牧渔业产值	**Output Value of Farming, Forestry, Animal Husbandry and Fishery**	6197369	6531708
一、农业产值	Farming	3924611	4111493
1. 谷物	Cereal	269500	252984
2. 豆类	Beans	9030	8948
3. 棉花	Cotton	27959	27457
4. 油料	Oil - bearing Crops	86123	86099
5. 麻类	Fiber Crops	1	
6. 糖料	Sugar Crops	42483	36413
7. 烟叶	Tobacco		
8. 药材	Herb Crops	5746	7207
9. 薯类	Tuber Crops	5896	5926
10. 蔬菜及食用菌(含菜用瓜)	Vegetables & Edible Fungi (Including Melons)	2595281	2741851
11. 茶、桑、果	Tea, Mulberry & Fruit	243219	243741
12. 花卉园艺	Flower and Hoticulture	614636	678201
13. 其他农作物	Other Crops	24737	22666
14. 采集野生植物	Cathering of Wild Plants		
二、林业产值	Forestry	116594	135289
三、牧业产值	Animal Husbandry	668744	739799
四、渔业产值	Fishery	1032789	1031017
五、农林牧渔服务业产值	Farming, Forestry, Aminal Husbandry and Fishery Service	454631	514110

4-9 主要农产品产量
OUTPUT OF MAJOR AGRICULTURAL PRODUCTS

项目	Item	2015	2016	2017	2018	2019
粮　食(吨)	Grains(ton)	1073228	959977	947717	941423	886043
棉　花(吨)	Cotton(ton)	28314	13498	12775	11700	10673
油　料(吨)	Oil－bearing Crops(ton)	131718	131211	137123	133568	134101
蔬　菜(吨)	Vegetables(ton)	7025218	7176243	7389953	7668384	7798724
水　果(吨)	Fruit(ton)	97079	100816	112488	128486	141261
肉猪出栏(万头)	Slaughtered Hogs (10 000 heads)	278.34	263.31	251.57	246.57	168.61
家禽出笼(万只)	Slaughtered Poultry(10 000 heads)	3829.04	3751.97	3735.12	3820.34	4088.50
禽蛋产量(吨)	Eggs(ton)	89402	87546	87654	90250	93272
牛　奶(吨)	Milk(ton)	20153	15966	23251	9471	10421
水产品(吨)	Aquatic Products(ton)		441401	436546	443141	441871

4-10 农作物播种面积
SOWN AREA OF FARM CROPS

单位：千公顷 (1 000 hectares)

项目	Item	2015	2016	2017	2018	2019
一、粮食作物	Sown Area of Grain Crops	161.80	156	151.36	150.79	143.05
1.夏收粮食	Summer Grain Crops	10.15	10.63	10.45	11.18	10.60
#小　麦	Wheat	10.15	10.63	10.34	10.14	9.55
大　豆	Soybean	0.00	0.00	0.00	0.22	0.00
薯　类	Tuber Crops	0.00	0.00	0.00	0.72	0.72
其他杂粮	Other Coarse Cereals	0.00	0.00	0.00	0.10	0.08
2.早　稻	Early Season Rice	32.40	28.07	18.97	18.73	15.55
3.秋收粮食	Autumn Grain Crops	119.26	116.80	121.80	120.88	116.91
稻　谷	Paddy Rice	87.90	85.49	90.59	90.49	87.10
中稻(含一季晚)	Mid-Season Rice (Including Single Rotation Late Season Rice)	53.90	62.81	69.64	69.84	68.56
双季晚稻	Double Rotation Late Rice	34.00	22.68	20.95	20.65	18.54
玉　米	Corn	21.73	20.11	20.29	18.64	18.09
大　豆	Soybean	6.74	8.95	8.70	9.79	8.92
薯　类	Tuber Crops	2.50	2.15	1.83	1.96	1.96
其他杂粮	Other Coarse Cereals	0.39	0.10	0.39		0.02
二、棉　花	Sown Area of Cotton	24.02	14.46	14.17	12.45	12.47
三、油　料	Sown Area of Oil-bearing Crops	59.41	56.21	54.19	53.69	54.21
#油菜籽	Rape Seeds	36.69	34.24	32.73	32.41	32.75
花　生	Peanuts	13.45	13.35	13.17	13.18	13.38
芝　麻	Sesame	9.28	8.47	8.13	8.10	8.08
四、麻　类	Fiber Crops	0.00	0.00	0.00	0.00	0.00
五、糖　料	Sugar Crops	0.47	0.42	0.42	0.42	0.41
六、烟　叶	Tobacco	0.00	0.00	0.00	0.00	0.00
七、药　材	Herb Crops	0.27	0.25	0.26	0.31	0.39
八、蔬菜、瓜类	Sown Area of Vegetables & Melons	177.08	178.04	176.82	180.56	185.91
蔬　菜	Vegetables	162.35	163.06	159.48	164.18	169.91
瓜　类	Melons	14.73	14.98	17.34	16.38	16.00
九、青饲料	Green Fodder	6.97	6.91	6.69	5.79	5.51
十、绿　肥	Green Fertilizer Crops	6.15	5.53	3.52	2.86	3.95
十一、其他作物	Other Crops	1.86	1.39	0.77	2.91	2.12

4-11 农作物总产量
TOTAL OUTPUT OF FARM CROPS

单位:吨 (ton)

项目	Item	2015	2016	2017	2018	2019
一、粮食作物	Grain Crops	1073228	959977	947717	941423	886043
1.夏收粮食	Summer Grain Crops	27153	29465	29505	31460	30520
#小　麦	Wheat	27153	29465	29118	28600	27647
大　豆	Soybean				348	0
薯　类	Tuber Crops				2135	2204
其他杂粮	Other Coarse Cereals			387	377	277
2.早　稻	Early Season Rice	198415	141163	106983	107237	89656
3.秋收粮食	Autumn Grain Crops	847661	789347	811075	802726	765867
稻　谷	Paddy Rice	696309	667660	689446	695860	660416
中稻(含一季晚)	Mid-Season Rice(Including Single Rotation Late Season Rice)	467073	515948	557739	563700	543781
双季晚稻	Double Rotation Late Rice	229236	151712	131707	132160	116635
玉　米	Corn	121837	99183	99469	81800	80427
大　豆	Soybean	15067	14022	14423	16532	14823
薯　类	Tuber Crops	13119	8127	7121	8534	8536
其他杂粮	Other Coarse Cereals	1329	355	616		74
二、棉　花	Cotton	28314	13498	12775	11700	10673
三、油　料	Oil-bearing Crops	131718	131211	137123	133568	134101
#油菜籽	Rape Seeds	79803	75603	76673	75114	75063
花　生	Peanuts	43979	44460	44619	44126	44803
芝　麻	Sesame	7936	10792	15481	14328	14235
四、麻　类	Fiber Crops	9	3	3	2	0
五、糖　料	Sugar Crops	16479	16787	16787	19820	19333
六、烟　叶	Tobacco					
七、药　材	Herb Crops	2633	1895	1932		
八、蔬菜、瓜类	Vegetables & Melons	7503633	7677539	7937662	8219890	8343163
蔬　菜	Vegetables	7025218	7176243	7389953	7668384	7798724
瓜　类	Melons	478415	501296	547709	551506	544439

4-12 农作物单位面积产量
PER HECTARE OUTPUT OF FARM CROPS

单位：公斤/公顷 (kilogram/hectare)

项目	Item	2015	2016	2017	2018	2019
一、粮食作物	Grain Crops	6633	6173	6261	6243	6194
1.夏收粮食	Summer Grain Crops	2676	2773	2825	2814	2880
#小麦	Wheat	2676	2773	2815	2821	2895
大豆	Soybean				1582	0
薯类	Tuber Crops				2965	3055
其他杂粮	Other Coarse Cereals			3762	3770	3332
2.早稻	Early Season Rice	6124	5029	5640	5725	5766
3.秋收粮食	Autumn Grain Crops	7108	6758	6659	6641	6551
稻谷	Paddy Rice	7922	7810	7611	7690	7582
中稻(含一季晚)	Mid-Season Rice(Including Single Rotation Late Season Rice)	8666	8214	8009	8071	7931
双季晚稻	Double Rotation Late Rice	6742	6689	6287	6400	6291
玉米	Corn	5608	4931	4902	4388	4447
大豆	Soybean	2235	1567	1657	1689	1662
薯类	Tuber Crops	5240	3774	3900	4354	4352
其他杂粮	Other Coarse Cereals	3415	3553	1561		4074
二、棉花	Cotton	1179	933	902	940	856
三、油料	Oil-bearing Crops	2217	2334	2531	2488	2474
#油菜籽	Rape Seeds	2175	2208	2343	2318	2292
花生	Peanuts	3271	3330	3389	3348	3349
芝麻	Sesame	856	1275	1903	1769	1762
四、麻类	Fiber Crops	3116	2813	2813	3333	
五、糖料	Sugar Crops	34781	40444	40444	47190	47154
六、烟叶	Tobacco					
七、药材	Herb Crops	9607	7710	7431		
八、蔬菜、瓜类	Vegetables & Melons	42373	43123	44890	45524	44877
蔬菜	Vegetables	43271	44009	46338	46707	45899
瓜类	Melons	32481	33470	31578	33669	34027

4-13 林业生产情况
STATISTICS ON FORESTRY PRODUCTION

单位:亩/万株/万根/万立方米

项目	Item	2018	2019
一、荒山、荒沙造林面积(亩)	Barren Mountain(sand) Afforestation(acres)	55833	21148
二、有林地造林面积(亩)	Forest Afforestation Area(acres)	1215	15277.5
三、更新改造面积(亩)	Reforestation Area(acres)	5511	8073
四、四旁零星植树(亩)	Scattered(Four-side) Tree planging(acres)	555.06	488.17
五、森林抚育面积(亩)	Tending Area of Forest(acres)	238259	185703
六、林木种苗	Forest Germchit		
1. 当年苗木产量(万株)	Seedling Yield of The Year(10 000 plants)	2447	2966.48
2. 育苗面积(亩)	Seedling Area(acres)	148207	138245
七、竹木采伐(万立方米)	Bamboo and Timber Harvesting(10 000 cubic meters)		
1. 木材	Timber	19.06	62.68
其中:村及村以下采伐	Among Them:Harvesting at Village Level and Below	8.39	32.84
2. 竹材(万根)	Bamboo Timber(10 000 plants)	37.54	75.46
其中:村及村以下采伐	Among Them:Harvesting at Village Level and Below	37.54	31.46
(1)楠竹	Nan Bamboo	10.13	9.54
(2)杂竹	Sundry Bamboo	27.41	65.92

4－14 主 要 林 产 品 产 量
OUTPUT OF MAIN FORESTRY PRODUCTS

单位:吨 （ton）

项目	Item	2018	2019
油桐籽	Seeds of Tung Oil Tree		
油茶籽	Oil－tea Camellia Seed	13290	11442
乌柏籽	Chinese Sapium Seed		
五倍子	Chinese Gall		
板栗	Chinese Chestnut	3375	3094
香菇	Mushroom		
白木耳	White Fungus		
黑木耳	Black Fungus		

4－15 牧 业 生 产 情 况
STATISTICS ON ANIMAL HUSBANDRY PRODUCTION

项目	Item	2018	2019
年末大牲畜存栏（头）	Year－end Large Animals In Stock（head）	67779	63935
（1）良种及改良种乳牛（头）	Cows of Fine Breed & Improved Variety（head）	3503	3145
（2）肉用牛（头）	Beef Cattle（head）	63701	60703
（3）马（头）	Horses（head）		
（4）驴（头）	Donkeys（head）	39	13
（5）骡（头）	Mutes（head）		
年末羊只数（只）	Year－end Sheep And Goats in Stock（head）	31441	32171
年末牲猪存栏（万头）	Year－end Hogs in stock（10 000 heads）	127.99	86.28
#能繁母猪（万头）	Female Hogs of Reproductive Ability（10 000 heads）	12.07	8.59
全年肉猪出栏（万头/吨）	Slaughtered Fattened Hogs（10 000 heads/ton）	246.57/192300	168.61/103633
全年出售和自宰肉用牛（头/吨）	Slaughtered Cattle（head/ton）	23307/3343	22551/3434
全年出售和自宰肉用羊（只/吨）	Slaughtered Sheep and Goats（head/ton）	37080/647	35479/648
全年出售和自宰家禽（万只/吨）	Slaghtered Poultry（10 000 heads/ton）	3820.34/50130	4088.50/57280
牛奶产量（吨）	Milk（ton）	9471	10421
蜂蜜产量（吨）	Honey（ton）	996	932
禽蛋产量（吨）	Eggs（ton）	90250	93272

4-16 茶叶、水果生产情况
STATISTICS ON PRODUCTION OF TEA & FRUIT

项目	Item	2018	2019
茶叶产量(吨)	Output of Tea(ton)	2568	2558
#绿 茶(吨)	Green Tea(ton)	2450	2433
青 茶(吨)	Wulong Tea(ton)		
白 茶(吨)	White Tea(ton)	74	76
其它茶(吨)	Other Tea(ton)	7	6
年末茶园面积(公顷)	Tea Plantation Area(hectare)	7179	7153
#本年采摘面积(公顷)	Picked Area This Year(hectare	5837	5781
水果产量(吨)	Output of Fruit(ton)	128486	141261
#桃 子(吨)	Peaches(ton)	49373	46524
苹 果(吨)	Apples(ton)	313	306
柑 桔(吨)	Citrus(ton)	32138	22782
梨 子(吨)	Pears(ton)	9689	16510
葡 萄(吨)	Grapes(ton)	26863	26037
柿 子(吨)	Persimmons(ton)	1420	487
年末果园面积(公顷)	Year - end Orchard Area(hectare)	8208	8743
#苹果园面积(公顷)	Apples(hectare)	11	11
柑桔园面积(公顷)	Citrus(hectare)	2455	2439
梨园面积(公顷)	Pears(hectare)	506	654
葡萄园面积(公顷)	Grapes(hectare)	1450	1549
桃园面积(公顷)	Peachs(hectare)	2246	2366

4-17 渔业生产情况
STATISTICS ON FISHERY PRODUCTION

项目	Item	2018	2019
一、水产品产量(吨)	Total Aquatic Products(ton)	443141	441871
(一)淡水捕捞产量(吨)	Fish Caught in Fresh Water(ton)	19645	17938
1.鱼 类(吨)	Fish(ton)	14744	14053
2.虾蟹类(吨)	Shrimps,Prawns & Crabs(ton)	4862	3848
3.贝 类(吨)	Shellfish(ton)	39	37
4.其他类(吨)	Others(ton)		
(二)淡水养殖产量(吨)	Fish Artificially Cultured(ton)	401274	401219
1.鱼 类(吨)	Fish(ton)	355901	350107
2.虾蟹类(吨)	Shrimps,Prawns & Crabs(ton)	42897	47879
3.贝 类(吨)	Shellfish(ton)		
4.其他类(吨)	Others(ton)	2476	3233
(三)增值养殖产量(吨)	Artificially Cultured in Proliferation Fishery(ton)	22222	22714
1.鱼 类(吨)	Fish(ton)	22222	22714
2.贝 类(吨)	Shellfish(ton)		
3.其他类(吨)	Others(ton)		
二、淡水养殖面积(池塘养殖)(公顷)	Artificially Cultured Area in Fresh Water(Ponds)(hectares)	45345	42891
附报:1.稻田养殖面积(公顷)	Artificially Cultured in Paddy Fields(hectares)	10943	13903
2.增殖养殖面积	Artificially Cultured in Proliferation Fishery(hectares)	35893	47285

主 要 统 计 指 标 解 释

农林牧渔业总产值 是以货币表现的农、林、牧、渔业全部产品的总量，它反映一定时期内农业生产总规模和总成果。

农、林、牧、渔业的统计范围包括国有经济的各种专业农（农、林、牧、渔）场的农业生产活动；国家各级机关、团体、学校、部队进行的农业生产活动；集体所有制的乡、镇，村办农场的农业生产活动；工矿企业经营的农、林、牧、渔业生产活动；以及农村各种经济组织和农户经营的农林牧渔业生产活动和农民家庭兼营的商品性工业生产活动等。

（1）农业包括种植业和其他农业。

种植业包括谷物、豆类、薯类、棉、油料、糖料、麻类、烟叶、蔬菜、药材、瓜类和其他农作物的种植，以及茶园、桑园、果园的生产经营。

其他农业包括采集野生植物的果实、纤维、树胶、树脂、油料以及柴草、野生药材、菌类等及农民家庭兼营的商品性工业。

（2）林业包括林木的栽培（不包括茶园、桑园和果园的栽培，管理和收获等活动），林产品的采集和村及村以下合作经济组织和农户的竹木采伐。

（3）牧业包括牲畜饲养和放牧、家禽饲养以及野生动物的捕猎和饲养。

（4）渔业包括水生动物和海藻类植物的养殖和捕捞。

农业总产值的计算方法通常是按农林牧渔业产品及其副产品的产量分别乘以各自单位产品价格求得，少数生产周期较长，当年没有产品或产品产量不易统计的，则采用间接方法匡算其产值，然后将四业产品产值相加即为农业总产值。

粮食产量 指全社会的产量。包括国有经济经营的、集体统一经营的和农民家庭经营的粮食产量，还包括工矿企业办的农场和其他生产单位的产量。粮食除包括稻谷、小麦、玉米、高粱、谷子及其他杂粮外，还包括薯类和豆类，其产量计算方法，豆类按去豆荚后的干豆计算；薯类（包括甘薯和马铃薯，不包括芋头和木薯）1963 年以前按每 4 公斤鲜薯折 1 公斤粮食计算，从 1964 年开始及以后改为按 5 公斤鲜薯折 1 公斤粮食计算。

油料产量 指全部油料作物的生产量。包括花生、油菜籽、芝麻、向日葵籽、胡麻籽（亚麻籽）和其他油料。不包括大豆，也不包括木本油料和野生油料。花生以带壳干花生计算。

水产品产量 指人工养殖的水产品和天然生长的水产品的捕捞量。包括海水的鱼类、虾蟹类、贝类和藻类以及内陆水域的鱼类、虾蟹类和贝类，不包括淡水生植物。

猪、牛、羊肉产量 指当年出栏并已屠宰后除去头蹄下水后带骨肉（即胴体重）的重量。

耕地面积 指年初可以用来种植农作物、经常进行耕锄的田地，除包括熟地、当年新开荒地、连续撂荒未满三年的耕地和当年的休闲地（轮歇地）外，还包括以种植农作物为主并附带种植桑树、茶树、果树和其他林木的土地，以及沿海、沿湖地区已围垦利用的“海涂”、“湖田”等面积。但不包括属于专业性的桑园、茶园、果园、果木苗圃、林地、芦苇地、天然或人工草地面积。

农作物播种面积 指实际播种或移植有农作物的面积。凡是实际种植有农作物的面积，不论种植在耕地上还是种植在非耕地上，均包括在农作物播种面积中。在播种季节基本结束后，因遭灾而重新改种和补种的农作物面积，也包括在内。

有效灌溉面积 指具有一定的水源，地块比较平整，灌溉工程或设备已经配套，在一般年景下当年能够进行正常灌溉的耕地面积。

农用化肥施用量 指本年内实际用于农业生产的化肥数量，包括氮肥、磷肥、钾肥和复合肥。化肥施用量要求按折纯量计算数量，折纯法化肥施用量是把氮肥、磷肥和钾肥分别按含氮、含五氧化二磷、含氧化钾的百分之一百成分折算后的数量。复合肥按其所含主要成分折算。

农业机械总动力 指主要用于农、林，牧、渔业的各种动力机械的动力总和。包括耕作机械、排灌机械、收获机械、农用运输机械、植物保护机械、牧业机械、林业机械、渔业机械和其他农业机械（内燃机按引擎马力折成瓦（特）计算，电动机按功率折成瓦（特）计算）。不包括专门用于乡、镇、村、组办工业、基本建设。非农业运输、科学试验和教学等非农业生产方面用的动力机械与作业机械。

农林牧渔业从业人员 指直接参加农林牧渔业生产劳动的从业人员。

谷物 指籽实主要供作粮食的作物。这类作物包括稻：谷、小麦、玉米、谷子、高粱和其他谷物，不包括豆类和薯类作物。

Explanatory Notes on Main Statistical Indicators

Gross Output Value of Farming, Forestry, Animal Husbandry and Fishery refers to the total volume of products of farming, forestry, animal husbandry and fishery in value terms, which reflects the total scale and total result of agricultural production during a given period of time.

The statistical coverage of farming, forestry, animal husbandry and fishery are as follows:

Specialized state farms (farming, forestry, animal husbandry, fishery), farms managed by various government agencies, organizations, schools, research institutions, and army; farms managed by rural collective organizations at levels of township, town, and village; farming, forestry, animal husbandry, fishery run by mining and industrial enterprises, various rural collective organizations and individual farmers, and some additional commodity industries of individual farmers.

(1) Farming includes cultivation of farm crops and other agricultural activities. Cultivation includes the cultivation of grain crops, beans, tubers, cotton, oil – bearing crops, sugar crops, fiber crops, tobacco, vegetables, medicinal herbs, melons and others, and cultivation and management of tea plantations, mulberry fields and orchards. Other agricultural activities include gathering fruits, fiber, gum and resin of wild plants, oil – bearing plants, grass wild medicinal herbs, fungus plants, and commodity industries of the rural house holds.

(2) Forestry refers to planting trees of various kinds (excluding tea plantations, mulberry fields and orchards), gathering of forest products, and cutting and felling of bamboo and trees by villages and other cooperative organizations under villages.

(3) Animal husbandry refers to raising and grazing of livestock, raising poultries, and hunting and raising wild animals.

(4) Fishery refers to cultivation and catching of fish and other aquatic animals and cultivation and collection of sea weed and other aquatic plants.

Gross output value of agriculture is obtained by first multiplying the output of each product or by – product by its price, resulting in the output value of each single item. For a small number of products, annual output of which is not available or difficult to get due to the long production/growing process involved, the output value is estimated through an indirect approach. The sum of output value of all products of farming, forestry, animal husbandry, and fishery is then equal to the gross output value of agricuhure.

Ouptput of Grain refers to the output in the whole country or region including grains produced by state farms, collective units, industrial enterprises and mines. Grain includes rice, wheat, corn, sorghum, millet and other miscellaneous grains as well as tubers and beans. Output of beans refers to dry beans without pods. The output of tubers (sweet potatoes and potatoes, not including taros or cassava) was converted into that of grain at the ratio 4:1, i. e. four kilograms of fresh tubers were equivalent to one kilogram of grain up to 1963. Since 1964 the ratio for conversion has been 5:1.

Output of Oil – bearing Crops refers to the total output of oil – bearing crops of various kinds, including peanuts, (dry, in shell) rape seeds, sesame, sunflower seeds, flax seeds, and other oil – bearing crops. Soybeans, oil – bearing woody plants, and wild oil – bearing crops are not included.

Output of Aquatic Products refers to catches of both artificially cultured and naturally grown aquatic products, including fish, shrimps, crabs and shellfish in sea and inland water as well as seaweed. Freshwater plants are not included.

Output of Pork, Beef, and Mutton refers to the meat of slaughtered hogs, cattle, sheep and goats with head, feet, and offal taken away.

Cultivated Area refers to farmland which is plowed constantly for growing crops, including cultivated land, newly cultivated land in the current year, farmland left without cultivation for less than three years and fallow land in the current year, rotation land, rotation land of grass and crops, farmland with some fruit trees, mulberry trees and other trees and cultivated seashore land, lake land, and etc. The land of mulberry fields, tea plantations, orchards, nurseries of young plants, forest land, reed land, natural and man – made grassland and other land are not included in cultivated land.

Sown Area of Crops refers to area of land sown or transplanted with crops regardless of being in cultivated area or non – cultivated area. Area of land resown due to natural disasters is also included.

Irrigated Area refers to areas that are effectively irrigated, i. elevel land which has water source and complete sets of irrigation facilities to lift and move adequate water for irrigation purpose under normal conditions.

Consumption of Chemical Fertilizers refers to the quantity of chemical fertilizers applied in agricuhure in the year, including nitrogenous fertilizer, phosphate fertilizer, potash fertilizer, and compound fertilizer. The consumption of chemical fertilizers is required in calculation to convert the gross weight into weight containing 100% effective component (eg. 100% nitrogen content in nitrogenous fertilizer, 100% phosphorous pentoxide content in phosphate fertilizer, 1 00% potasium oxide content in potash fertilizer). Compound fertilizer is converted with its major component.

Total Power of Farm Machinery refers to total mechanical power of machinery used in farming, forestry, animal husbandry, and fishery, including ploughing, irrigation and drainage, harvesting, transport, plant protection, stock breeding, forestry and fishery. The power of internal combustion engines is required to convert horsepower into watts and the power of electric motors is required to be converted into watts. Machinery employed for non – agricultural purposes, such as the machines used in township – run and village – run industry, construction, non—agncultural transport, scientific experiments and teaching, is excluded.

Laborers Engaged in Farming, Forestry, Animal Husbandry and Fishery refers to the total laborers who are directly engaged in production of farming, forestry, animal husbandry and fishery.

Cereals refer to seeds of various kinds of crops that are used mainly for grain. Cereals include paddy, wheat, maize, millet, Chinese sorghum, etc. , except beans or tubers.

五、固定资产投资与建筑业

INVESTMENT IN FIXED ASSETS CONSTRUCTION

资料整理人员： 帅国豪　余芙蓉　胡　海　陈弥灵　琚宏飞　朱　颖　黄文婷　樊　来

STAFF FOR DATA PROCESSING：

Shuai Guohao　Yu Furong　Hu Hai　Chen Miling　Ju Hongfei　Zhu Ying　Huang Wenting　Fan Lai

简要说明

本篇资料通过对一定时期全社会建造和购置固定资产活动的数量方面的描述,反映报告期内武汉市固定资产投资的规模和速度、固定资产投资的结构和比例关系、固定资产投资的资金来源及新增固定资产以及建设项目的新增生产或效益等和有资质的总承包、专业承包建筑业企业生产经营,房地产企业开发经营的基本情况。

全社会固定资产投资统计的范围包括:500万元以上项目投资、房地产开发投资、农村私人(农户)固定资产投资。500万元以上项目投资统计范围包括:城乡各种登记注册类型的企业、事业、行政单位及个体户进行的计划总投资(或实际需要总投资)500万元及以上的建设项目或固定资产购置。

固定资产投资按国民经济行业划分　建设项目归哪个行业,按其建成投产后的主要产品或主要用途及社会经济活动性质来确定。基本建设按建设项目划分国民经济行业,更新改造、国有经济单位其他固定资产投资及城镇集体投资根据整个企业、事业单位所属的行业来划分。一般情况下,一个建设项目或一个企业、事业单位只能属于一种国民经济行业。为了更准确地反映国民经济各行业之间的比例关系,联合企业(总厂)所属分厂属于不同行业的,原则上按分厂划分行业。

Brief Description

The Data in this chapter show the size and pace, structural and proportional relations, funded sources of fixed assets, newly increased fixed assets, newly increased production capacity of construction projects, or efficiency of the investment in fixed assets and production of procure construction or professind construction enterprises and status of real estate enterprises business in reposed period by describing the volume of construction and purchase of fixed assets.

The investment in fixed assets in the whole country includes the investment in capital construction projects over 500 million yuan, the investment in real estate development, the investment by individuals in rural areas. Statistics on the investment of projects over 500 million yuan cover construction projects of 5 million yuan and above which are invested by enterprises, institutions, administrative units and individuals registed in urban and rural areas.

Investment in Fixed Assets by Sector　The classification of construction projects by sector is determined by the major products of the purpose of the projects when they are put into production or use, and by the nature of their social economic activities. The investment in capital construction is classified by construction projects, while investment in innovation, other investment by state owned units and urban collective units are classified according to the sector which the whole enterprise or institution belongs to. In general, one project or one enterprise or institution can only belong to one sector. In order to reflect the proportions among various sectors more accurately, the branch factories of integrated complex are classified into different sectors according to their economic activities.

5－1 全社会固定资产投资
TOTAL INVESTMENT IN FIXED ASSETS

同比增速(%)

项目 Item	2018	2019
全社会固定资产投资 **Total Investment in Fixed Assets**	10.6	9.8
一、按登记注册类型分 Grouped by Ownership		
(一)内资企业 Domestic Funded Enterprises	11.9	7.9
国　有 State－owned Units	26.8	13.0
集　体 Collective－owned Units	302.3	－64.8
股份合作 Share－holding Cooperative	－86.4	71.1
联　营 Joint－owned Economic Units	－58.1	86.9
#国有联营 Joint State－owned Units	－100.0	
#集体联营 Joint Collective－owned Unit	－56.8	－100.0
有限责任公司 Companies of Limited Liabilities	4.4	18.8
#国有独资公司 Companies with State－owned Exclusive Investment	－1.2	13.1
股份有限公司 Companies of Share holding with Limited Liabilities	－9.7	20.9
私营企业 Private－owned Units	35.0	－26.4
其他内资公司 Other Companies	－55.2	110.3
(二)外商投资企业 Foreign－Funded Enterprises	－5.8	14.0
中外合资经营 Sino－Foreign Joint Economic Units	－32.2	31.2
中外合作经营 Sino－Foreign Cooperative Economic Units	－100.0	
外资企业 Foreign Enterprises	43.4	－3.4
外商投资股份有限公司 Companies Limited by Shares with Foreign Investment	13.0	－75.3
其他外商投资 Other Foreign Funded Enterprises	58.3	198.3

5-1 续 表 Continued

项　　目 Item	2018	2019
(三)港澳台商投资企业 Economic Units Funded from Hong Kong, Macao and Taiwan	-13.0	90.8
与港澳台商合资经营 Joint Ventures With Hong Kong, Macao and Taiwan Businessmen	-20.5	154.2
与港澳台商合作经营 Joint Operation With Hong Kong, Macan and Taiwan Businessmen	-2.8	-52.1
港澳台商独资企业 Economic Units Funded by Entrepreneurs from Hong Kong, Macao and Taiwan	-17.2	83.3
港澳台商投资股份有限公司 Share-holding Corporations Funded from HongKong, Macao and Taiwan	66.8	-62.7
其他港澳台商投资 Others		91.2
(四)个体经营 Individual Business	76.5	195.5
二、按构成分 Grouped by Structure		
建筑安装工程 Construction Installation	11.6	6.0
设备工器具购置 Purchase of Equipment and Instruments	3.2	38.2
其它费用 Others	10.8	9.5
三、按三次产业分 Grouped by Industry		
第一产业 Primary Industry	-35.6	84.5
第二产业 Secondary Industry	12.1	11.8
#工　业 Industry	12.1	16.3
#制造业 Manufacturing	12.3	15.1
电力、燃气及水的生产和供应业 Production and Supply of Electricity, Cas and Water	8.7	39.0
第三产业 Tertiary Industry	10.4	8.7
#交通运输、仓储、邮电通信业 Transportation, Storage, Postal and Telecommunications Services	-5.7	9.7
信息传输、软件和信息技术服务业 Information transmission, I. T and Software Services	244.0	97.5
#电信、广播电视和卫星传输服务业 Telecommunication、Ratio and TV and Satellite Transmission Services	513.4	61.7
水利、环境和公共设施管理业 Water Conservancy, Environment and Public Facilities Management	8.4	7.3

5-2 历年全社会固定资产投资
TOTAL INVESTMENT IN FIXED ASSETS OVER THE YEARS

单位:万元　　　　(10 000 yuan)

年 份 Year	全社会固定资产投资 Total Investment in Fixed Assets	1.500万元以上项目固定资产投资 Investment of Construction Projects over 5 Million Yuan	2.房地产开发投资 Investment in Real Estate Development	3.农户(私人)投资 Investment of Farm Households in Rural Areas
1950	1170	1170		
1951	3180	3180		
1952	6741	6741		
1953	15656	15656		
1954	20901	20901		
1955	28200	28200		
1956	42740	42740		
1957	45184	45184		
1958	68222	68222		
1959	84323	84323		
1960	72920	72920		
1961	15651	15651		
1962	7034	7034		
1963	9576	9576		
1964	17283	17283		
1965	23474	23474		
1966	32646	32646		
1967	21013	21013		
1968	13381	13381		
1969	20035	20035		
1970	41436	41436		
1971	45621	45621		
1972	43245	43245		
1973	34687	34687		
1974	40909	40909		
1975	70842	70842		
1976	146559	145873		
1977	228047	227232		
1978	117384	116592		
1979	88384	87258		
1980	100751	97404		
1981	95404	89561		
1982	112112	100015		2125
1983	115984	107380		

5－2 续 表 Continued

年 份 Year	全社会固定资产投资 Total Investment in Fixed Assets	1.500万元以上项目固定资产投资 Investment of Construction Projects over 5 Million Yuan	2.房地产开发投资 Investment in Real Estate Development	3.农户(私人)投资 Investment of Farm Households in Rural Areas
1984	179294	148241		15507
1985	234020	199298		19038
1986	271164	217734		28182
1987	327384	270862		22681
1988	363111	315420		20376
1989	320134	274153		23584
1990	389728	314321	33452	28074
1991	437967	358547	34190	29446
1992	683566	577934	55821	26033
1993	1189811	897523	246322	28587
1994	2060165	1426027	570618	42665
1995	3222274	2057945	916194	92264
1996	3870259	2573798	972609	122553
1997	4081797	2555482	1065729	166680
1998	4204250	2642270	1067997	163203
1999	4312456	2853591	967130	170872
2000	4619265	3448981	1013105	104170
2001	5084427	3737461	1153357	111915
2002	5704258	4210086	1325012	76412
2003	6450642	4592141	1695468	79608
2004	8222009	5708088	2333006	95133
2005	10551808	7464910	2979919	64511
2006	13252872	9515715	3661516	75641
2007	17327895	12611534	4597498	118863
2008	22520524	16698038	5703605	118881
2009	30011045	22028211	7785946	196888
2010	37531682	27050971	10173987	306724
2011	42551621	29582102	12741746	227773
2012	50312488	34412161	15748605	151722
2013	60019555	40689272	19056000	274283
2014	70028536	46089075	23536263	403198
2015	77252645	50990998	25817857	443790
2016	70931658	45223562	25174350	533746
2017	78716603	51308716	26863358	544529

5-3 全社会住宅投资
TOTAL INVESTMENT IN RESIDENTIAL BUILDINGS

单位:万元 (10 000 yuan)

项目 Item	2015	2016	2017	2018	2019
总计 **Total**	18103094	17925880	19083755	19830839	22593520
一、500 万元以上项目固定资产投资 Investment of Construction Projects over 5 Mollion Yuan	106158	369123	374189	259159	760404
二、房地产开发投资 Investment in Real Estate Development	17779333	17267922	18403091	19571680	21833116

5-4 全社会竣工房屋建筑面积
TOTAL FLOOR SPACE OF BUILDINGS COMPLETED

单位:万平方米 (10 000 sq. m)

项目 Item	2015	2016	2017	2018	2019
总计 **Total**	3326.92	1931.86	1465.93	650.02	804.67
一、500 万元以上项目固定资产投资 Investment of Construction Projects over 5 Million Yuan	2319.32	840.87	345.31	191.38	107.18
二、房地产开发投资 Investment in Real Estate Development	804.58	813.17	776.30	458.63	697.50

5－5 全社会住宅竣工面积
TOTAL FLOOR SPACE OF RESIDENTIAL BUILDINGS COMPLETED

单位:万平方米 (10 000 sq. m)

项　　目 Item	2015	2016	2017	2018	2019
总　计 Total	921.53	880.25	880.25	305.77	479.31
一、500 万元以上项目固定资产投资 Investment of Construction Projects over 5 million Yuan	75.86	14.22	602.22	0.06	0.15
二、房地产开发 Investment in Real Estate Development	654.63	600.10	597.82	305.71	479.16

5－6 全社会新增固定资产
TOTAL NEWLY INCREASED FIXED ASSETS

单位:万元 (10 000 yuan)

项　　目 Item	2018	2019
总　计 Total	17464449	20160266
一、500 万元以上项目固定资产投资 Investment of Construction Projects over 5 million Yuan	15159520	15376396
二、房地产开发 Investment in Real Estate Development	2304929	4783870

5-7 固定资产投资(不含农户)
TOTAL INVESTMENT IN FIXED ASSETS(FARMING HOUSEHOLD EXCLUSIVE)

同比增速(%)

项目 Item	2018	2019
计划总投资 **Total Planned Investment**	21.1	11.9
自开始建设累计完成投资 **Total Investment from Started**	14.2	9.4
本年完成投资 **Total Investment Completed this Year**	10.6	9.8
按建设性质分 **Grouped by Type of consturction**		
#新　建 New construction	26.2	6.1
扩　建 Expansion	-32.5	13.3
改建和技术改造 Reconsturcion and Technological Transformation	34.3	44.6

5-8 500万元以上项目投资效率
EFFICIENCY OF INVESTMENT OF PROJECTS OVER 5 MILLION YUAN

项目 Item	2018	2019
一、建设项目投产率(%) **Rate of Projects Completed and Put into Use(%)**	**42.9**	**53.4**
全部投产项目(个) Number of Projects Fully Completed and Put into Use(unit)	1163	1791
施工项目(个) Number of Projects under Construction(unit)	2709	3351
二、房屋建筑面积竣工率(%) **Rate of Floor Space of Buildings Completed(%)**	**18.0**	**11.7**
房屋竣工面积(万平方米) Floor Space of Buildings Completed(10 000 sq. m)	191.38	107.18
房屋施工面积(万平方米) Floor Space of Buildings Under Construction(10 000 sq. m)	1061.56	913.16
#住宅建筑面积竣工率(%) Rate of Floor Space of Residential Buildings Completed(%)	0.1	0.5
住宅竣工面积(万平方米) Floor Space of Residential Buildings Completed(10 000 sq. m)	0.06	0.15
住宅施工面积(万平方米) Floor Space of Residential Buildings Under Construction(10 000 sq. m)	48.26	31.30

5-9 500万元以上项目分行业投资
INVESTMENT OF PROJECTS OVER 5 MILLION YUAN BY SECTOR

同比增速(%)

项　　目 Item	2018	2019
总　　计 Total	**15.8**	**11.8**
农、林、牧、渔业 Agriculture, Forestry, Animal Husbandry and Fishery	-34.0	80.8
采矿业 Mining	1351.9	-8.5
制造业 Manufacturing	12.3	15.1
电力、燃气及水的生产和供应业 Production and Supply of Electricity, Gas and Water	8.7	39.0
建筑业 Construction	16.7	-95.7
批发和零售业 Wholesale and Retail Trade	63.1	1.5
交通运输、仓储及邮政业 Transportation, Storage and Post	-5.7	9.7
住宿和餐饮业 Hotel and Catering services	76.2	54.5
信息传输、计算机服务和软件业 Information Transmission, Computer and Software Services	244.0	97.5
金融业 Financial Intermediation	109.2	-41.5
房地产业 Real Estate	52.6	-9.1
租赁和商务服务业 Leasing and Business Services	21.0	4.5
科学研究、技术服务和地质勘查业 Scientific Research, Technical Services and Geological Prospecting	47.4	27.7
水利、环境和公共设施管理业 Water Conservancy, Environment and Pulic Facilities Management	8.4	7.3
居民服务和其他服务业 Service to Households and other Services	-93.4	402.8
教　育 Education	128.0	61.7
卫生和社会工作 Health and Social Work	74.5	2.2
文化、体育和娱乐业 Culture, Sports and Entertainment	176.0	13.7
公共管理、社会保障和社会组织 Public management, Social Security and Social Organization	-2.4	23.4
国际组织 International Organizations		

5－10　500万元以上项目制造业投资
INVESTMENT OF MANUFACTURING IN PROJECTS OVER 5 MILLION YUAN

同比增速(%)

项　目 Item	2018	2019
制 造 业 Manafacturing	**12.3**	**15.1**
农副食品加工业 Processing of Food from Agricultural Products	0.9	6.3
食品制造业 Food Production	34.1	－55.5
酒、饮料和精制茶制造业 Liquor, Beverage and Refined Tea Production	－56.1	－27.2
烟草制品业 Tobacco Processing	－80.2	－96.1
纺织业 Textile Industry	2.7	31.5
纺织服装、服饰业 Textile, Garments and Fashion Industry	94.5	31.4
皮革、毛皮、羽毛及其制品和制鞋业 Leather, Furs, Feather and Related Products	－95.5	7239.8
木材加工和木、竹、藤、棕、草制品业 Timber Processing, Wood, Bamboo, Cane, Palm Fiber and Straw Products	－72.5	65.5
家具制造业 Furniture Manufacturing	－65.2	226.0
造纸和纸制品业 Papermaking and Paper Products	－47.9	－5.1
印刷和记录媒介复制业 Printing and Reproduction of Recording Media	37.1	19.3
文教、工美、体育和娱乐用品制造业 Manufacture of Articles for Culture, Education, Arts and Crafts Sport and Entertainment Activities	216.5	157.8
石油加工、炼焦和核燃料加工业 Petroleum Processing, Coking Products and Nuclear Fuel Processing	15.6	－34.3
化学原料和化学制品制造业 Raw Chemical Materials and Chemical Products	22.5	53.8
医药制造业 Medical and Pharmaceutical Products	－7.5	－27.6

5－10 续 表 Continued

项 目 Item	2018	2019
化学纤维制造业 Chemical Fiber Manufacturing	－100.0	
橡胶和塑料制品业 Rubber and Plastic Products	－14.1	9.6
非金属矿物制品业 Non－metallic Mineral Products	75.2	－9.9
黑色金属冶炼和压延加工业 Smelting and Pressing of Ferrous Metals	－6.8	－14.3
有色金属冶炼和压延加工业 Smelting and Pressing of Non－ferrous Metals	－67.9	147.1
金属制品业 Metal Products	25.4	－33.8
通用设备制造业 General Purpose Machinery Manufacturing	－43.4	54.3
专用设备制造业 Special Purpose Equipment Manufacturing	156.9	－5.7
汽车制造业 Automobile Manufacturing	－11.3	5.6
铁路、船舶、航空航天和其他运输设备制造业 Railway, Watercraft, Aviation and Other Transportation Equipment Manufacturing	53.5	18.0
电气机械和器材制造业 Electric Equipment and Machinery manufacturing	20.6	－35.5
计算机、通信和其他电子设备制造业 Computer, Telecommunication and Other Electronic Equipment Manufacturing	41.7	55.2
仪器仪表制造业 Manufacture of Measuring Instruments and Machinery	－63.0	177.0
其他制造业 Other Manufacturing	－69.3	84.1
废弃资源综合利用业 Utilization of Discard Resource and Material	72.7	－47.7
金属制品、机械和设备修理业 Metal Products, Machinery and Repair of Equipment		305.4

5-11 500万元以上项目投资资金来源情况
SOURCE OF INVESTMENT FUNDS OF PROJECTS OVER 5 MILLION YUAN

项 目	Item	2018	2019
一、本年资金来源合计(万元)	**Total Sources of Funds this year**	**38098462**	**44331474**
1.上年末结余资金	Residual Funds last year	5181721	4150483
2.本年资金来源小计	Subtotal Sources of Funds this year	32916741	40180991
(1)国家预算内资金	State Budgetary Funds	4192812	5048150
(2)国内贷款	Domestic Loans	4720318	6408538
(3)债券	Bonds	11498	117675
(4)利用外资	Foreign Investment	86928	303875
(5)自筹资金	Self - raising Funds	21382208	24494840
(6)其他资金来源	Others	2522977	3807913
二、各项应付款合计(万元)	**All Account Payable this year**	**3294496**	**5332177**
其中:工程款	Funds of Projects	1557474	2513576

5－12 房地产开发投资
INVESTMENT IN REAL ESTATE DEVELOPMENT

单位:万元 (10 000 yuan)

项目	Item	2018	2019
房地产开发投资完成额	**Total Investment**	**27800098**	**29662060**
一、按企业登记注册类型分	**Grouped by Type of Company Registration**		
(一)内资	Domestic－funded Enterprises	26314528	27369149
国有	State－owned	178312	367770
集体	Collective－owned		
联营	Joint－owned Companies		20153
有限责任公司	Companies of Limited Liabilities	16257616	20464588
股份有限公司	Companies of Share－holding With Limited Liabilities	700026	903793
私营企业	Private－owned Enterprises	9178574	5612845
其他内资	Other Type of Enterprises		
(二)港、澳、台商投资	Enterprises Funded by Enterpreneurs from Hongkong, Macao & Taiwan	867670	1784408
(三)外商投资	Foreign－funded Enterprises	617900	508503
二、按构成分	**Grouped by Structure**		
建筑工程	Construction	13018749	15168399
安装工程	Installation	3034559	2019566
设备工器具购置	Purchase of Equipment and Instruments	349236	377020
其他费用	Others	11397554	12097075
其中:土地购置费	Purchase of Land	9409746	10786236
三、按工程用途分	**Grouped by Use**		
住　宅	Residential Buildings	19571680	21833116
其中:别墅、高档公寓	Villas, High－Grade Flats	599463	429193
办公楼	Office Buildings	2201957	2119627
商业营业用房	Houses for Business Use	3493211	2928607
其他	Others	2533250	2780710

5－13 房地产开发投资效率

EFFICIENCY OF INVESTMENT IN REAL ESTATE DEVELOPMENT

项　　目	Item	2018	2019
一、固定资产交付使用率(%)	**Rate of Projects of Fixed Assets Completed and Put into Use (%)**	**8.3**	**16.1**
本年新增固定资产(万元)	Newly Increased Fixed Assets(10 000 yuan)	2304929	4783870
二、房屋建筑面积竣工率(%)	**Rate of Floor Space of Buildings Completed(%)**	**3.9**	**5.1**
房屋竣工面积(平方米)	Floor Space of Buildings Completed(sq. m)	4586349	6974964
房屋施工面积(平方米)	Floor Space of Buildings under Construction(sq. m)	117597932	135564580
#住宅建筑面积竣工率(%)	Rate of Floor Space of Residential Buildings Completed(%)	3.7	5.1
住宅竣工面积(平方米)	Floor Space of Residential Buildings Completed(sq. m)	3057099	4791641
住宅施工面积(平方米)	Floor Space of Residential Buildings under Construction(sq. m)	82639413	94858939
待开发土地面积(平方米)	Land Space Undeveloped(sq. m)	5137158	7897537
本年购置土地面积(平方米)	Land Space Purchased This Year(sq. m)	770524	1793428
本年土地成交价款(万元)	Land Transaction Value This Year(10000 yuan)	827856	2380351
三、建设周期(年)	**Cycle of Construction(year)**	**6.5**	**7.0**
计划总投资(万元)	Total Planned Investment(10 000 yuan)	180611092	207080260

5－14 房屋施工面积和房屋竣工价值(2019 年)
FLOOR SPACE OF BUILDINGS UNDER CONSTRUCTION AND VALUE OF BUILDINGS COMPLETED(2019)

项 目 Item	房屋施工面积合计(平方米) Total Floor Space of Buildings under Construction(sq. m)	本年新开工面积(平方米) Starting this year(sq. m)	房屋竣工面积(平方米) Floor Space of Buildings Completed(sq. m)	房屋竣工价值(万元) Value of Buildings Completed(10 000 yuan)
合 计 Total	**135564580**	**34308358**	**6974964**	**4445424**
1. 住宅 Residential Buildings	94858939	24409598	4791641	3195164
#别墅高档公寓 Villas, High－Grade Flats	2221168	339392	181914	101981
2. 办公楼 Office Buildings	9684977	1704173	627437	435108
3. 商业营业用房 Houses for Business Use	11681394	2989865	801135	569577
4. 其 他 Others	19339270	5204722	754751	245575

5－15 商品房销售、出租与待售情况(2019 年)
SELLING AND UNSOLD OF COMMERCIAL HOUSES(2019)

项 目 Item	商品房销售额(万元) Sales Value of Commercial Houses(10 000 yuan)			待售面积(平方米) Unsold Floor Space(sq. m)	
	合 计 Total	现房销售 Sales of Present Houses	期房销售 Advance Booking	合 计 Total	1－3 年 1－3 year
合 计 Total	**47512360**	**4179786**	**43332574**	**1922936**	**926232**
住 宅 Residential Buildings	41250724	2764770	38485954	709675	379184
#别墅、高档公寓 Aillas, High－Grade Flats	687223	48969	638254	87689	58046
办公楼 Office Buildings	2596664	360425	2236239	431726	157531
商业营业用房 Houses for Business Use	2867654	752733	2114921	534919	234779
其 他 Others	797318	301858	495460	246616	154738

5-16 按资质等级分房地产开发投资情况(2019年)
BASIC STATUS OF INVESTMENT IN REAL ESTATE DEVELOPMENT GROUPED BY ENTERPRISE GRADE(2019)

项目 Item	总计 Total	一级 First Grade	二级 Secondary Grade	三级 Third Grade
计划总投资(万元) Total Planned Investment (10 000 yuan)	**207080260**	**13069081**	**28819834**	**8929239**
自开始建设累计完成投资(万元) Total Investment Complted this year (10 000 yuan)	127391407	10214001	21738016	6911025
本年完成投资(万元) Investment Completed in this Year (10 000 yuan)	**29662060**	**1427623**	**2489013**	**957383**
按构成分: Grouped by Construction				
建筑工程(万元) Construction(10 000 yuan)	15168399	834072	1467807	694524
安装工程(万元) Installation(10 000 yuan)	2019566	142375	314137	77029
设备工器具购置(万元) Purchase of Equipment and Instruments(10 000 yuan)	377020	23526	73247	34761
其他费用(万元) Others(10 000 yuan)	12097075	427650	633822	151069
其中:旧建筑物购置费(万元) Purchase of Old Construction(10 000 yuan)	8472	89	323	7040
土地购置费(万元) Purchase of Land(10 000 yuan)	10786236	372038	455601	73905
按工程用途分: Grouped by Use of Project				
住 宅(万元) Residential Buildings(10 000 yuan)	21833116	1092212	1946562	686720
其中:90平方米及以下住房(万元) Residential Building Below 90 m^2(10 000 yuan)	3374117	225980	506697	240286
别墅、高档公寓(万元) Villas, High - Grade Flats(10 000 yuan)	429193	40717	25661	19595

5-16 续 表 1 Continued 1

项目 Item	总计 Total	一级 First Grade	二级 Secondary Grade	三级 Third Grade
办公楼(万元) Office Buildings(10 000 yuan)	2119627	67851	260782	87795
商业营业用房(万元) Houses for Business Use(10 000 yuan)	2928607	200198	186349	73915
其　他(万元) Other(10 000 yuan)	2780710	67362	95320	108953
本年新增固定资产(万元) New Increased Fixed Assets in this year(10 000 yuan)	4783870	289875	1339553	596913
待开发土地面积(平方米) Land Space Undeveloped(sq. m)	7631797	249138	424953	1079621
本年土地购置面积(平方米) Land Space Purchased this year(sq. m)	1389149	59987	0	5916
房屋施工面积(平方米) Floor Space of Building Under Construction(sq. m)	**135564580**	**7596598**	**20648598**	**8120737**
住宅(平方米) Residential Space Under Construction(sq. m)	94858939	5467032	14381337	5823216
其中:90 平方米及以下住房(平方米) Residential Space Below 90 m^2 Under Construction(sq. m)	21912642	1953789	4019452	2008139
其中:别墅、高档公寓(平方米) Floor Space of Villas, High-Grade Flats Under Construction(sq. m)	2221168	272342	214515	210237
办公楼(平方米) Floor Space of Office Buildings under Construction(sq. m)	9684977	456546	2256691	611778
商业营业用房(平方米) Floor Space of Houses for Business Use under Construction(sq. m)	11681394	732951	1393711	636402
其他(平方米) Floor Space of other Building under Construction(sq. m)	19339270	940069	2616859	1049341

5-16 续 表 2 Continued 2

项 目 Item	总 计 Total	一 级 First Grade	二 级 Secondary Grade	三 级 Third Grade
本年新开工面积(平方米) New space started this year(sq. m)	**34308358**	**346190**	**2164090**	**1434466**
住宅(平方米) New Residential Space Started this year(sq. m)	24409598	319932	1629827	1047700
其中:90平方米及以下住房(平方米) New Resdidential Space Below 90m^2 Started this year(sq. m)	3733575	0	454425	240919
其中:别墅、高档公寓(平方米) New Villas, High Grade Flats Space Started(sq. m)	339392	0	0	7280
办公楼(平方米) New Office Buildings Space Started this year(sq. m)	1704173	616	62609	96887
商业营业用房(平方米) New Space of House for Business Use Started this year(sq. m)	2989865	21813	194678	109729
其他(平方米) New Space of Other Building Started this year(sq. m)	5204722	3829	276976	180150
房屋竣工面积(平方米) Floor Space of Completed Building(sq. m)	**6974964**	**382673**	**1144379**	**978831**
住宅(平方米) Floor Space of Residential Completed(sq. m)	4791641	353629	728795	674338
其中:90平方米及以下住房(平方米) Floor Space of Residential Buildings Below 90m^2 Completed(sq. m)	1946451	163400	161794	406778
其中:别墅、高档公寓(平方米) Floor Space of Villas, High Grade Flats Completed(sq. m)	181914	0	58003	74224
办公楼(平方米) Floor Space of Office Buildings Completed(sq. m)	627437	10106	158016	119052
商业营业用房(平方米) Floor Space of House for Business Use Completed(sq. m)	801135	6425	166837	86047
其他(平方米) Floor Space of Other Building Completed(sq. m)	754751	12513	90731	99394

5-16 续 表 3 Continued 3

项　　目 Item	总　计 Total	一　级 First	二　级 Secondary Grade	三　级 Third Grade
商品房销售额(万元) **Sales Value of Commercial Houses**(10 000 **yuan**)	**47512360**	**1957798**	**5295285**	**2625109**
住宅(万元) Sales Value of Residential Buildings(10 000 yuan)	41250724	1756836	4397714	2056651
其中:90 平方米及以下住房(万元) Sales Value of Residential Buildings Below 90m^2(10 000 yuan)	3896839	322764	623714	342685
其中:别墅、高档公寓(万元) Sales Value of Villas,High Grade Flats(10 000 yuan)	687223	0	117348	10052
办公楼(万元) Sales Value of Office Building(10 000 yuan)	2596664	115805	291578	283845
商业营业用房(万元) Sales Value of Houses for Commercial or Business Use(10 000 yuan)	2867654	77610	565243	107240
其他(万元) Sales Value of Other Buildings(10 000 yuan)	797318	7547	40750	177373
现房销售额(万元) **Sales Value of Present Buildings**(10 000 **yuan**)	**4179786**	**253006**	**1601799**	**754807**
住宅(万元) Sales Value of Present residential Buildings(10 000 yuan)	2764770	207795	960484	454683
其中:90 平方米及以下住房(万元) Sales Value of Present Residential Buildings Below 90m^2(10 000 yuan)	794962	58469	121466	42155
其中:别墅、高档公寓(万元) Sales Value of Present Villas,High Grade Flats(10 000 yuan)	48969	0	34478	0
办公楼(万元) Sales Value of Present Office Buildings(10 000 yuan)	360425	36299	135187	70622
商业营业用房(万元) Sales Value of Present Houses for Commercial or Business Use(10 000 yuan)	752733	8912	473099	52671
其他(万元) Sales Value of other Present Houses(10 000 yuan)	301858	0	33029	176831

5－16 续 表 4 Continued 4

项 目 Item	总 计 Total	一 级 First	二 级 Secondary Grade	三 级 Third Grade
期房销售额（万元） **Sales Value of Future Buildings**（10 000 **yuan**）	**43332574**	**1704792**	**3693486**	**1870302**
住宅（万元） Sales Value of Future Residential Houses（10 000 yuan）	38485954	1549041	3437230	1601968
其中：90 平方米及以下住房（万元） Sales Value of Future Residential Houses Below $90m^2$（10 000 yuan）	3101877	264295	502248	300530
其中：别墅、高档公寓（万元） Sales Value of Future Villas，High Grade Flats（10 000 yuan）	638254	0	82870	10052
办公楼（万元） Sales Value of Future Office Buildings（10 000 yuan）	2236239	79506	156391	213223
商业营业用房（万元） Sales Value of Future Fouses for Commercial or Business Use（10 000 yuan）	2114921	68698	92144	54569
其他（万元） Sales Value of other Future Houses（10 000 yuan）	495460	7547	7721	542
待售面积（平方米） **Unsold Floor Space**（**sq. m**）	**1922936**	**301447**	**558914**	**271500**
住宅（平方米） Unsold Floor Space of Residential Buildings（sq. m）	709675	234021	150005	27918
其中：90 平方米及以下住房（平方米） Unsold Floor Space of Residential Buildings Below $90m^2$（sq. m）	327738	144450	53240	5793
其中：别墅、高档公寓（平方米） Unsold Floor Space of Villas，High Grade Flats（sq. m）	87689	0	14497	380
办公楼（平方米） Unsold Floor Space of Office Buildings（sq. m）	431726	16490	106352	96346
商业营业用房（平方米） Unsold Floor Space of Houses for Commercial or Business Use（sq. m）	534919	44306	193783	85794
其他（平方米） Unsold Floor Space of other Houses（sq. m）	246616	6630	108774	61442

5-17 房地产开发资金来源情况
SOURCES OF FUNDS OF REAL ESTATE DEVELOPMENT

单位:万元　　　　(10 000 yuan)

项　　目	Item	2018	2019
一、本年实际到位资金合计	**The Actual Funds in Place This Year**	**61288662**	**57223727**
1、上年末结余资金	Residual Funds last year	14321919	16247360
2、本年实际到位资金小计	The Actual Funds in Subtotal this Year	46966743	40976367
(1)国内贷款	Domestic Loans	8836035	8874710
其中:银行贷款	Loans of Bank	5465715	5669251
(2)利用外资	Foreign Investment		96354
(3)自筹资金	Self - raising Funds	14353943	11211603
(4)其他资金来源	Other Resoureces of Funds	23776765	20793700
二、本年各项应付款合计	**All Account Payable this year**	**7818656**	**9120391**
其中:工程款	Funds of Projects	3697836	4236152

5－18 建筑业(总承包和专业承包)企业生产情况(2019 年)

单位:千元

项目 Item	建筑企业个数(个) Number of Construction Enterprises (unit)	建筑业签订合同额 Value of Signed Contracts
总计 Total	**1590**	**2842841668**
其中:国有及国有控股企业 of the Total:State－holding Enterprises	134	2193946423
一、按登记注册类型分组 Grouped by Ownership		
(一)内资企业 Domestic funded Enterprises	1584	2842818251
国有企业 State－owned Units	28	25831390
集体企业 Collective－owned Units	12	1639013
股份合作企业 Share－holding Cooperative		
联营企业 Joint－owned Ewnomic units		
有限责任公司 Companies of Limited Liabilities	649	2506525940
股份有限公司 Companies of Share－holding with Limited Liabilities	39	80154972
私营企业 Private－owned	856	228666936
其他企业 Others		
(二)港澳台商投资企业 Enterprises Funded by Entrepreneurs from Hongkong,Macao & Taiwan	5	11230
(三)外商投资企业 Foreign Funded	1	12187
二、按国民经济行业分组 Grouped by Sector		
房屋建筑业 Construction of Buildings	640	1500804470
土木工程建筑业 Givil Engineering Construction	299	1243759766
建筑安装业 Construction Installation	308	57622990
建筑装饰和其他建筑业 Construction Decoration and Other Construction	343	40654442

PRODUCTION OF CONSTRUCTION (PROCURE CONSTRUCTION OR PROFESSIOND CONSTRUCTION) ENTERPRISES(2019)

(1 000 yuan)

建筑业总产值 Gross Ouput Value	建筑工程产值 Output Value of Construction	安装工程产值 OutputValue of Installation	其他产值 Output Value of Others	竣工产值 Output Value of Completed Construction
1039016489	**919294232**	**83388849**	**34692413**	**446179146**
647096832	587095435	36356484	23644913	230301367
1038992359	919274547	83384404	34692413	446155016
12815816	11540961	78807	1196048	4523414
1015626	614834	400792	0	594910
852897700	757077992	70027566	25792142	366460591
34147564	29133341	3164054	1850169	10287114
138115653	122548414	9713185	5854054	64288987
12114	7669	4445	0	12114
12016	12016	0	0	12016
601715671	528156023	48817460	24742188	307014430
372852473	355142712	14184064	3525697	104385651
32745616	14446115	15382943	2916558	16229880
30061734	21549382	5004382	3507970	18549185

5－18 续 表

项　　目 Item	房屋施工面积(平方米) Floor Space of Buildings under Consturction(sq. m)	
	合　计 Total	其中:新开工面积 New Space Started this year
总　计 Total	**600972405**	**205914690**
其中:国有及国有控股企业 of the Total:State－holding Enterprises	418136719	93677102
一、按登记注册类型分组 Grouped by Ownership		
(一)内资企业 Domestic－funded Enterprises	600968905	205914690
国有企业 State－owned Units	729754	94462
集体企业 Collective－owned Units	416028	356390
股份合作企业 Share－holding Cooperative		
联营企业 Joint－owned Ewnomic Units		
有限责任公司 Companies of Limited Liabilities	522556016	176057574
股份有限公司 Companies of Share－holding with Limited Liabilities	17085099	3634890
私营企业 Private－owned	60182008	25771374
其他企业 Others		
(二)港澳台商投资企业 Enterprises Funded by Entrepreneurs from Hongkong, Macao & Taiwan	3500	
(三)外商投资企业 Foreign Funded		
二、按国民经济行业分组 Grouped by Sector		
房屋建筑业 Construction of Buildings	568017824	196080252
土木工程建筑业 Civil Engineering Construction	26611400	5096470
建筑安装业 Construction Installation	5517364	4259514
建筑装饰和其他建筑业 Construction Decoration and Other Construction	825817	478454

5－18 Continued

房屋竣工面积(平方米) 合　　计 Floor Space Completed(sq. m) Total	住宅房屋 Residential Houses	从事建筑业活动的 从业人员平均人数 Average Emplooyees Engaged Employees in Construction
174947132	**106609923**	**1120187**
76980693	39069166	410509
174943932	106609923	1120118
168995	17250	12824
324035	279938	2318
144623124	82090014	788446
2765230	1562835	38544
27062548	22659886	277986
3200	0	48
0	0	21
167601830	100710637	724761
2885097	1957252	278405
4033354	3561987	69428
426851	380047	47593

5－19　建筑业(总承包和专业承包)企业财务情况(2019 年)

单位:千元

项　　目 Item	一、期末资产负债 Assets and Liabilities at the end of Year		
	流动资产合计 Circulating Funds	固定资产合计 Fixed Assets	累计折旧 Accumulated Depreciation
总　　计 **Total**	**807370054**	**92854644**	**43496225**
其中:国有及国有控股企业 of the Total:State－holding Enterprises	605635362	66402135	31350937
一、按登记注册类型分组 **Grouped by Ownership**			
(一)内资企业 Domestic－funded Enterprises	807305493	92851576	43493672
国有企业 State－owned Units	3314582	674549	330190
集体企业 Collective－owned Units	714806	107319	57416
股份合作企业 Share－holding Cooperative			
联营企业 Joint－owned Ewnomic Units			
有限责任公司 Companies of Limited Liabilities	685936987	77568277	36666650
股份有限公司 Companies of Share－holding with Limited Liabilities	31774095	2657332	1188372
私营企业 Private－owned	85565023	11844099	5251044
其他企业 Others			
(二)港澳台商投资企业 Enterprises Funded by Entrepreneurs from Hongkong,Macao & Taiwan	54606	1565	1194
(三)外商投资企业 Foreign Funded	9955	1503	1359
二、按国民经济行业分组 **Grouped by Sector**			
房屋建筑业 Construction of Buildings	337782028	23692325	10471273
土木工程建筑业 Civil Engineering Construction	419125421	62846973	29994838
建筑安装业 Construction Installation	29312517	3756449	1689251
建筑装饰和其他建筑业 Construction Decoration and Other Construction	21150088	2558897	1340863

THE FINANCIAL SITUATION IN CONSTRUCTION (PROCURE CONSTRUCTION OR PROFESSIOND CONSTRUCTION) ENTERPRISES(2019)

(1 000 yuan)

一、期末资产负债 Assets and Liabilities at the end of Year			二、损益及分配 Profits Loss and Distribution	
资产总计 Total Assets	负债合计 Total Liabilities	所有者权益合计 Owners´Equity	营业收入 Sales Income	主营业务收入 Sales Income from Principal Business
1073541886	**775448354**	**298093532**	**1046040226**	**1041280733**
836574201	649973713	186600488	682658852	679047114
1073471376	775413319	298058057	1046015281	1041255788
4697013	2940793	1756220	3680378	3677912
806679	502461	304218	1071184	1070083
928590426	685777658	242812768	883870246	880202801
36516714	30823898	5692816	30900310	30707967
102860544	55368509	47492035	126493163	125597025
59671	28285	31386	11747	11747
10839	6750	4089	13198	13198
399612511	273243908	126368603	570154079	569565052
613720917	463319197	150401720	413015879	409556089
35659277	24841436	10817841	33491248	32976026
24549181	14043813	10505368	29379020	29183566

5－19 续 表

单位：千元

项 目 Item	二、损益及分配 Profits Loss and Distribution		
	营业成本 Sales Cost	主营业务成本 Sales Cost from Principal Business	税金及附加 Business Taxes and Extras
总 计 Total	**957784121**	**952458299**	**8555414**
其中：国有及国有控股企业 of the Total: State－holding Enterprises	630334624	626472396	2881902
一、按登记注册类型分组 Grouped by Ownership			
（一）内资企业 Domestic－funded Enterprises	957763922	952438426	8555306
国有企业 State－owned Units	3304525	3296906	15963
集体企业 Collective－owned Units	946715	945721	23570
股份合作企业 Share－holding Cooperative			
联营企业 Joint－owned Ewnomic Units			
有限责任公司 Companies of Limited Liabilities	812448850	808070687	6428764
股份有限公司 Companies of Share－holding with Limited Liabilities	28487630	28416886	280446
私营企业 Private－owned	112576202	111708226	1806563
其他企业 Others			
（二）港澳台商投资企业 Enterprises Funded by Entrepreneurs from Hongkong, Macao & Taiwan	8560	8234	56
（三）外商投资企业 Foreign Funded	11639	11639	52
二、按国民经济行业分组 Grouped by Sector			
房屋建筑业 Construction of Buildings	529116545	528040569	5594803
土木工程建筑业 Civil Engineering Construction	372033936	368980104	2511842
建筑安装业 Construction Installation	30242267	29412318	297012
建筑装饰和其他建筑业 Construction Decoration and Other Construction	26391373	26025308	151757

5－19 Continued

(1 000 yuan)

二、损益及分配 Profits Loss and Distribution				人工成本及增值税 Labour Cost and Added Value Tax	
主营业务税金及附加 Main Business Taxes and Extras	营业利润 Operating Profits	利润总额 Total Profits	所得税费用 Income Tax Expenses	应付职工薪酬（本年贷方累计发生额）Employee Compensation (Credit Amout Accumulated this Year)	应交增值税 Added Value Tax Payable
8438433	**38956102**	**38974810**	**9610620**	**72054905**	**25115517**
2844568	21791310	22021231	4324879	38116330	12781629
8438325	38953736	38972473	9610564	72050462	25114576
15963	149943	150369	28956	282657	101656
23570	33662	33435	9704	117233	26590
6320189	31275080	31219505	7694632	55293710	20260297
279130	477715	486583	138588	3543439	608528
1799473	7017336	7082581	1738684	12813423	4117505
56	1839	1839	31	3265	528
52	527	498	25	1178	413
5509020	21246926	21115097	5645775	39260522	16365619
2489147	15882468	16010620	3364335	26698362	7080510
290188	800663	796368	324593	3619576	728901
150078	1026045	1052725	275917	2476445	940487

5－20 建筑业(总承包和专业承包)企业主要经济效益指标(2019 年)
MAIN ECONOMIC INDICATORS OF CONSTRUCTION (Procure Construction and Professional Construction)(2019)

项 目 Item	全员劳动生产率(按建筑业总产值计算)(元/人) Overall Labor Productivity (yuan/person)	资产负债率(%) Assets Liabilities Ratio (%)	产值利润率(%) Output Value－Profit Ratio(%)
总 计 **Total**	**927538**	**72.2**	**3.8**
其中:国有及国有控股企业 of the Total:State－holding Enterprises	1576328	77.7	3.4
一、按登记注册类型分组 **Grouped by Ownership**			
(一)内资企业 Domestic－funded Enterprises	927574	72.2	3.8
国有企业 State－owned Units	999362	62.6	1.2
集体企业 Collective－owned Units	438148	62.3	3.3
股份合作企业 Share－holding Cooperative			
联营企业 Joint－owned Ewnomic Units			
有限责任公司 Companies of Limited Liabilities	1081745	73.9	3.7
股份有限公司 Companies of Share－holding with Limited Liabilities	885937	84.4	1.4
私营企业 Private－owned	496844	53.8	5.1
其他企业 Others			
(二)港澳台商投资企业 Enterprises Funded by Entrepreneurs from Hongkong,Macao & Taiwan	252375	47.4	15.2
(三)外商投资企业 Foreign Funded	572190	62.3	4.1
二、按国民经济行业分组 **Grouped by Sector**			
房屋建筑业 Construction of Buildings	830226	68.4	3.5
土木工程建筑业 Civil Engineering Construction	1339245	75.5	4.3
建筑安装业 Construction Installation	471649	69.7	2.4
建筑装饰和其他建筑业 Construction Decoration and Other Construction	631642	57.2	3.5

主要统计指标解释

固定资产投资额　指以货币形式表现的在一定时期内建造和购置固定资产的工作量以及与此有关的费用的总称。

本年新增固定资产　指在报告期已经完成建造和购置过程,并已交付生产或使用单位的固定资产的价值,包括已经建成投入生产或交付使用的工程投资和达到固定资产标准的设备、工具、器具的投资及有关应摊入的费用。属于增加固定资产价值的其他建设费用,应随同交付使用的工程一并计入新增固定资产。

调查单位通过划拨方式取得土地使用权所发生的建设用地费计入新增固定资产;房地产开发企业、工业商业等企业通过出让或“招拍挂”方式取得土地使用权而发生的建设用地费不计入新增固定资产。租用建设用地的费用,不计入新增固定资产投资。

施工和竣工房屋建筑面积　房屋建筑面积是从房屋外墙线算起的各层平面面积的总和,包括房屋结构(如柱、墙)占用的面积和地下室面积。多层建筑按各自然层面积总和计算,包括房屋内的楼隔层,突出墙面的眺望间、门斗、有柱雨罩的面积。不包括突出墙面结构的构件、艺术装饰等所占的面积,如台阶等。凹阳台、挑阳台按其水平投影面积一半计算建筑面积。

住宅建筑面积　指施工和竣工房屋建筑面积中供居住用的施工和竣工房屋建筑面积。

房屋施工面积　指报告期内施工的全部房屋建筑面积。包括本期新开工的房屋建筑面积、上期跨入本期继续施工的房屋建筑面积、上期停缓建在本期恢复施工的房屋建筑面积、本期竣工的房屋建筑面积以及本期施工后又停缓建的房屋建筑面积。多层建筑应填各层建筑面积之和。

房屋峻工面积　指报告期内房屋建筑按照设计要求已全部完工,达到住人和使用条件,经验收鉴定合格或达到竣工验收标准,可正式移交使用的各栋房屋建筑面积的总和。

主营业务收入　指企业经营主要业务所实现的收入。如果会计“利润表”列示“主营业务收入”项目,则根据其本年累计数填报;或者,根据会计“主要业务收入”科目的本年各月贷方余额(结转前)之和填报,如未设置该科目,以“营业收入”代替填报。

利润总额　指企业在一定会计期间的经营成果,是生产经营过程中各种收入扣除各种耗费后的盈余,反映企业在报告期内实现的盈亏总额。利润总额为营业利润加上营业外收入,减去营业外支出后的金额,根据会计“利润表”中“利润总额”项目的本期累计数填报。

建筑业总产值　指以货币表现的建筑业企业在一定时期内生产的建筑业产品和服务的总和。建筑业总产值包括:①建筑工程产值:指列入建筑工程预算内的各种工程价值。②安装工程产值:指设备安装工程价值以及将预制部品部件安装成建筑工程产品的价值。③其他产值:建筑业总产值中除建筑工程、安装工程以外的产值。包括房屋构筑物修理产值、非标准设备制造产值、总包企业向分包企业收取的管理费以及不能明确划分的施工活动所完成的产值。

Explanatory Notes on Main Statistical Indicators

Amount of investment in fixed assets refers to the volume of work in construction and purchases of fixed assets and related expenses in monetary terms.

Newly Increased Fixed Assets this Year Refer to the value of fixed assets which have been completed in construction, and accepted by production unit, including investments of equipments, instruments reach the standard of fixed assets, and projects which have been put into production or use, and other costs should be added. Other construction expenses, which belong to the added value of fixed assets, should be included in the newly increased fixed assets with projects which are put into use together.

The Construction land cost occurred in which enterprises getting land usage rights by way of transfer should be added into newly increased fixed assets; and cost occunred which real estate and instustrial and other enterprises obtained the land usage rights by means of recruitment and Bid invitation should not be added into newly increased fixed assets. The cost of renting construction land should not be included in the newly increased fixed assets.

Floor Space of Buildings Under Construction and Completed refer to total floor space in each story of buildings calculated from the outside line of building walls, including the space occupied by constructions like pillars or walls and basements. The floor space of multi – story building includes the total floor space of each story, including area occupied by separating walls, watching rooms, doorways, and pillars, but excluding protruding wall structures and artistic decoration, such as steps. The space of recessed verand and tantilevered balcony is counted by half of the projection area.

Floor Space of Residential Buildings refers to the floor space of the residential buildings under construction and completed among the total space of buildings under construction and completed.

Floor Space of Buildings Under Construction refers to floor space of buildings under construction during the reference period, including newly started buildings, buildings started earlier and continued during the reference period, buildings suspended earlier but restarted during the reference period, buildings completed during the reference period, and buildings suspended during the reference period. The floor space of multistoried buildings under construction should be fulled in the sum of space of each floor.

Floor Space of Buildings Completed refers to the floor space of buildings that are completed in the reference period in accord – ance with the requirements of the design, up to the standard for putting them into use or living, and have been checked and accepted by concerned departments as qualified ones or reach the standard of completion acceptance.

Main Business Revenue refers to the income of the main business confirmed by enterprises, such as the sale of goods, services, etc. Enterprise accountant fill in data on the final credit balance before carry – over of the subject of the accounting" main business income". The enterprise implementing the accounting standards for Business Enterprises or small – sized enterprises fill instead of" Business income", if the enterprise doesn't set the subject.

Total Profits refers to the enterprise's operating results of a certain accounting period, it is the production and operation of a variety of income after deducting the cost of surplus, and is a reflection of the enterprise in the reporting period to achieve the totalprofit and loss. The total profit is the sales profit plus sales exclusive income, minus sales exclusive expense. Enterprise fill data according to the current amount of the total profit project in the accounting profit table.

For the enterprise implementing the Accounting Standards for Business Enterprises or small – sized enterprises, For the enterprise implementing other accounting standards, the total profit is the sales profit plus investment income, subsidy income, sales exclusive income, minus Sales exclusive expenses.

Gross Output Value of Construction refers to the gross output value of construction and services showed in moneytary terms produced by construction enterprises during a certain period. It includes:

(1) Output value of construction projects, that is the value of projects covered by the project budgets;

(2) Output value of installation projects, that is the value of the installation of equipment and the value of assembling prefabricated parts into building engineering products.

(3) Output Value of Others: refers to output value exdude output value of aonstruction projects and output value of instcellation projects in Gross Output Value of Construction. It includes output value of repair of buildings and structures, output value of manfactured nonstandard equipment and management expenses iohich main contractors collect from Subcontractors. and output value of construction activities which can not be clearly defined and others.

六、公用事业

URBAN PUBLIC UTILITIES

资料整理人员：胡　海
STAFF FOR DATA PROCESSING：Hu Hai

简要说明

本篇资料反映武汉城市建设面貌,其内容根据市城乡建设局、市交通运输局提供的2019年《城市、县城建设统计报表制度》汇总整理而成。

Brief Description

The data in this chapter reflect the feature of urban construction and public utilities. Data are collected, prepared according to 2019 statistical system of Urban - Rural Construction Development that is provided by the Wuhan Urban and Rural Construction Bureau、Wuhan Transportation Bureau Transpotation Committee.

6-1 道路、下水道、堤防、绿化情况
ROADS, DRAINPIPES, DIKES AND VIRESCENCE

指标名称 Index Name	2018	2019
道路面积(万平方米) Area of Roads (10 000 sq. m)	12084	12361
#人行道面积(万平方米) Area of Pavement(10 000 sq. m)	3151	3214
人均拥有道路面积(平方米) Per Capita Area of Roads(sq. m)	13.16	13.22
污水年排放量(万吨) Annual Discharge Volume of Sewage(10 000 tons)	107466	122366.8
污水处理厂(座) Disposal Plants of Sewage(seat)	19	20
#二、三级处理(座) The Second, Third Disposal Plants of Sewage(seat)	19	20
污水处理能力(万立方米/日) Disposal Capacity of Sewage(10 000 cu. m/day)	285.75	336
#二、三级处理(万立方米/日) The Second, Third Disposal Capacity of Sewage(10 000 cu. m/day)	285.75	336
其他污水处理设施处理能力(万立方米/日) Other Disposal Capacity of Sewage(10 000 cu. m/day)	15	49.2
污水处理总量(万立方米) Total Disposal Capacity of Sewage(10 000 cu. m/day)	103672.3	127537.73
排水管道长度(公里) Length of Sewage Pipes(km)	8240.46	10849.03
建成区排水管道密度(公里/平方公里) Density of Drain Pipes in Completed Area(km/sq. m)	-	-
城市生活污水集中处理率(%) Percentage of Collective Disposal of Sewage in Urban Area(%)	-	-
污水处理厂集中处理率(%) Percentage of Collective Disposal by plants of Sewage(%)	96.47	95.06
防洪堤长度(公里) Length of Anti-Flood Dikes(km)	808	808
人均公园绿地面积(平方米) Park Green Area Per Capita(sq. m)	9.65	10.19
建城区绿地率(%) Greenbelt Rate of Completed Area(%)	35.37	35.74
建城区绿化覆盖率(%) Coverage Rate of Green Area in Completed Area(%)	39.46	40.02

注:2019年度道路数据已在"住建部城乡建设统计信息管理系统"填报,待住建部审核。

Note: The road date of 2019 degrees has been filled in the ""Statistical Information Management System for Urban and Rural Construction of the Ministry of Housing and Construction" and is awaiting the examination and approval of the Ministry of Housing and Construction

6-2 自 来 水 情 况

BASIC STATISTICS ON TAP WATER SUPPLY

指标名称 Index Name	2018	2019
水厂综合生产能力(万立方米/日) General Productive Capacity of Water Works(10 000 tons/day)	531.33	567.33
供水管网长度(公里) Length of Water Supply Pipelines(km)	12554.44	18367.97
供水总量(万立方米) Total Volume of Water Supply (10 000 tons)	149800	152838.13
售水总量(万立方米) Sales Volume of Tap Water (10 000 tons)	115958.39	106595.76
居民家庭用水(万立方米) For Residential Use(10 000 cu. m)	56700	58415.2
行政事业用水量(万立方米) Water Use of Administrative Institutions(10 000 cu. m)	11771.9	10821.42
工业用水量(万立方米) Water Use of Industry(10 000 cu. m)	32265.06	5930.21
经营服务用水量(万立方米) Water Use of Businesss Services(10 000 cu. m)	14921.43	1098.57
特种行业用水量(万立方米) Water use of Special Industry(10 000 cu. m)	300	602.03
免费供水量(万立方米) Supply of Water for Free(10 000 cu. m)	6700	12407.54
自备水取水量(万立方米) Withdrawals of Owned Water(10 000 cu. m)	9800	-
* 工业取水量(万立方米) * Withdrawals of Industry(10 000 cu. m)	9400	-
其他取水量(万立方米) Withdrawals of Other(10 000 cu. m)	400	-
万元 GDP 用水量(立方米/万元)(含一产业) Water Consumption of Annual ten Thousands GDP (cu. m/10 000 yuan)(include Primary Industry)	24	23
万元 GDP 用水量(立方米/万元)(不含一产业) Water Consumption of Annual ten Thousands GDP(cu. m/10 000 yuan)(Not include Primary Industry)	19.1	-
万元工业增加值用水量(立方米/万元) Water consumption of Per Unit of Indutry Added Value(cu. m/10 000 yuan)	29	35
城市居民生活用水量(L/人日) Water Comsumption for Residentical Use in Urban Area(L/person. day)	169.28	150
工业用水量重复利用率(%) Reuse Ratio of Water Used by Industry(%)	90.7	91

注：* 自备水工业取水量不含火力发电直流冷却用水量。

Note: Withdrawals of Industry exclude thermal power dc cooling water consumption.

6-3 公共交通情况
PUBLIC TRAFFIC

指标名称 Index Name	2018	2019
营运公共车辆(辆) Operating Public Vehicles(unit)	9710	9724

#公共汽车(辆)
Buses(unit)
	9670	9684

无轨电车(辆) Trolley Buses(unit)	40	40
标准营运车数(标台) Number of Operating Public Vehicles (converted into standard unit)	12107.6	12161.8
客运总量(万人次) Passenger Volime of Traffic(10 000 persons)	145245.9	142953.5
每万人拥有公共交通车辆(标台)(按城区人口计算) Per 10 000 Capita Public Vehicles (converted into standard unit)(According to Urban Population)	13.7	13.5
营运出租汽车(辆) Operating Taxes(unit)	17885	17797
营运渡江客轮(艘) Operating Ferries(unit)	23	26
渡江客轮客运总数(万人次) Number of Passengers Carried by Ferries(10 000 persons)	786.1	488.4
轨道交通运营车数(辆) Number of Operating Light Rail Vehicles(unit)	1828	2416
轨道交通客运总量(万人次) Number of Passagers Carried by Light Rail(10 000 persons)	103709.5	122372.6

6-4 城市天然气情况
BASIC STATISTICS ON SUPPLY OF GAS IN URBAN AREA

指标名称 Index Name	2018	2019
储气能力(万立方米) Gross Storage Quantity(10 000 cu. m)	1817.39	1817.39
供气管道长度(公里) Length of Pipeline of Gas Supply(km)	13747.08	14592.84
销售气量(万立方米) Volume of Sale(10 000 cu. m)	212021.99	261647.68
#居民家庭(万立方米) Residential Household(10 000 cu. m)	64190.53	74858.23
用气户数(户) Number of Consumers(household)	3488372	3779285
#家庭用户 Household Consumers	3475761	3756828
用气人口(万人) Population with Access to Gas(10 000 Persons)	766	787
汽车加气站座数(座) Gas Supply Seat(seat)	74	77

注:数据来源为武汉市城市管理委员会,以上数据已在“住建部城乡建设统计信息管理系统”填报,待住建部审核。

Note:The data comes from Wuhan City Management Law Enforcement Committee. The above data has been filled in and submitted in the "Statistical Information Management System for Urban and Rural Construction of the Ministry of Housing and Construction" for examination by the Ministry of Housing and Construction.

6-5 清洁卫生情况
ENVIRONMENT AND SANITATION IN THE CITY PROPER

指标名称	Index Name	2018	2019
生活垃圾无害化处理率(%)	Percentage of Harmless Treatment for Living Garbage(%)	100	100
实际清扫面积(万平方米)	Actual Area Cleaned(10 000sq. m)	14404	14675
清运生活垃圾量(万吨)	Volume of Garbage Disposal(10 000 tons)	406.68	428
生活垃圾无害化处理厂(场)(座)	Treatment Farms for Making Garbage Harmless(unit)	9	9
无害化垃圾处理能力(吨/日)	Halmless Treatment Capacity for Garbage(ton/day)	13950	13950
生活垃圾处理量(万吨)	Treatment Capacity of Living Garbage(10 000 tons)	406.68	428
生活垃圾无害化处理量(万吨)	Harmless Treatment Capacity for Living Garbage(10 000 tons)	406.68	428
公共厕所(座)	Number of Public Lavatories(set)	1220	1355

注:数据来源为武汉市城市管理委员会,以上数据已在"住建部城乡建设统计信息管理系统"填报,待住建部审核。

Note: The data comes from Wuhan City Management Law Enforcement Committee. The above data has been filled in and submitted in the "Statistical Information Management System for Urban and Rural Construction of the Ministry of Housing and Construction" for examination by the Ministry of Housing and Construction.

七、公共交通、邮电

PUBLIC TRANSPORTATION, POST AND TELECOMMUNICATIONS

资料整理人员：杨　丹　夏洪全　王　立　付梦丹　袁　阳　闫　倩

STAFF FOR DATA PROCESSING:

Yang Dan　Xia Hongquan　Wang Li　Fu Mengdan　Yuan Yang　Yan Qian

简要说明

本篇交通、邮电资料内容包括交通运输全行业（水路、铁路、公路、航空）运行情况和邮政电信业务基本情况。交通部分内容由武汉市交通运输局提供，邮政部分内容由武汉市邮政管理局和湖北省邮政公司武汉市分公司提供，电信部分内容由移动、联通、电信、铁通四家武汉分公司提供。

Brief Description

Data in this chapter present the development of transportation (railway、highway、waterway、aviation), post and telecommunications in Wuhan. Data on transportation are from Wuhan Transportation Bureau. Data on postal and telecommunication services are from Wuhan branch of Hubei post company, Telecom part of the content are provided by wuhan branches of China Mobile, China Unicom, China Telecom, China Railway Communication.

7-1 全社会交通运输量
TOTAL PASSENGER AND FREIGHT TRAFFIC

指标名称	Index Name	2018	2019
换算周转量(亿吨公里)	**Converted Turnover**(100 **million ton - km**)	**4635.82**	**4881.09**
铁　路(亿吨公里)	Railway(100 million ton - km)	2101.90	2213.20
水　运(亿吨公里)	Waterway(100 million ton - km)	1752.93	1781.40
航　空(亿吨公里)	Aviation(100 million ton - km)	23.72	25.76
公　路(亿吨公里)	Highway(100 million ton - km)	757.26	860.73
客运量(万人)	**Passenger Traffic**(10 000 **persons**)	**28638.88**	**25370.77**
铁　路(万人)	Railway(10 000 persons)	18220.30	18807.70
航　空(万人)	Aviation(10 000 persons)	1551.58	1680.07
公　路(万人)	Highway(10 000 persons)	8867.00	4883.00
旅客周转量(亿人公里)	**Passenger Turnover**(100 **million persons - km**)	**1232.52**	**1238.82**
铁　路(亿人公里)	Railway(100 million persons - km)	956.60	959.40
航　空(亿人公里)	Aviation(100 million persons - km)	208.94	235.95
公　路(亿人公里)	Highway(100 million persons - km)	66.99	43.47
货运量(万吨)	**Freight Traffic**(10 000 **tons**)	**62517.88**	**67555.22**
铁　路(万吨)	Railway(10 000 tons)	7372.80	8186.10
水　运(万吨)	Waterway(10 000 tons)	16491.33	17573.73
航　空(万吨)	Aviation(10 000 tons)	19.85	17.19
公　路(万吨)	Highway(10 000 tons)	38633.90	41778.20
货物周转量(亿吨公里)	**Freight Turnover**(100 **million ton - km**)	**3654.73**	**3897.18**
铁　路(亿吨公里)	Railway(100 million ton - km)	1145.30	1253.80
水　运(亿吨公里)	Waterway(100 million ton - km)	1752.93	1781.40
航　空(亿吨公里)	Aviation(100 million ton - km)	5.93	5.59
公　路(亿吨公里)	Highway(100 million ton - km)	750.56	856.39
旅客吞吐量(万人)	**Passenger Throughput**(10 000 **persons**)	**2450.04**	**2715.02**
机　场(天河)(万人)	Airport(Tian He)(10 000 persons)	2450.04	2715.02
货物吞吐量(万吨)	**Cargo Throughput**(10 000 **tons**)	**10340.54**	**9183.32**
机　场(天河)(万吨)	Airport(Tian He)(10 000 tons)	22.16	24.32
港　口(万吨)	Port(10 000 tons)	10318.38	9159.00
其中:集装箱(万 TEU)	#Container(10 000 TEU)	157.46	170.35

7-2 客运量

PASSENGER TRAFFIC

单位:万人 (10 000 persons)

年份 Year	总计 Total	铁路 Railway	水运 Waterway	航空 Aviation	公路 Highway
1978	4337.60	2138.50	1361.70	4.20	833.20
1980	5482.30	2337.40	1615.70	7.30	1521.90
1985	6518.90	2119.90	1754.00	8.70	2636.30
1986	6389.90	1841.90	1573.80	10.40	2963.80
1987	7480.20	2851.10	1514.50	18.20	3096.40
1988	7688.30	3177.50	1634.60	16.00	2860.70
1989	7263.10	2781.60	1517.40	13.10	2951.00
1990	6266.80	2088.00	1166.40	16.30	2996.20
1991	6700.20	1959.00	1241.00	34.00	3466.20
1992	7146.00	2035.00	1396.00	120.00	3595.00
1993	7294.00	2231.00	1254.00	114.00	3695.00
1994	7455.60	2311.60	886.00	162.00	4086.00
1995	7250.00	2242.00	624.60	216.00	4166.90
1996	7088.90	1994.10	514.00	241.00	4339.80
1997	7416.55	1974.10	555.50	217.48	4669.50
1998	8585.36	2105.60	443.20	222.96	5813.60
1999	9034.64	2256.70	332.10	237.14	6208.70
2000	8362.40	2498.60	261.40	260.40	5342.00
2001	8124.00	2654.20	198.40	277.30	4994.10
2002	11933.30	2774.30		308.00	8851.00
2003	11882.00	2611.60		334.40	8936.00
2004	12885.70	2956.90		448.80	9480.00
2005	15413.40	4626.40		493.70	10293.30
2006	16193.70	4849.00		573.70	10771.00
2007	17338.36	5124.90		712.56	11500.90
2008	18882.06	6026.50		773.56	12082.00
2009	21735.62	6439.80		763.82	14532.00
2010	22896.71	7281.30		885.41	14730.00
2011	25743.22	8511.70		914.52	16317.00
2012	27492.40	9764.90		933.50	16794.00
2013	29621.69	12105.40		995.29	16521.00
2014	27899.48	14053.90		1097.58	12748.00
2015	27628.71	15083.90		1163.55	11381.26
2016	29177.15	16393.10		1300.05	11484.00
2017	29950.30	18074.30		1466.00	10410.00
2018	28638.88	18220.30		1551.58	8867.00
2019	25370.77	18807.70		1680.07	4883.00

7-3 旅客周转量
PASSENGER TURNOVER

单位:亿人公里 (100 million persons - km)

年份 Year	总计 Total	铁路 Railway	水运 Waterway	航空 Aviation	公路 Highway
1978	52.00	21.69	25.16	0.17	4.97
1980	55.84	23.91	24.18	0.37	7.37
1985	80.65	43.96	33.26	0.52	11.91
1986	91.07	45.21	32.37	0.69	12.79
1987	142.89	94.58	33.29	1.24	13.78
1988	161.41	109.59	36.48	1.08	14.26
1989	147.03	97.94	33.31	0.91	14.88
1990	127.25	85.00	26.35	1.09	14.81
1991	141.37	94.10	27.23	2.70	17.34
1992	167.10	105.30	32.10	2.70	18.60
1993	168.90	111.60	31.06	11.00	15.30
1994	179.70	117.00	25.90	15.70	21.10
1995	181.00	119.60	19.60	21.20	20.62
1996	171.09	107.50	18.13	24.32	21.15
1997	181.26	115.56	20.80	21.91	23.00
1998	185.81	122.39	16.40	21.81	25.21
1999	206.89	141.01	12.23	24.12	29.54
2000	220.02	158.58	10.06	25.49	25.89
2001	231.53	171.60	7.27	26.88	25.78
2002	266.00	182.80		28.90	54.30
2003	266.40	175.50		33.70	57.20
2004	317.60	213.00		44.20	60.40
2005	507.80	388.00		51.20	68.60
2006	543.14	410.00		62.06	71.08
2007	596.70	440.80		77.79	78.20
2008	634.51	474.01		78.80	81.70
2009	654.94	466.70		78.72	109.53
2010	747.45	528.90		99.06	119.49
2011	873.84	646.30		102.96	124.58
2012	897.34	663.60		106.36	127.38
2013	1011.82	763.00		124.06	124.76
2014	1059.22	834.10		138.02	87.10
2015	1102.36	869.30		151.97	81.09
2016	1157.13	901.50		174.25	81.38
2017	1244.75	969.00		198.47	77.28
2018	1232.52	956.60		208.94	66.99
2019	1238.82	959.40		235.95	43.47

7-4 货 运 量
FREIGHT TRAFFIC

单位:万吨 (10 000 tons)

年份 Year	总计 Total	铁路 Railway	水运 Waterway	航空 Aviation	公路 Highway
1978	6620.10	2499.40	2329.00	0.08	1791.60
1980	5926.60	2238.20	2015.30	0.17	1672.90
1985	6830.90	2312.90	2735.30	0.29	1782.40
1986	7001.80	2423.00	2859.20	0.19	1719.30
1987	9034.30	4631.40	2836.60	0.30	1566.00
1988	9078.10	4728.00	2914.60	0.29	1435.20
1989	8866.60	4831.30	2735.40	0.17	1299.70
1990	8378.50	4758.50	2485.60	0.10	1134.30
1991	8545.40	4809.00	2604.00	0.38	1132.00
1992	8700.00	4903.00	2741.00	2.00	1054.00
1993	8820.00	5046.00	2695.00	2.00	1077.00
1994	8227.10	5012.10	2193.00	2.00	1020.00
1995	8311.90	5055.00	2319.30	3.00	934.60
1996	8202.89	5030.80	2233.00	3.29	935.80
1997	7989.83	5004.00	2193.00	3.12	789.71
1998	9441.92	4854.60	3357.00	3.62	1226.70
1999	9612.14	4748.80	3655.90	4.84	1202.60
2000	9464.30	4921.10	3664.00	5.20	874.00
2001	9713.13	5253.20	3557.60	4.13	898.20
2002	15942.60	5472.20	3096.90	4.50	7369.00
2003	16609.80	5823.60	2994.60	5.30	7786.30
2004	17044.80	5860.80	3366.30	6.10	7811.60
2005	19611.70	8491.50	2629.10	6.20	8485.00
2006	20817.75	8990.00	2848.97	6.78	8972.00
2007	22554.93	9728.50	2899.40	8.89	9918.10
2008	29142.98	10201.80	8417.83	7.85	10515.50
2009	34409.19	9839.10	7884.00	7.09	16679.00
2010	40287.93	10145.60	9013.00	9.33	21120.00
2011	41804.45	10059.40	9293.06	9.99	22442.00
2012	43892.49	9177.40	10351.73	9.36	24354.00
2013	44528.75	9010.40	10485.55	9.80	25023.00
2014	48529.99	7683.20	12753.56	10.23	28083.00
2015	48185.19	6579.00	13099.71	10.89	28495.59
2016	49981.81	6744.20	14331.86	13.83	28891.92
2017	57271.17	6980.90	15292.25	16.04	34981.98
2018	62517.88	7372.80	16491.33	19.85	38633.90
2019	67555.22	8186.10	17573.73	17.19	41778.20

7-5 货物周转量
FREIGHT TURNOVER

单位:亿吨公里 (100 million tons - km)

年份 Year	总计 Total	铁路 Railway	水运 Waterway	航空 Aviation	公路 Highway
1978	261.92	134.64	124.22		3.06
1980	258.00	140.54	114.89	0.01	2.57
1985	386.81	185.33	196.86	0.03	4.59
1986	408.40	194.44	209.15	0.02	4.80
1987	616.45	399.11	212.50	0.02	4.82
1988	643.09	415.41	222.54	0.02	5.13
1989	671.29	443.03	223.70	0.01	4.55
1990	645.75	455.60	196.47	0.01	3.67
1991	679.82	470.80	205.53	0.03	3.66
1992	713.36	502.80	207.10	0.16	3.60
1993	724.90	514.40	206.60	0.20	3.70
1994	723.40	547.10	172.20	0.20	3.90
1995	751.60	563.70	184.80	0.27	2.81
1996	739.81	560.42	176.23	0.36	2.81
1997	673.70	488.83	182.07	0.35	2.45
1998	643.38	440.84	198.28	0.39	3.87
1999	636.11	420.25	211.29	0.54	4.02
2000	638.61	421.28	212.77	0.56	4.00
2001	655.02	432.60	219.39	0.44	2.59
2002	737.70	466.90	215.90	0.50	54.40
2003	764.00	488.50	218.50	0.60	56.50
2004	835.20	538.00	238.00	0.70	58.50
2005	1277.70	987.00	223.60	0.70	66.40
2006	1312.73	1017.00	225.53	0.76	69.45
2007	1418.00	1138.20	203.96	1.05	74.80
2008	1750.01	1096.91	573.26	0.94	78.90
2009	1900.05	1032.40	584.63	0.83	282.19
2010	2263.60	1144.60	810.28	1.11	307.61
2011	2644.18	1226.60	1072.86	1.46	343.26
2012	2910.22	1194.10	1303.94	1.36	410.82
2013	2555.96	1198.20	887.87	1.54	468.35
2014	3025.72	1113.00	1345.64	1.49	565.59
2015	2951.92	995.70	1357.68	1.67	596.87
2016	3082.35	971.50	1471.73	2.51	636.61
2017	3360.19	1057.70	1603.22	2.97	696.31
2018	3654.73	1145.30	1752.93	5.93	750.56
2019	3897.18	1253.80	1781.40	5.59	856.39

7-6 民用车辆拥有量(2019年)
NUMBER OF CIVIL VEHICLES(2019)

计量单位:辆 (unit)

指标名称	总计 Total	营运 For Earning Income and Profit	非营运 Not for Earning Income or Profit	校车 School Bus	总计中: in total 进口 Import	个人 Individuals	新注册 New Registered	报废 Scrap
合计 Total	**3508936**	**199869**	**3307843**	**1224**	**209544**	**3067378**	**440847**	**44797**
一、汽车 Cars	3364461	181132	3182105	1224	208374	2943855	431308	38903
1.载客汽车 Passenger Vehicles	3162196	41766	3119206	1224	207056	2907044	404350	33939
其中:大型 Large-sized	22092	12182	9315	595	136	87	1175	1604
中型 Medium-sized	6787	404	5754	629	328	1491	222	1093
小型 Small-sized	3126056	29180	3096876	0	205171	2899024	402840	30755
微型 Mini-sized	7261	0	7261	0	1421	6442	113	487
其中:轿车 Cars	1902542	29055	1873487	0	77206	1758453	230194	19826
2.载货汽车 Trucks	182194	136944	45250	0	400	30176	23541	4463
其中:重型 Large-sized	81612	74451	7161	0	136	5135	8256	1378
中型 Medium-sized	9384	6419	2965	0	1	927	625	460
轻型 Small-sized	91181	56067	35114	0	263	24109	14660	2606
微型 Mini-sized	17	7	10	0	0	5	0	19
其中:普通载货 Ordinary Trucks	37071	19397	17674	0	256	11045	5246	1567
3.其他汽车 Others	20071	2422	17649	0	918	6635	3417	501
其中:三轮汽车 Three Wheeled	166	0	166	0	0	165	0	0
低速货车 Low Speed Truck	2426	26	2400	0	0	2249	0	481
二、电车 Trolleys	40	40	0	0	0	0	0	0
1.无轨 Trolley Bus	40	40	0	0	0	0	0	0
2.有轨 Tram	0	0	0	0	0	0	0	0
三、摩托车 Motorcycles	125289	0	125289	0	1166	123158	4263	5334
1.普通 Ordinary	125216	0	125216	0	1166	123085	4262	5300
2.轻便 Light	73	0	73	0	0	73	1	34
四、挂车 Trilers	19126	18697	429	0	4	365	5276	559
五、其他类型车 Others	20	0	20	0	0	0	0	1

7-7 邮电业务基本情况
BASIC CONDITIONS OF POST AND TELECOMMUNICATION SERVICES

指标名称	Index Name	2018	2019
一、邮政主要指标	**Main Items of Post**		
邮政业业务总量(2010 年不变价格)(万元)	Business Volume of Post(in 2010 constant price)(10 000 yuan)	1961600	2599800
邮政业业务收入(万元)	Income of Post Services(10 000 yuan)	1158500	1389100
函件(万件)	Number of Letters(10 000 pcs)	4174.76	3408.30
包件(万件)	Number of Parcels(10 000 pcs)	23.95	27.46
报纸累计份数(万份)	Number of Newspaper(10 000 copies)	13432.10	13150.07
杂志累计份数(万份)	Number of Magazines(10 000 copies)	649.54	630.30
邮电局、所(处)	Number of Post & Telecommuniucation Offices(station)	259	261
信筒信箱(个)	Number of Post Boxes(unit)	515	515
邮路总长度(单程)(公里)	Length of Postal Routes(one way)(km)	43679.00	51419.50
二、电信主要指标	**Main Items of Telecommunication**		
电信业务总量(2015 年不变价格)(万元)	Business Volume of Telecommunication (in 2015 constant price)(10 000 yuan)	7079000	10863000
电信业务收入(万元)	Income of Telecommunication Services(10 000 yuan)	1528000	1517000
固定电话用户数(万户)	Number of Subscribers of Telephone(10 000 subscribers)	175.10	157.70
公用电话(万户)	Number of Public Telephones(10 000 subscribers)	28.70	22.00
移动电话用户数(万户)	Number of Mobile Telephone Subscribers(10 000 subscribers)	1684.40	1577.20
局用交换机容量(万门)	Capacity of Office Telephone Exchanges(10 000 lines)	66.45	-
移动交换机容量(万户)	Capacity of Mobile Telephone Exchanges(10 000 subscribers)	1906	-
互联网用户(万户)	Internet Users(10 000 subscribers)	495.70	532.00
电话普及率(部/百人)	Coverage Rate of Telephones(unit/100 persons)	170.60	-
固定电话普及率(部/百人)	Coverage Rate of House Telephones(unit/100 person)	16.00	14.20
移动电话普及率(部/百人)	Coverage Rate of Mobile Telephones(unit/100 persons)	154.60	142.00

说明:2017 年初武汉电信运营商在计算电信业务总量时将 2010 年不变价格调整为 2015 年不变价格。由于爱普撤销了武汉分公司,故互联网用户采用移动、联通、电信、铁通、长城宽带五家数据;2018 年、2019 年电信数据来源经信局。

Note: In early 2017, Wuhan telecom operators adjusted the fixed price in 2010 to the same price in 2015 when calculating the total telecommunication business. Because Epp cancelled Wuhan Branch, Internet users used mobile, Unicom, telecommunications, Tietong, Great Wall broadband five data. The data for 2018 and 2019 is provided by Wuhan Economic and Information Bureau.

主 要 统 计 指 标 解 释

货(客)运量 指在一定时期内,各种运输工具实际运送的货物(旅客)数量。该指标是反映运输业为国民经济和人民生活服务的数量指标,也是制定和检查运输生产计划、研究运输发展规模和速度的重要指标。货运按吨计算,客运按人计算。货物不论运输距离长短、货物类别,均按实际重量统计。旅客不论行程远近或票价多少,均按一人次客运量统计,半价票、小孩票也按人统计。

货物(旅客)周转量 指在一定时期内,由各种运输工具运送的货物(旅客)数量与其相应运输距离的乘积之总和。该指标可以反映运输业生产的总成果,也是编制和检查运输生产计划,计算运输效率、劳动生产率以及核算运输单位成本的主要基础资料。计算货物周转量通常按发出站与到达站之间的最短距离,也就是计费距离计算。计算公式为

$$货物(旅客)周转量 = \sum[货物(旅客)运输量 \times 运输距离]$$

港口货物吞吐量(又称港口吞吐量) 指经由水路运进、出港区范围,并经过装卸的货物数量。按货物流向分为进港吞吐量和出港吞吐量;按货物的贸易性质分为内贸和外贸吞吐量,按货物的类别分,可根据现行的交通行业标准《运输货物分类和代码》分类。

邮电业业务总量 指以价值量形式表现的邮电通信企业为社会提供各类邮电通信服务的总数量。邮电业务量按专业分类包括函件、包件、汇票、报刊发行、邮政快件、特快专递、邮政储蓄、集邮、公众电报、用户电报、传真、长途电话、出租电路、无线寻呼、移动电话、分组交换数据通信、出租代维等。计算方法为各类产品乘以相应的平均单价(不变价)之和,再加上出租电路和设备、代用户维护电话交换机和线路等的服务收入。该指标综合反映了一定时期邮电业务发展的总成果,是研究邮电业务量构成和发展趋势的重要指标。计算公式为:

$$邮电业务总量 = \sum(各类邮电业务量 \times 不变单价) + 出租代维及其他业务收入 = 邮政业务总量 + 电信业务总量$$

民用汽车拥有量 指报告期末,在公安交通管理部门按照《机动车注册登记工作规范》,已注册登记领有民用车辆牌照的全部汽车数量。汽车拥有量统计的主要分类:根据汽车结构分为载客汽车、载货汽车及其他汽车,根据汽车所有者不同分为个人(私人)汽车、单位汽车.根据汽车的使用性质分为营运汽车、非营运汽车和特种汽车,根据汽车大小规格不同载客汽车分为大型、中型、小型和微型,载货汽车分为重型、中型、轻型和微型。

局用电话交换机容量 指安装在电信运营企业内用于接续本地固定电话的电话交换机容量,包括现用和备用的人工或自动交换机的全部容量。不包括用户交换机容量。

移动电话交换机容量 指移动电话交换机根据一定话务模型和交换机处理能力计算出来的最大同时服务用户的数量。

Explanatory Notes On Main Statistical Indicators

Freight(Passenger) Traffc refers to the volume of freight(passenger) transported with various means within a specific period of time. This indicatar reflects the service of the transport industry towards the national economy and people's living conditions, as well as an important indicator used in formulating and monitoring transport production plans and research into the scale and pace of transport development. Freight transport is calculated in tons and passenger traffic is calculated in terms of number of persons. Freigh transport is calculated in terms of the actual weight of the goods and takes no account of the type of freight and distance of travel. Passenger traffic is calculated by the principle that one person can be counted only once in one trip and takes no account of the travelling distance and ticket price. The passengers who travel with a half price ticket or a child's ticket is also calculated as one person.

Freight(Passenger) Turnover refers to the sum of the product of the volume of transported cargo(passengers) multiplied by the transport distance. It is an important indicator to reflect the achievement of the transportation industry. This is an important indicator to show the total results of the transport industry; to prepare and examine the transport plan; and to serve as the main basic data for calculating the efficiency labour productivity and unit cost of transport. Normally, the shortest distance between the departure station and the destination station(i. e. , the payable distance) is the basis in calculating the freight ton – kilometres. The formulas as foflows:

Turnover Volume of Freight(Passenger) Trafficc = $\sum$ Freight(Passenger) $\sum$ Freight(Passenger) Distance of Transportation

Ports Cargo Throughput Capacity refers to the volume of cargo passing in and out the harbor area and having been loaded and unloaded. The volume of freight handled may be classified as in – port&out – port. It can also be classified as national trade and international trade by the attribute of trade or be classified by the classification of cargo according to the standard of Transportation use" The Classification and Code of Transported Cargo" .

Business Volume of Post and Telecommunications Services refers to the total amount of post and telecommunications services, expressed in value terms, provided by the post and telecommunications departments for the society. Post and telecommunications services can be classified as ietters, parcels, remittance issue of newspapers and magazines, fastmail service, express mail service, savings deposits, stamps for collection, public and individual telegraph service, facsimiles, long – distance telephone service, leasing of telephonelines, urban paging service, mobile telephone service, data transfer and transmission etc. The accounting approach is to multiply the service products of all types with their average unit price(constant price) to get sum of business value, plus income from other services such as leasing of telephone lines and equipment, maintenance of telephone switchboards and lines on behalf of customers. This indicator reflects the overall results of post and telecommunications service during a given period, and is important to study the composition of business service and the development of post and telecommunications service. The formulas as follows:

Business volume of Post and Telecommunication Services = $\sum$ (Transaction of Post and Telecommunication Services Constant Price) + Income from leasing. Maintenance and Other Services = Business Volume of Post + Business Volume of Telecommunication.

Number of Civil Vehicles refers to the total number of vehicles that are registered and received vehicles license according to the Work Standard for Motor Vehicles Registration formulated by transport management office under department of public security at the end of reference period. They are divided into following categories according to the structure of motor vehicles: passenger vehicles, trucks and others; private vehicles and vehicles for units use according to ownerships; working vehicles, non – working vehicles and special motor vehicles according to kind of usage; large passenger vehicles, medium passenger vehicles, small passenger vehicles and mini passenger vehicle, heavy trucks, medium trucks, light trucks and mini trucks according to sizes of vehicles.

Capacity of Office Telephone Exchanges refers to the capacity(measured in gate) of telephone exchanges installed in the offices of telecommunication service providers for communication between fixed telephones. It indudes the capacity of both manual and automatic exchanges in use and for stand—by purpose, excluding the capacity of subscribers' exchanges.

Capacity of Mobile Telephone Exchanges refers to the capacity of the maximum services provided to subscribers at one time basing on a certain model and transacting capacity of the mobile telephone exchanges.

八、贸易、外经、旅游业

DOMESTIC TRADE, FOREIGN TRADE, ECONOMIC COOPERATION AND TOURISM

资料整理人员：王保汉　曾德辉　涂孝斌　陈　圆　杨　敏　董　烁　王　琛

STAFF FOR DATA PROCESSING：

Wang Baohan　Zeng Dehui　Tu Xiaobin　Chen Yuan　Yang Min　Dong Shuo　Wang Chen

简要说明

本篇资料反映武汉市国内贸易、对外经济及旅游情况。国内贸易资料内容包括社会消费品零售总额、批发和零售业商品流转情况、住宿和餐饮业经营情况、限额以上批发和零售业财务状况、限额以上住宿和餐饮业财务状况、连锁企业经营情况、亿元商品交易市场基本情况、商业综合体总体情况等。国内贸易数据采集方式:对限额以上企业及大个体户采用全面调查的方法,从2011年年报起,由企业在国家统计局统计数据联网直报平台上报送企业一套表;对限额以下企业及个体户采用抽样调查方法;亿元商品交易市场、连锁企业实行全面调查;商业综合体情况实行重点调查。对外经济资料包括进出口贸易、实际利用外资等,其中进出口贸易资料由武汉海关提供,利用外资资料由武汉市商务局提供。旅游资料包括接待旅游者人数、旅游总收入以及星级饭店个数、客房数、床位数等,由武汉市文化和旅游局提供。

Brief Description

The data in this chapter reflect the development of domestic-trade, foreign trade, economic cooperation and tourism. Data on domestic trade includes total retail sales of consumer goods, circulation of goods in wholesale and retail trade, operation of hotel and catering services, financial conditions on wholesale, retail, hotel and catering services above designated size, operation of chain business, bussiness of transaction over 100 million yuan, business combination, etc. The way data on clomestic trade are obtained complete survey is used for enterprises above desighated size and big individuals, and since 2011, enterprises have reported integrated survey tables on cyber – reporting system of State Statistics Bureau; sample survey is used for enterprises below designated size and individuals; complete survey is used for business of transaction over 100 million yuan and chain bussiness; major survey is used for bussiness combination. Data on foreign trade and economic coorperation involve imports and exports, foreign capital actually used, etc. The information of impots and exports of foreign trade comes from Wuhan customs. The infromation of utilization of foreign capital comes from Wuhan Bureau of Commerce. Data on tourism are provided by Wuhan Cultural and Tourism Bureau, including number of tourists abroad, revenue of tourism, number of Star – rated hotels, rooms, beds, etc.

8-1 历年社会消费品零售总额及指数
TOTAL RETAIL SALES OF CONSUMER GOODS AND INDICES OVER THE YEARS

年份 Year	消费品零售总额（万元）Total Retail Sales of Consumer Goods (10 000 yuan)	指数（上年=100）Indice (preceding year=100)	年份 Year	消费品零售总额（万元）Total Retail Sales of Consumer Goods (10 000 yuan)	指数（上年=100）Indice (preceding year=100)
1952	41082	—	1986	534462	109.9
1953	54166	131.8	1987	636886	119.2
1954	51675	95.4	1988	833627	130.9
1955	52224	101.1	1989	932510	111.9
1956	72538	138.9	1990	957229	102.7
1957	77584	107.0	1991	1091230	114.0
1958	83757	108.0	1992	1236422	113.2
1959	92593	110.5	1993	1725865	139.6
1960	98845	106.8	1994	2396113	138.8
1961	88515	89.5	1995	3109558	129.8
1962	87404	98.7	1996	3885447	125.0
1963	80004	91.5	1997	4526332	116.5
1964	80766	101.0	1998	5022531	111.0
1965	80921	100.2	1999	5598203	111.5
1966	86446	106.8	2000	6511410	116.3
1967	94690	109.5	2001	7344851	112.8
1968	96140	101.5	2002	8074502	109.9
1969	95908	99.8	2003	9094980	112.6
1970	95631	99.7	2004	10226924	112.4
1971	96836	101.3	2005	11755034	114.9
1972	104620	108.0	2006	13611836	115.8
1973	114218	109.2	2007	16081951	118.1
1974	117409	102.8	2008	19704283	122.5
1975	127036	108.2	2009	22806054	115.7
1976	132784	104.5	2010	27239487	119.4
1977	139750	105.2	2011	32350075	118.8
1978	157086	112.4	2012	37030815	114.5
1979	179840	114.5	2013	42057385	113.6
1980	219490	122.0	2014	47883874	113.9
1981	244985	111.6	2015	53018198	110.7
1982	266412	108.7	2016	58436632	110.2
1983	296380	111.2	2017	64932430	111.1
1984	362100	122.2	2018	71696981	110.4
1985	486210	134.3	2019	77744917	108.4

注：1992年－2019年社会消费品零售额及指数根据第四次经济普查结果修正。

Note: The retail Sales Volume and index of consumer goods in 1992 – 2019 were revised according to the results of the fourth conomic census.

8-2 社会消费品零售总额及构成
TOTAL RETAIL SALES OF CONSUMER GOODS AND ITS COMPOSITION

单位:亿元 (100 million yuan)

项目 Item	2015年	2016年	2017年	2018年	2019年
社会消费品零售总额 Total Retail Sales of Consumer Goods	**5301.82**	**5843.66**	**6493.24**	**7169.70**	**7774.49**
其中限额以上: Total Retail Sales of Consumer Goods Above Designated	3519.32	3585.32	3956.53	3767.64	3874.11
一、按经营单位所在地分 Accorading to the Division of Business Location					
城镇 Urban	4898.81	5534.13	6129.30	6699.18	7218.58
其中:城区 Town	4659.87	5245.11	5781.87	6344.18	6860.06
乡村 Rural	403.01	309.53	363.94	470.52	555.91
二、按商品形态分 Accorading to the Division of Commodity Form					
餐饮收入 Revenue From Catering	490.88	553.41	616.93	678.65	757.25
商品零售 Goods Retailing	4810.94	5290.25	5876.31	6491.05	7017.24

8－3 限额以上批发和零售业商品销售类值(2019年)

TOTAL SALES OF ENTERPRISES ABOVE DESIGNATED SIZE IN WHOLESALE AND RETAIL TRADE BY CATEGORY OF COMMODITIED(2019)

单位:万元 (10 000 yuan)

指标名称	Index name	商品销售总额 Total	批发额 Wholesale	零售额 Retail
总计	**Total**	**135932610.9**	**99057629.1**	**36874981.8**
粮油、食品类	Food	10194138.9	4210335.4	5983803.5
饮料类	Beverage	797760.6	219204.2	578556.4
烟酒类	Tabacco and Alcohol	5963299.9	5075080.1	888219.8
服装、鞋帽、针纺织品类	Garments、Shoes Hats and Textile Products	4881374.5	873719.0	4007655.5
化妆品类	Cosmetics	2056398.9	211985.1	1844413.8
金银珠宝类	Jewelry	960185.0	245763.6	714421.4
日用品类	Articles for Daily Use	3381098.4	582528.1	2798570.3
五金、电料类	Hardware and Electrical Tools	149859.9	79202.8	70657.1
体育、娱乐用品类	Sports and Recreation Articles	159834.8	12415.8	147419.0
书报杂志类	Books and Newspapers	841272.5	642735.5	198537.0
电子出版物及音像制品类	Electronic Publications and Audio Video Products	2739.6	1130.2	1609.4
家用电器和音像器材类	Household Appliances and Audio and Video Apparatus	4528738.9	1426024.7	3102714.2
中西药品类	Medicines	18367046.5	17317442.4	1049604.1
文化办公用品类	Culture and Office Articles	2487024.9	1038906.2	1448118.7
家具类	Furniture	538062.3	29175.3	508887.0
通讯器材类	Telecommunication Equipments	5545281.4	3329479.5	2215801.9
煤炭及制品类	Coal Products	2702357.7	2702357.7	0.0
木材及制品类	Timber and Products	237578.1	237578.1	0.0
石油及制品类	Petroleum and Products	33914371.5	31466544.3	2447827.2
化工材料及制品类	Chemical Materials and Products	3493288.9	3493288.9	0.0
金属材料类	Metal Materials	14572076.0	14572076.0	0.0
建筑及装潢材料类	Building Materials	1996174.6	1789786.4	206388.2
机电产品及设备类	Mechanical and electric Products	1607416.2	1585757.9	21658.3
汽车类	Automobile	13448373.8	5306414.0	8141959.8
种子饲料类	Seed and Forage	109927.1	109927.1	0.0
棉麻类	Cotton and Fiber	874832.7	874832.7	0.0
其他类	Others	2122097.3	1623938.1	498159.2

8-4 限额以上批发和零售业重要商品销售数量(2019 年)
TOTAL SALES OF ENTERPRISES ABOVE DESIGNATED SIZE IN WHOLESALE AND RETAIL TRADES BY COMMODITY(2019)

商品名称 Commodity name		计量单位 Unit	销售量 Sales
大米(稻米)	Rice	千克(kg)	771163968
白面(小麦面)	Flour	千克(kg)	27437417
杂　粮	Grains	千克(kg)	678504075
食用植物油	Edible Vegetable Oil	千克(kg)	918611892
猪　肉	Pork	千克(kg)	45922137
牛　肉	Beef	千克(kg)	3364739
羊　肉	Mutton	千克(kg)	639664
禽　肉	Poultry	千克(kg)	11668240
鲜　蛋	Eggs	千克(kg)	305138111
彩色电视机	Television Set	台(set)	3018492
家用电冰箱	Refrigerator	台(set)	1679340
房间空调器	Air Conditioner	台(set)	3646771
电脑(微型计算机)	Computer	台(set)	2994616
汽　车	Motor Vehicles	辆(unit)	1449942
其中:轿　车	Automobile	辆(unit)	391228
钢　材	Rolled - Steel	吨(ton)	22509050
铜	Copper	吨(ton)	626058
铝	Alluminium	吨(ton)	61993
水　泥	Cement	吨(ton)	8833017
化学肥料	Chemical Fertilizer	吨(ton)	2381367
化学农药	Chemical Pesticide	吨(ton)	1141

8－5 限额以上批发业法人企业基本情况(2019年)

BASIC SITUATION OF WHDESALE ENTERPRISE LEGAL PERSON ABOVE DESIGNATED SIZE(2019)

指标名称 Index name	法人企业数(个) Number of Enterprises	从业人员期末人数(人) Staff and Workers at Year－end	年末零售营业面积(平方米) Business Area for retail at Year－end(sq. m)
总计 Total	**1369**	**115706**	**678224.0**
其中:国有控股 State Owned and State holding	114	34760	234279.0
一、按批发行业小类分 According to the classification of the wholesale industry			
谷物、豆及薯类批发 Wholesale of Grain, Beans and Potatoes	5	490	0.0
种子批发 Seed Wholesale	4	232	1500.0
畜牧渔业批发 Livestock Wholesale	8	83	278.0
棉、麻批发 Cotton & hamp Wholesale	5	117	4000.0
林业产品批发 Forestry products wholesale	1	19	35.0
牲畜批发 Livestock Wholesale	3	40	0.0
其他农牧产品批发 Other Whdesale Agricultural and Livestock Produvts	2	23	200.0
米、面制品及食用油批发 Wholesale of Rice, Noodle and Edible Oil	24	2529	1558.0
糕点、糖果及糖批发 Wholesale of Cakes, Candy and Sugar	9	492	298.0
果品、蔬菜批发 Wholesale of Fruit and Vegetables	17	738	6374.0
肉、禽、蛋、奶及水产品批发 Wholesale of Meat, Bird, Eggs, Milk and Aquatic products	25	2338	5646.0
盐及调味品批发 Wholesale of Salt and Seasoning	4	3155	0.0
营养和保健品批发 Wholesale of Health Care products	3	142	0.0
酒、饮料及茶叶批发 Wholesale of Alcohol, Drinks and Tea	29	7021	10395.0
烟草制品批发 Wholesale of Tobaccos	2	1554	140.0

8-5 续 表 1 Continued 1

指标名称 Index name	法人企业数（个） Number of Enterprises	从业人员期末人数（人） Staff and Workers at Year-end	年末零售营业面积（平方米） Business Area for retail at Year-end(sq. m)
其他食品批发 The Other foods Wholesale	23	2076	14702.0
纺织品、针织品及原料批发 Wholesale of Textiles, Knitwear and Raw Material	21	285	1245.0
服装批发 Wholesale of Gamments	34	2206	9643.0
鞋帽批发 Wholesale of Shoes and Hats	3	2749	4500.0
化妆品及卫生用品批发 Wholesale of Conmetics and Hygiene	13	1458	2645.0
厨房卫具及日用杂货批发 Wholesale of Kitchen Supplies, Toilet Articles and Daily Necessities	8	845	5620.0
灯具、装饰物品批发 Wholesale of Lampsand Ornament	1	21	50.0
家用视听设备批发 Wholesale of Home Audio and Visual Equipment	9	1682	5519.0
日用家电批发 Wholesale of Household appliances	14	280	16380.0
其他家庭用品批发 Wholesale of Other household products	11	351	200.0
文具用品批发 Wholesale of Stationery	28	327	20728.0
体育用品及器材批发 Cultural and Sports Goods	2	15	50.0
图书批发 Wholesale of Books	3	4418	126000.0
首饰、工艺品及收藏品批发 Wholesale of Jewely, Handicraft and Collection	8	1248	4500.0
其他文化用品批发 Wholesale of Other Cultural Products	3	148	1.0

8-5 续 表 2 Continued 2

指标名称 Index name	法人企业数（个） Number of Enterprises	从业人员期末人数（人） Staff and Workers at Year-end	年末零售营业面积（平方米） Business Area for retail at Year-end(sq. m)
西药批发 Western Medicine Wholesale	160	35999	136302.0
中药批发 Traditional Chinese Medicine Wholesale	48	2777	2930.0
动物用药品批发 Wholesale of Animal Drugs	4	43	548.0
医疗用品及器材批发 Medical Supplies and Apparatus Wholesale	116	4294	25999.0
煤炭及制品批发 Wholesale of Coal and Related Products	18	313	1759.0
石油及制品批发 Wholesale of Petroleum and related Products	52	17763	88371.0
非金属矿及制品批发 Wholesale of Non-Metal Minerals and Products	1	0	150.0
金属及金属矿批发 Wholesale of Metals and Metal Minerals	217	3959	14005.0
建材批发 Wholesale of Building Materials	57	1702	4840.0
化肥批发 Wholesale of Fertilizers	7	550	312.0
农药批发 Wholesale of Pesticides	2	31	195.0
其他化工产品批发 Other Chemical Products Wholesale	80	1233	7822.0
农业机械批发 Agricaltural Machinery Wholesale	1	8	0.0
汽车零配件批发 Wholesale of Auto Parts	67	2990	36558.0
摩托车及零配件批发 Wholesale of Motorcycles and Parts	3	110	7000.0
五金产品批发 Hardware Products Wholesale	28	599	1611.0

8-5 续 表 3 Continued 3

指标名称 Index name	法人企业数（个） Number of Enterprises	从业人员期末人数（人） Staff and Workers at Year - end	年末零售营业面积（平方米） Business Area for retail at Year - end(sq. m)
电气设备批发 Ecectrical Equipment Wholesale	21	472	8760.0
计算机、软件及辅助设备批发 Wholesale of Computer, Software and Related Appliances	31	1359	3368.0
通讯设备批发 Wholesale of Communications Equipment	13	464	2034.0
广播影视设备批发 Wholesale of Radio, Film and Television Equipment	3	183	990.0
其他机械设备及电子产品批发 Wholesale of Other mechanical Equipment and Ecectronic Products	93	3271	85867.0
贸易代理 Trade Agent	3	62	0.0
再生物资回收与批发 Wholesale of Recycled Materials	5	120	4200.0
互联网批发 Wholesale of Internet	3	120	246.0
其他未列明批发业 Other Unlisted Wholesale	14	202	2150.0
二、按登记注册类型分 **Grouped by Registration**			
内资企业 Domestic - funded Enterprises	1329	100407	609956.0
国有企业 State - owned Units	6	2178	230.0
集体企业 Collective - owned Units	4	81	600.0
联营企业 Joint Venture	1	225	0.0
集体联营企业 Collective Joint Ventures	1	225	0.0

8-5 续 表 4 Continued 4

指标名称 Index name	法人企业数（个） Number of Enterprises	从业人员期末人数（人） Staff and Workers at Year-end	年末零售营业面积（平方米） Business Area for retail at Year-end(sq. m)
有限责任公司 Companies of Limited Liabilities	572	38716	383106.0
国有独资公司 Companies with State-owned Exclusive Investment	17	3812	2009.0
其他有限责任公司 Other Companies of Limited Liabilities	555	34904	381097.0
股份有限公司 Companies of Share-holding with Limited Liabilities	36	37699	9837.0
私营企业 Private-owned Units	708	21436	215895.0
私营独资企业 Private Exclusive Investment	1	25	1000.0
私营有限责任公司 Private Companies of Limited Liabilities	689	20832	212591.0
私营股份有限公司 Private Companies of Limited Liabilities with Share Holding	18	579	2304.0
其他企业 Others	2	72	288.0
港、澳、台商投资企业 Enterprises Funded by Entepreneurs from Hongkong, Macao & Taiwan	22	10595	30384.0
与港澳台商合资经营企业 Joint Ventures with Hongkong, Macao and Taiwan	5	453	150.0
港澳台商独资企业 Manage with Hongkong, Macao and Taiwan Jointly	16	9747	30234.0
港澳台商投资股份有限公司 Share-holding Corporations Funded from HongKong, Macao and Taiwan	1	395	0.0
外商投资企业 Foreign-funded Enterprises	18	4704	37884.0
中外合资经营企业 Sino-Foreign Cooperative Economic Units	8	1561	28384.0
外资企业 Enterprises with Foreign Exclusive Investment	8	3003	9500.0
其他外商投资企业 Other Foreign Funded Enterprises	2	140	0.0

8－6　限额以上批发业法人企业商品购销存(2019年)

单位:万元

指标名称 Index name	商品购进额 Total Amount of Purchasing Goods	进　口 Imports
总　计 Total	**91069356.6**	**494269.3**
其中:国有控股 State Owned and State holding	46589356.0	106464.2
一、按批发行业小类分 According to the classification of the wholesale industry		
谷物、豆及薯类批发 Wholesale of Grain, Beans and Potatoes	534349.8	0.0
种子批发 Seed Wholesale	17813.1	0.0
畜牧渔业饮料批发 Wholesale of Livestock and Fishery Beverages	92115.6	0.0
棉、麻批发 Cotton & hamp Wholesale	312549.7	0.0
林业产品批发 Forestry products wholesale	218.7	0.0
牲畜批发 Livestock Wholesale	26200.8	0.0
其他农牧产品批发 Other wholesale agricultural and livestock products	132915.6	0.0
米、面制品及食用油批发 Wholesale of Rice, Noodle and Edible Oil	1026162.9	2064.5
糕点、糖果及糖批发 Wholesale of Cakes, Candy and Sugar	101002.2	369.0
果品、蔬菜批发 Wholesale of Fruit and Vegetables	221103.7	0.0
肉、禽、蛋、奶及水产品批发 Wholesale of Meat, Bird, Eggs, Milk and Aquatic products	824218.9	21290.1
盐及调味品批发 Wholesale of Salt and Seasoning	61545.7	0.0
营养和保健品批发 Wholesale of Health Care products	34593.5	0.0
酒、饮料及茶叶批发 Wholesale of Alcohol, Drinks and Tea	2042765.5	0.0
烟草制品批发 Wholesale of Tobaccos	1213421.6	7519.2
其他食品批发 The Other foods Wholesale	955470.1	2947.2
纺织品、针织品及原料批发 Wholesale of Textiles, Knitwear and Raw Material	204275.6	10.1

PURCHASE, SALES AND STOCK OF ENTERPRISES ABOVE DESIGNATED SIZE IN WHOLESALE(2019)

(10 000 yuan)

商品销售额 Total Sales	批 发 额 Wholesale	出 口 Exports	零 售 额 Retail	期末商品库存额 Stocks at Year - end
99075631.5	**96670446.5**	**1066273.2**	**2405185.0**	**4879886.5**
48963226.1	48228544.7	167150.6	734681.4	1695360.5
537420.6	537420.6	0.0	0.0	18896.4
28499.8	28499.8	2583.6	0.0	18501.9
101847.7	101847.7	0.0	0.0	1088.6
312076.7	312076.7	0.0	0.0	16125.3
540.9	540.9	0.0	0.0	1802.5
38174.0	38174.0	3504.2	0.0	29.5
133579.7	100263.1	0.0	33316.6	2643.1
1536906.9	1315943.3	388833.5	220963.6	35838.4
121402.4	121402.4	0.0	0.0	13844.6
246084.1	223145.1	0.0	22939.0	5642.5
870125.4	752762.4	1911.9	117363.0	45696.0
60880.8	60880.8	0.0	0.0	9625.7
37596.6	37596.6	0.0	0.0	8829.7
3296209.6	3276195.0	0.0	20014.6	88169.3
1727777.5	1726889.3	3702.3	888.2	31265.0
1052028.5	997506.1	352.9	54522.4	194017.7
238827.2	238827.2	67979.2	0.0	4802.0

8-6 续 表 1

单位:万元

指标名称 Index name	商品购进额 Total Amount of Purchasing Goods	进口 Imports
服装批发 Wholesale of Gamments	255287.0	4756.3
鞋帽批发 Wholesale of Shoes and Hats	157614.6	0.0
化妆品及卫生用品批发 Wholesale of Conmetics and Hygiene	181498.9	7712.8
厨具卫具及日用杂货批发 Wholesale of Kitchen Supplies, Toilet Articles and Daily Necessities	57721.0	0.0
灯具、装饰物品批发 Wholesale of Lampsand Ornament	3618.2	0.0
家用视听设备批发 Wholesale of Home Audio and Visual Equipment	726878.4	0.0
日用家电批发 Wholesale of Househdd appliances	428940.4	11258.1
其他家庭用品批发 Wholesale of Other household products	59439.4	0.0
文具用品批发 Wholesale of Stationery	418485.9	0.0
文具用品及器材批发 Stationery Products Wholesale	7807.1	0.0
图书批发 Wholesale of Books	686147.6	0.0
首饰、工艺品及收藏品批发 Wholesale of Jewely, Handicraft and Collection	236688.3	0.0
其他文化用品批发 Wholesale of Other Cultural Products	270324.8	4302.4
西药批发 Western Medicine Wholesale	15590762.8	0.0
中药批发 Traditional Chinese Medicine Wholesale	701862.1	0.0
动物用药品批发 Wholesale of Animal Drugs	16925.2	0.0
医疗用品及器材批发 Medical Supplies and Apparatus Wholesale	1198708.9	43136.0
煤炭及制品批发 Wholesale of Coal and Related Products	2566644.7	0.0
石油及制品批发 Wholesale of Petroleum and related Products	30156289.0	41317.0
非金属矿及制品批发 Wholesale of Non - Metal Minerals and Products	2852.0	0.0
金属及金属矿批发 Wholesale of Metals and Metal Minerals	15489631.5	341.7

8-6 Continued 1

(10 000 yuan)

商品销售额 Total Sales	批发额 Wholesale	出口 Exports	零售额 Retail	期末商品库存额 Stocks at Year-end
440413.8	407108.1	134263.2	33305.7	87739.1
209304.9	172189.4	6853.2	37115.5	53627.5
228288.2	213257.6	0.0	15030.6	30825.9
73329.2	69974.0	22611.4	3355.2	18619.9
3788.6	3788.6	0.0	0.0	4.7
726967.5	717022.1	16477.6	9945.4	97127.5
475311.2	464804.4	0.0	10506.8	23951.9
68037.4	68037.4	12202.7	0.0	8478.5
444058.6	413605.1	4092.8	30453.5	17513.3
9069.4	9069.4	0.0	0.0	184.9
719136.5	640746.2	0.0	78390.3	107306.7
303925.0	241316.4	0.0	62608.6	14577.4
291815.2	291634.8	0.0	180.4	17768.2
17392986.6	17150099.9	6983.2	242886.7	1727224.0
800064.6	796983.5	0.0	3081.1	52697.6
19744.8	19744.8	0.0	0.0	1692.4
1582263.1	1530336.7	64925.5	51926.4	146196.8
2673332.8	2253646.3	0.0	419686.5	11743.9
30734721.0	30599072.5	0.0	135648.5	788057.4
3052.3	2679.8	0.0	372.5	1.1
16417555.2	16092736.1	1376.2	324819.1	422120.8

8-6 续 表 2

单位:万元

指标名称 Index name	商品购进额 Total Amount of Purchasing Goods	进　口 Imports
建材批发 Wholesale of Building Materials	866080.7	1901.1
化肥批发 Wholesale of Fertilizers	587248.9	0.0
农药批发 Wholesale of Pesticides	19573.6	0.0
其他化工产品批发 Other Chemical Products Wholesale	2092250.7	31486.1
农业机械批发 Agricaltural Machinery Wholesale	203.0	0.0
汽车零配件批发 Wholesale of Auto Parts	4537500.4	198632.1
摩托车及零配件批发 Wholesale of Motorcycles and Parts	30773.9	0.0
五金产品批发 Hardware Products Wholesale	266734.9	0.0
电气设备批发 Ecectrical Equipment Wholesale	109983.8	3930.3
计算机、软件及辅助设备批发 Wholesale of Computer, Software and Related Appliances	3303218.2	4423.1
通讯设备批发 Wholesale of Communications Equipment	384493.6	20647.7
广播影视设备批发 Wholesale of Radio, Film and Television Equipment	20756.6	0.0
其他机械设备及电子产品批发 Wholesale of Other mechanical Equipment and Ecectronic Products	1573639.6	83133.5
贸易代理 Trade Agent	49737.0	0.0
再生物资回收与批发 Wholesale of Recycled Materials	29723.2	0.0
互联网批发 Wholesale of Internet	36765.5	0.0
其他未列明批发业 Other Unlisted Wholesale	145822.2	3091.0
二、按登记注册类型分 **Grouped by Registration**		
内资企业 Domestic - funded Enterprises	83418645.4	279274.0
国有企业 State - owned Units	1242957.8	0.0

8－6 Continued 2

(10 000 yuan)

商品销售额 Total Sales	批发额 Wholesale	出口 Exports	零售额 Retail	期末商品库存额 Stocks at Year－end
1007375.4	980862.5	19350.2	26512.9	28346.5
577317.9	576329.2	0.0	988.7	62771.0
21945.3	21945.3	0.0	0.0	1831.0
2290383.1	2278621.2	79017.8	11761.9	47022.8
236.0	236.0	0.0	0.0	1291.5
4871007.1	4797656.2	77134.9	73350.9	434807.7
40304.7	38942.1	0.0	1362.6	6935.4
287027.7	284516.1	10511.6	2511.6	15979.5
123497.9	123154.2	0.0	343.7	2616.9
3316530.4	3299020.8	0.0	17509.6	24961.1
390878.7	372801.7	0.0	18077.0	21584.6
23269.7	14914.6	0.0	8355.1	316.3
1880759.6	1567386.9	114880.3	313372.7	79406.9
59189.6	59189.6	7109.8	0.0	846.7
31576.7	31576.7	0.0	0.0	1355.8
36304.6	34667.4	0.0	1637.2	20550.9
160882.8	160801.9	19615.2	80.9	4984.2
89592332.2	87523220.5	661473.3	2069111.7	4347114.1
1756322.9	1755492.2	0.0	830.7	49344.2

8-6 续 表 3

单位:万元

指标名称 Index name	商品购进额 Total Amount of Purchasing Goods	进　口 Imports
集体企业 Collective - owned Units	9261.0	0.0
联营企业 Joint Venture	2435.5	0.0
集体联营企业 Collective Joint Ventures	2435.5	0.0
有限责任公司 Companies of Limited Liabilities	51265833.8	206770.1
国有独资公司 Companies with State - owned Exclusive Investment	4511567.5	7320.3
其他有限责任公司 Other Companies of Limited Liabilities	46754266.3	199449.8
股份有限公司 Companies of Share - holding with Limited Liabilities	19554914.6	12687.5
私营企业 Private - owned	11336373.6	59816.4
私营独资企业 Private Exclusive Investment	7552.8	0.0
私营有限责任公司 Private Companies of Limited Liabilities	11118716.1	57357.5
私营股份有限公司 Private Companies of Limited Liabilities with Share Holding	210104.7	2458.9
其他企业 Others	6869.1	0.0
港、澳、台商投资企业 Enterprises Funded by Entepreneurs from Hongkong, Macao & Taiwan	3231775.8	24268.4
与港澳台商合资经营企业 Joint Ventures with Hongkong, Macao and Taiwan	199058.5	19768.4
港澳台商独资企业 Manage with Hongkong, Macao and Taiwan Jointly	2961534.6	4500.0
港澳台商投资股份有限公司 Share - holding Corporations Funded from HongKong, Macao and Taiwan	71182.7	0.0
外商投资企业 Foreign - funded Enterpnises	4418935.4	190726.9
中外合资经营企业 Sino - Foreign Cooperative Economic Units	3343181.9	190660.3
外资企业 Enterprises with Foreign Exclusive Investment	1043279.3	66.6
其他外商投资企业 Other Foreign Funded Enterprises	32474.2	0.0

8－6 Continued 3

(10 000 yuan)

商品销售额 Total Sales	批发额 Wholesale	出口 Exports	零售额 Retail	期末商品库存额 Stocks at Year－end
15141.4	13489.8	0.0	1651.6	801.2
6587.1	6587.1	0.0	0.0	405.9
6587.1	6587.1	0.0	0.0	405.9
54005624.5	52344301.8	354287.9	1661322.7	1911714.4
4631197.9	4458484.9	37136.7	172713.0	86525.5
49374426.6	47885816.9	317151.2	1488609.7	1825188.9
20772078.9	20756383.1	37998.0	15695.8	1721912.8
13029555.6	12640561.4	269187.4	388994.2	662876.0
7655.3	7655.3	0.0	0.0	87.8
12786626.8	12424075.6	252718.9	362551.2	646873.5
235273.5	208830.5	16468.5	26443.0	15914.7
7021.8	6405.1	0.0	616.7	59.6
4551255.1	4360194.2	388691.0	191060.9	146153.5
221354.9	218984.0	0.0	2370.9	18369.6
4230129.1	4041439.1	388691.0	188690.0	108183.9
99771.1	99771.1	0.0	0.0	19600.0
4932044.2	4787031.8	16108.9	145012.4	386618.9
3694820.0	3674257.6	16108.9	20562.4	235229.7
1199087.3	1074637.3	0.0	124450.0	151192.6
38136.9	38136.9	0.0	0.0	196.6

8－7 限额以上零售业法人企业基本情况(2019)
BASIC SITUATION OF LEGAL PERSON ENTERPRISES ABOVE DESIGNATED SIZE IN RETAILING(2019)

指标名称 Index name	法人企业数（个） Number of Enterprises	从业人员期末人数（人） Staff and Workers at Year－end	年末零售营业面积（平方米） Business Area for retail at Year－end(sq. m)
总计 Total	**916**	**125733**	**7653931**
其中:国有控股 State－owned and State Holding	51	43965	3821703
一、按零售行业小类分 According to the Classfication of Retail Industry			
百货零售 Department Store	42	17468	2726463
超级市场零售 Super Market	17	35466	1627208
便利店零售 Convenience Store	5	1093	31943
其他综合零售 Other Comprehensire	10	849	54424
粮油零售 Grain and Oil	2	23	320
糕点、面包零售 Cake and Bread	8	1490	11607
果品、蔬菜零售 Fruits and Vegetables	12	1172	15592
肉、禽、蛋、奶及水产品零售 Meat, Bird, Eggs, Milk and Aquatic products	14	830	5862
营养和保健品零售 Health Care products	3	106	4320
酒、饮料及茶叶零售 Alcohol, Drinks and Tea	15	385	10609
烟草制品零售 Tobaccos	4	350	2949
其他食品零售 Other foods Retail	16	4939	153960
纺织品及针织品零售 Textiles and Knitwear	5	119	3950
服装零售 Clothing	58	6333	400042
鞋帽零售 Shoes and Hats	6	1998	43961
化妆品及卫生用品零售 Cosmetics and Hygiene	1	160	90

8－7 续 表 1 Continued 1

指标名称 Index name	法人企业数（个） Number of Enterprises	从业人员期末人数（人） Staff and Workers at Year－end	年末零售营业面积（平方米） Business Area for retail at Year－end(sq. m)
厨具卫具及日用杂品零售 Kitchen Utensils and Daily Sundries	5	248	2806
钟表、眼镜零售 Clocks, Watch and Glasses	7	500	3030
箱包零售 Luggage and Bags	2	118	1233
其他日用品零售 Other Daily Necessities	7	225	1880
文具用品零售 Stationery	13	314	3456
体育用品及器材零售 Soprts Goods	2	22	500
图书、报刊零售 Books and Newspapers	9	1190	34341
音像制品、电子和数字出版物零售 Audio－Visual Products Electronic and Digital Publications	1	15	400
珠宝首饰零售 Jewelry	15	648	15105
工艺美术品及收藏品零售 Arts and Crafts and Collectibles	2	5	0
乐器零售 Musical Instruments	4	133	3150
其他文化用品零售 Other Cultural Articles	8	230	1107
西药零售 Western Medicine	45	9273	185215
中药零售 Traditional Chinese Medicine	7	504	9614
医疗用品及器材零售 Medical Supplies and Equipment	4	181	1540
汽车新车零售 New Cars	282	19643	992092
汽车旧车零售 Used Cars	2	74	4800
汽车零配件零售 Atuo Parts	8	136	6133
摩托车及零配件零售 Motocycle and Spare Parts	3	67	1458
机动车燃油零售 Motor Fuel	38	5139	334705

8-7 续 表 2 Continued 2

指标名称 Index name	法人企业数（个） Number of Enterprises	从业人员期末人数（人） Staff and Workers at Year - end	年末零售营业面积（平方米） Business Area for retail at Year - end(sq. m)
机动车燃气零售 Motor Vehicle Gas	2	335	55122
家用视听设备零售 Home Auto - visual and Electronic Products Equipment	12	276	4663
日用家电设备零售 Household Appliances	36	4078	600207
计算机、软件及辅助设备零售 Computer, Software and Auxiliary Equipment	46	1976	11459
通信设备零售 Communication Equipment	22	3308	55277
其他电子产品零售 Other Electronic Products	8	199	1072
五金零售 Hardware	13	186	3199
灯具零售 Lamps and Lanterns	6	42	2130
家具零售 Furniture	18	1207	75324
涂料零售 Paint	1	14	140
卫生洁具零售 Sanitary ware	5	88	3267
木质装饰材料零售 Wood Decoration	4	62	15636
陶瓷、石材装饰材料零售 Ceramic and Stone	3	54	1338
其他室内装饰材料零售 Other Indoor Decoration Materials	7	163	7677
互联网零售 Internet	40	1876	4726
自动售货机零售 Vending Machine	1	56	80
生活用燃料零售 Domestic Fule	4	90	81615
其他未列明零售业 Other not Listed	6	277	35134

8-7 续 表 3 Continued 3

指标名称 Index name	法人企业数（个） Number of Enterprises	从业人员期末人数（人） Staff and Workers at Year-end	年末零售营业面积（平方米） Business Area for retail at Year-end(sq. m)
二、按登记注册类型分 **Grouped by Registration**			
内资企业 Domestic Investment	885	107308	6761877
国有企业 State-owned	10	418	13321
集体企业 Collective-owned	3	57	1010
股份合作企业 Cooperative of Share Holding	1	50	300
有限责任公司 Compaines of Limited Liabilities	355	37026	2096834
国有独资公司 State Owned	7	1645	105310
其他有限责任公司 Other Companies of Limited Liabilities	348	35381	1991524
股份有限公司 Share Holding	20	40167	3513018
私营企业 Private-owned	496	29590	1137394
私营独资企业 Private Exclusive Investment	11	183	11630
私营合伙企业 Private Partnership	2	40	700
私营有限责任公司 Private Companies of Limited Liabilities	469	28627	1115074
私营股份有限公司 Private Companies of Limited Liabilities with Share Holding	14	740	9990
港、澳、台商投资企业 Enterprises funded by Entepreneurs from HongKong, Macao & Taiwan	14	7426	239111
与港澳台商合资经营企业 Joint Venture with Hongkong, Macao & Taiwan	2	143	45441
港澳台商独资企业 Hongkong and Marcro, Taiwan Owned	12	7283	193670
外商投资企业 Foreign Investment	17	10999	652943
中外合资经营企业 Chinese Foreign Equity Joint Ventures	1	13	0
外资企业 Foreign Enterprise	15	10771	651868
外商投资股份有限公司 Companies Limited by Shares with Foreign Investment	1	215	1075

8-8 限额以上零售业法人企业商品购销存(2019)

单位:万元

指标名称 Index name	商品购进额 Total Amount of Purchasing Goods	进口 Imports
总计 **Total**	**30981717.3**	**647611.2**
其中:国有控股 State-owned and State Holding	9705637.5	27045.0
一、按零售行业小类分 **According to the Classfication of Retail Industry**		
百货零售 Department Store	6030049.5	8591.5
超级市场零售 Super Market	3983274.3	0.0
便利店零售 Convenience Store	100408.4	0.0
其他综合零售 Other Comprehensire	120611.1	6574.8
粮油零售 Grain and Oil	1573.1	1010.2
糕点、面包零售 Cake and Bread	101977.3	0.0
果品、蔬菜零售 Fruits and Vegetables	102491.4	0.0
肉、禽、蛋、奶及水产品零售 Meat, Bird, Eggs, Milk and Aquatic products	135310.7	68131.7
营养和保健品零售 Health Care products	6110.5	0.0
酒、饮料及茶叶零售 Alcohol, Drinks and Tea	52612.7	0.0
烟草制品零售 Tobaccos	49465.2	0.0
其他食品零售 Other foods Retail	458988.7	1106.2
纺织品及针织品零售 Textiles and Knitwear	3771.0	0.0
服装零售 Clothing	492867.0	0.0
鞋帽零售 Shoes and Hats	84152.5	0.0
化妆品及卫生用品零售 Cosmetics and Hygiene	590.8	0.0

PURCHASE, SALES AND STOCK OF ENTERPRISES ABOVE DESINGATED SIZE IN RETAIL TRADE(2019)

(10 000 yuan)

商品销售额 Total Sales	批发额 Wholesale	出口 Exports	零售额 Retail	期末商品库存额 Stocks at Year - end
35161128.9	**2490804.9**	**1.0**	**32670324.0**	**2169660.4**
10685745.6	767426.1	0.0	9918319.5	684892.2
6330949.6	230249.5	0.0	6100700.1	383943.6
4331123.0	60966.8	0.0	4270156.2	313309.7
120123.1	66923.7	0.0	53199.4	13628.5
148284.5	74844.9	0.0	73439.6	10565.8
1638.2	1036.4	0.0	601.8	358.4
113711.6	726.0	0.0	112985.6	722.1
133585.2	3580.6	0.0	130004.6	1233.1
170109.2	66209.1	0.0	103900.1	12411.0
6873.7	0.0	0.0	6873.7	214.6
80049.8	5175.6	0.0	74874.2	8414.7
55420.0	0.0	0.0	55420.0	19323.5
655318.3	21296.4	0.0	634021.9	8234.0
6234.0	0.1	0.0	6233.9	2308.0
695528.3	40976.8	0.0	654551.5	84663.6
120542.3	0.0	0.0	120542.3	13554.0
2033.7	0.0	0.0	2033.7	98.6

8-8 续表 1

单位:万元

指标名称 Index name	商品购进额 Total Amount of Purchasing Goods	进口 Imports
厨具卫具及日用杂品零售 Kitchen Utensils and Daily Sundries	15087.8	0.0
钟表、眼镜零售 Clocks, Watch and Glasses	26635.2	19547.3
箱包零售 Luggage and Bags	4227.1	0.0
其他日用品零售 Other Daily Necessities	14878.3	0.0
文具用品零售 Stationery	59909.9	10000.0
体育用品及器材零售 Soprts Goods	1718.8	0.0
图书、报刊零售 Books and Newspapers	81173.6	0.0
音像制品、电子和数字出版物零售 Audio - Visual Products Electronic and Digital Publications	1505.3	0.0
珠宝首饰零售 Jewelry	83645.4	0.0
工艺美术品及收藏品零售 Arts and Crafts and Collectibles	0.0	0.0
乐器零售 Musical Instruments	12630.2	0.0
其他文化用品零售 Other Cultural Articles	44355.6	0.0
西药零售 Western Medicine	536803.9	1250.0
中药零售 Traditional Chinese Medicine	32276.9	0.0
医疗用品及器材零售 Medical Supplies and Equipment	2649.9	0.0
汽车新车零售 New Cars	6989886.5	454347.1
汽车旧车零售 Used Cars	4109.2	0.0
汽车零配件零售 Atuo Parts	26186.5	0.0
摩托车及零配件零售 Motocycle and Spare Parts	16530.6	3877.9
机动车燃油零售 Motor Fuel	2018582.5	691.5

8－8 Continued 1

(10 000 yuan)

商品销售额 Total Sales	批发额 Wholesale	出口 Exports	零售额 Retail	期末商品库存额 Stocks at Year－end
16155.4	1274.7	0.0	14880.7	939.8
37335.5	535.0	0.0	36800.5	14373.4
5858.0	0.0	0.0	5858.0	574.8
18728.7	123.6	0.0	18605.1	2062.1
69324.0	32451.1	0.0	36872.9	1377.5
1920.8	0.0	0.0	1920.8	384.8
77716.2	5357.7	0.0	72358.5	27118.6
1904.5	0.0	0.0	1904.5	85.9
90403.1	16382.5	0.0	74020.6	35417.6
13902.6	0.0	0.0	13902.6	1899.1
12994.7	0.0	0.0	12994.7	2597.6
48921.2	0.0	0.0	48921.2	6792.4
663028.6	8104.1	0.0	654924.5	81148.0
41648.9	18818.0	0.0	22830.9	5438.0
20942.3	8771.6	0.0	12170.7	197.6
8130229.3	320090.6	0.0	7810138.7	733665.8
4505.2	0.0	0.0	4505.2	259.8
37348.4	3935.8	0.0	33412.6	2974.8
17627.5	0.0	0.0	17627.5	582.5
2684095.6	483387.1	0.0	2200708.5	38176.6

8-8 续 表 2

单位:万元

指标名称 Index name	商品购进额 Total Amount of Purchasing Goods	进口 Imports
机动车燃气零售 Motor Vehicle Gas	26087.1	0.0
家用视听设备零售 Home Auto - visual and Electronic Products Equipment	52313.8	21452.5
日用家电设备零售 Household Appliances	1355659.2	0.0
计算机、软件及辅助设备零售 Computer, Software and Auxiliary Equipment	213498.5	1589.0
通信设备零售 Communication Equipment	1343157.1	0.0
其他电子产品零售 Other Electronic Products	13038.0	5241.8
五金零售 Hardware	28358.0	0.0
灯具零售 Lamps and Lanterns	12265.7	0.0
家具零售 Furniture	64535.3	93.5
涂料零售 Paint	2255.6	0.0
卫生洁具零售 Sanitary ware	25261.0	524.1
木质装饰材料零售 Wood Decoration	19658.3	0.0
陶瓷、石材装饰材料零售 Ceramic and Stone	6123.9	0.0
其他室内装饰材料零售 Other Indoor Decoration Materials	14819.1	0.0
互联网零售 Internet	6080359.8	42590.5
自动售货机零售 Vending Machine	1855.7	0.0
生活用燃料零售 Domestic Fule	3986.8	0.0
其他未列明零售业 Other not Listed	21437.0	991.6

8－8 Continued 2

(10 000 yuan)

商品销售额 Total Sales	批发额 Wholesale	出口 Exports	零售额 Retail	期末商品库存额 Stocks at Year－end
33451.0	3904.3	0.0	29546.7	59.2
57729.8	1953.0	0.0	55776.8	2183.7
1305294.9	235310.5	0.0	1069984.4	200954.0
263111.4	28926.3	1.0	234185.1	14800.5
1432062.5	712565.7	0.0	719496.8	14232.5
19681.5	10645.9	0.0	9035.6	2140.4
32108.3	3315.0	0.0	28793.3	1460.4
13091.6	1000.0	0.0	12091.6	233.6
111463.7	1018.6	0.0	110445.1	13257.4
2425.4	2425.4	0.0	0.0	3552.3
25637.5	0.0	0.0	25637.5	1237.6
24172.6	98.0	0.0	24074.6	1113.0
7051.9	63.4	0.0	6988.5	1222.4
20544.0	3295.5	0.0	17248.5	2314.2
6812585.6	5568.1	0.0	6807017.5	77116.3
5888.3	0.0	0.0	5888.3	136.0
4434.9	0.0	0.0	4434.9	30.0
24279.0	9497.5	0.0	14781.5	4567.0

8－8 续 表 3

单位：万元

指标名称 Index name	商品购进额 Total Amount of Purchasing Goods	进口 Imports
二、按登记注册类型分 **Grouped by Registration**		
内资企业 Domestic Investment	26971884.7	626224.8
国有企业 State－owned	34166.3	0.0
集体企业 Collective－owned	3228.4	0.0
股份合作企业 Cooperative of Share Holding	4498.7	0.0
有限责任公司 Compaines of Limited Liabilities	13138910.4	282317.8
国有独资公司 State Owned	524537.1	0
其他有限责任公司 Other Companies of Limited Liabilities	12614373.3	282317.8
股份有限公司 Share Holding	8526412.0	68131.7
私营企业 Private－owned	5264668.9	275775.3
私营独资企业 Private Exclusive Investment	27668.3	0.0
私营合伙企业 Private Partnership	4581.7	0.0
私营有限责任公司 Private Companies of Limited Liabilities	5125635.8	271897.4
私营股份有限公司 Private Companies of Limited Liabilities with Share Holding	106783.1	3877.9
港、澳、台商投资企业 Enterprises funded by Entepreneurs from HongKong, Macao & Taiwan	1699170.8	0.0
与港澳台商合资经营企业 Joint Venture with Hongkong, Macao & Taiwan	8374.8	0.0
港澳台商独资企业 Hongkong and Marcro, Taiwan Owned	1690796.0	0.0
外商投资企业 Foreign Investment	2310661.8	21386.4
中外合资经营企业 Chinese Foreign Equity Joint Ventures	792.2	0.0
外资企业 Foreign Enterprise	2296405.3	21386.4
外商投资股份有限公司 Companies Limited by Shares with Foreign Investment	13464.3	0.0

8－8 Continued 3

(10 000 yuan)

商品销售额 Total Sales	批发额 Wholesale	出口 Exports	零售额 Retail	期末商品库存额 Stocks at Year－end
30532964.3	1803110.5	1.0	28729853.8	1999351.4
47764.2	748.1	0.0	47016.1	7520.6
6583.4	0.0	0.0	6583.4	370.4
4895.7	0.0	0.0	4895.7	53.7
15356402.9	794195.9	1.0	14562207.0	813864.5
792947.9	263192.2	0.0	529755.7	12439.2
14563455.0	531003.7	1.0	14032451.3	801425.3
8750404.9	558684.0	0.0	8191720.9	614265.6
6366913.2	449482.5	0.0	5917430.7	563276.6
39450.8	0.0	0.0	39450.8	1015.8
4884.9	0.0	0.0	4884.9	131.2
6191839.2	449479.5	0.0	5742359.7	551780.1
130738.3	3.0	0.0	130735.3	10349.5
2158178.4	1735.2	0.0	2156443.2	73275.1
71275.3	0.0	0.0	71275.3	0.0
2086903.1	1735.2	0.0	2085167.9	73275.1
2469986.2	685959.2	0.0	1784027.0	97033.9
1489.9	0.0	0.0	1489.9	2.7
2457347.8	685233.2	0.0	1772114.6	96945.6
11148.5	726.0	0.0	10422.5	85.6

8-9 限额以上住宿业法人企业基本情况(2019年)

指标名称 Index name	法人企业数(个) Number of Enterprises (unit)	从业人员期末人数(人) Employed Person at Year-end (person)
总计 **Total**	**279**	**19835**
其中:国有控股 State Holding	23	2685
一、按住宿业行业小类分 **Grouped by Small Class**		
旅游饭店 Traveling Hotel	127	13555
经济型连锁酒店 Budget Hotel Chain	49	2051
其它一般旅馆 Other Generel Hotel	98	3563
其他住宿业 Other Accomodation Service	5	666
二、按登记注册类型分 **Grouped by registration**		
内资企业 Domestic - funded Enterprises	268	16709
国有企业 State - owned Units	7	539
集体企业 Collective - owned Units	3	383
联营企业 Joint Venture	1	167
国有联营企业 State - owned Joint Venture	1	167
有限责任公司 Companies of Limited Liabilities	124	9509
国有独资公司 Companies with State - owned Exclusive Investment	3	565
其他有限责任公司 Other Companies of Limited Liabilities	121	8944
股份有限公司 Companies of Share - holding with Limited Liabilities	5	534
私营企业 Private - owned Units	128	5577
私营独资企业 Dproprietorship	2	21
私营有限责任公司 Private Companies of Limited Liabilities	125	5458
私营股份有限公司 Private Companies of Limited Liabilities with Share Holding	1	98
港、澳、台商投资企业 Enterprises funded by Entepreneurs from HongKong, Macao & Taiwan	8	2230
与港澳台商合资经营企业 Joint Ventures with HongKong, Macao and Taiwan	1	220
与港澳台商合作经营企业 Co - operation Companies	1	317
港澳台商独资企业 Manage with HongKong, Macao and Taiwan jointly	4	1106
港澳台商投资股份有限公司 Exclusive investment of HongKong, Macao, and Taiwan	2	587
外商投资企业 Foreign - funded Enterprises	3	896
中外合资经营企业 sino - Foreign Cooperative Economic Units	1	432
外资企业 Enterprises with Foreign Exclusive Investment	1	178
外商投资股份有限公司 Companies Limited Shares with Foreign Inevstment	1	286

BASIC SITUATION OF HOTELS ABOVE DESIGNATED SIZE(2019)

客房数（间）Rooms (room)	床位数（个）Beds (unit)	餐位数（位）Tables of Catering(unit)	年末餐饮营业面积（平方米）Operational Area for Catering(sq. m)
46870	**68429**	**55525**	**935456**
4393	7120	8575	92909
26917	38765	40390	542882
6863	9881	4007	122597
11772	17931	9846	194376
1318	1852	1282	75601
43034	62963	48939	892304
877	1451	2072	33640
463	698	2009	6464
188	323	367	700
188	323	367	700
22449	32251	25944	417699
598	981	1166	8400
21851	31270	24778	409299
928	1352	838	19399
18129	26888	17709	414402
140	255	86	956
17740	26269	17487	411905
249	364	136	1541
2658	3480	4490	32226
264	408	350	16900
327	426	1370	2429
1410	1854	1498	8106
657	792	1272	4791
1178	1986	2096	10926
442	620	458	4170
331	566	788	5756
405	800	850	1000

8－10　限额以上住宿业法人企业经营情况(2019 年)

单位:万元

指标名称 Index name	营业额 Total Revenue	客房收入 Revenue From Hotel
总　计 Total	**511250.7**	**327307.3**
其中:国有控股 State Holding	64499.1	36421.9
一、按住宿业行业小类分 Grouped by Small Class		
旅游饭店 Traveling Hotel	368250.6	212573.3
经济型连锁酒店 Budget Hotel Chain	44559.2	38859.6
其他一般旅馆 Other Generel Hotel	88558.7	69703.8
其他住宿业 Other Accomodation Service	9882.2	6170.6
二、按登记注册类型分 Grouped by registration		
内资企业 Domestic－funded Enterprises	431436.4	281798.9
国有企业 State－owned Units	10109.0	5676.7
集体企业 Collective－owned Units	9200.6	4711.1
联营企业 Joint Venture	2289.2	1139.5
国有联营企业 State－owned Joint Venture	2289.2	1139.5
有限责任公司 Companies of Limited Liabilities	242207.9	148257.8
国有独资公司 Companies with State－owned Exclusive Investment	14052.6	6753.1
其他有限责任公司 Other Companies of Limited Liabilities	228155.3	141504.7
股份有限公司 Companies of Share－holding with Limited Liabilities	8203.2	6170.9
私营企业 Private－owned Units	159426.5	115842.9
私营独资企业 Droprietorship	978.2	873.6
私营有限责任公司 Private Companies of Limited Liabilities	155287.0	112930.6
私营股份有限公司 Private Companies of Limited Liabilities with Share Holding	3161.3	2038.7
港、澳、台商投资企业 Enterprises funded by Entepreneurs from HongKong, Macao & Taiwan	56412.3	33217.3
与港澳台商合资经营企业 Joint Ventures with HongKong, Macao and Taiwan	7408.7	2799.6
与港澳台商合作经营企业 Co－operation Companies	8596.5	5102.0
港澳台商独资企业 Manage with HongKong, Macao and Taiwan jointly	24736.6	14566.7
港澳台商投资股份有限公司 Exclusive investment of HongKong, Macao, and Taiwan	15670.5	10749.0
外商投资企业 Foreign－funded Enterprises	23402.0	12291.1
中外合资经营企业 sino－Foreign Cooperative Economic Units	11928.6	5523.7
外资企业 Enterprises with Foreign Exclusive Investment	4617.6	2175.8
外商投资股份有限公司 Companies Limited Shares with Foreign Inevstment	6855.8	4591.6

OPERATION OF HOTELS ABOVE DESIGNATED SIZE(2019)

(10 000 yuan)

餐费收入 Revenue From Meals	商品销售收入 Revenue From Commodities	其他收入 Others
138943.3	3653.9	41346.2
18124.4	63.9	9888.9
115745.9	2720.1	37211.3
5411.6	116.3	171.7
14534.1	811.3	3509.5
3251.7	6.2	453.7
110709.8	3378.2	35549.5
3479.5	8.8	944.0
3352.4	39.0	1098.1
1033.8	0.0	115.9
1033.8	0.0	115.9
66230.1	2135.8	25584.2
3207.5	0.0	4092.0
63022.6	2135.8	21492.2
1526.1	1.3	504.9
35087.9	1193.3	7302.4
4.6	0.0	100.0
34032.4	1143.3	7180.7
1050.9	50.0	21.7
19394.1	6.5	3794.4
4602.6	6.5	0.0
3251.5	0.0	243.0
7152.6	0.0	3017.3
4387.4	0.0	534.1
8839.4	269.2	2002.3
5470.1	105.6	829.2
1417.1	163.6	861.1
1952.2	0.0	312.0

8－11 限额以上餐饮业法人企业基本情况(2019 年)

指标名称 Index name	法人企业数 (个) Number of Enterprises (unit)	从业人员期末人数 (人) Employed Person at Year－end (person)
总　计 **Total**	**409**	**60957**
其中:国有控股 State Holding	3	1184
一、按餐饮业行业小类分 **Gropued by Small Class**		
正餐服务 Dinner Service	374	34600
快餐服务 Fast Food Service	15	18213
咖啡馆服务 Cafe Service	4	2660
其他饮料及冷饮服务 Other Beverage and Related Services	2	1191
餐饮配送服务 Food Distribution Service	13	4228
其他未列明餐饮业 Other	1	65
二、按登记注册类型分 **Grouped by registration**		
内资企业 Domestic－funded Enterprises	390	36979
国有企业 State－owned Units	1	50
集体企业 Collective－owned Units	1	60
联营企业 Joint Venture	1	138
集体联营企业 Collective Joint Ventures	1	138
有限责任公司 Companies of Limited Liabilities	132	10396
国有独资公司 Companies with State－owned Exclusive Investrrent	1	1134
其他有限责任公司 Other Companies of Limited Liabilities	131	9262
股份有限公司 Companies of Share－holding with Limited Liabilities	3	3452
私营企业 Private－owned	252	22883
私营独资企业 Private Exclusive Ivestment	7	212
私营合伙企业 Private Partnership	3	62
私营有限责任公司 Private Companies of Limited Liabilities	240	22478
私营股份有限公司 Private Cpmpanies of Limited Liabilities with Share Holding	2	131
港、澳、台商投资企业 Enterprises funded by Entepreneurs from HongKong, Macao & Taiwan	10	19363
与港澳台商合资经营企业 Joint Ventures with HongKong, Macao and Taiwan	2	235
港澳台商独资企业 Manage with HongKong, Macao and Taiwan jointly	8	19128
外商投资企业 Foreign－funded Enterprises	9	4615
中外合资经营企业 Sino－Foreign Cooperative Economic Units	1	546
外资企业 Enterprises with Foreign Exclusive Investment	8	4069

BASIC SITUATION OF ENTERPRISES IN CATERING SERVECES ABOVE DESIGNATED SIZE(2019)

客房数 (间) Rooms (room)	床位数 (个) Beds (unit)	餐位数 (位) Tables of Catering (unit)	年末餐饮营业面积 (平方米) Operational Area for Catering(sq. m)
6651	**10976**	**355598**	**1362388**
365	670	2560	7510
6651	10976	239696	999922
0	0	59170	283305
0	0	24960	38954
0	0	634	2027
0	0	30928	37180
0	0	210	1000
6368	10460	256066	1017006
110	220	260	300
0	0	50	30
0	0	3200	5000
0	0	3200	5000
2291	3887	88216	410343
0	0	2000	6210
2291	3887	86216	404133
0	0	30000	30000
3967	6353	134340	571333
0	0	2340	6439
0	0	146	1112
3967	6353	131227	560191
0	0	627	3591
209	366	82800	298343
195	350	900	10500
14	16	81900	287843
74	150	16732	47039
0	0	4300	8100
74	150	12432	38939

8-12 限额以上餐饮业法人企业经营情况(2019年)

单位:万元

指标名称 Index name	营业额 Total Revenue	客房收入 Revenue From Hotel
总　计 **Total**	**1665288.5**	**43031.9**
其中:国有控股 State Holding	29206.2	939.2
一、按餐饮业行业小类分 **Gropued by Small Class**		
正餐服务 Dinner Service	866015.9	43031.9
快餐服务 Fast Food Service	505474.7	0.0
咖啡馆服务 Cafe Service	163341.2	0.0
其他饮料及冷饮服务 Other Beverage and Related Services	35112.9	0.0
餐饮配送服务 Food Distribution Service	94388.8	0.0
其他未列明餐饮业 Other	955.0	0.0
二、按登记注册类型分 **Grouped by registration**		
内资企业 Domestic - funded Enterprises	932394.4	41765.7
国有企业 State - owned Units	488.8	181.9
集体企业 Collective - owned Units	4509.3	0.0
联营企业 Joint Venture	3982.0	0.0
集体联营企业 Collective Joint Ventures	3982.0	0.0
有限责任公司 Companies of Limited Liabilities	295242.4	13769.9
国有独资公司 Companies with State - owned Exclusive Investrrent	27033.0	0.0
其他有限责任公司 Other Companies of Limited Liabilities	268209.4	13769.9
股份有限公司 Companies of Share - holding with Limited Liabilities	88118.9	0.0
私营企业 Private - owned	540053.0	27813.9
私营独资企业 Private Exclusive Ivestment	10666.0	0.0
私营合伙企业 Private Partnership	1803.8	0.0
私营有限责任公司 Private Companies of Limited Liabilities	524842.9	27813.9
私营股份有限公司 Private Cpmpanies of Limited Liabilities with Share Holding	2740.3	0.0
港、澳、台商投资企业 Enterprises funded by Entepreneurs from HongKong, Macao & Taiwan	630722.5	834.8
与港澳台商合资经营企业 Joint Ventures with HongKong, Macao and Taiwan	3006.9	560.4
港澳台商独资企业 Manage with HongKong, Macao and Taiwan jointly	627715.6	274.4
外商投资企业 Foreign - funded Enterprises	102171.6	431.4
中外合资经营企业 Sino - Foreign Cooperative Economic Units	10166.8	0.0
外资企业 Enterprises with Foreign Exclusive Investment	92004.8	431.4

OPERATION OF ENTERPRISES IN CATERING SERVICES ABOVE DESIGNATED SIZE(2019)

(10 000 yuan)

餐费收入 Revenue From Meals	商品销售收入 Revenue From Commodities	其他收入 Others
1564584.3	35525.8	22146.5
15665.9	12555.4	45.7
787434.7	20564.6	14984.7
501443.2	0.0	4031.5
147304.7	14024.5	2012.0
35099.0	13.9	0.0
92347.7	922.8	1118.3
955.0	0.0	0.0
852741.9	21407.7	16479.1
261.2	0.0	45.7
4509.3	0.0	0.0
3982.0	0.0	0.0
3982.0	0.0	0.0
261575.2	14302.4	5594.9
14477.6	12555.4	0.0
247097.6	1747.0	5594.9
87196.1	922.8	0.0
495218.1	6182.5	10838.5
10655.5	10.5	0.0
1803.8	0.0	0.0
480018.5	6172.0	10838.5
2740.3	0.0	0.0
610273.2	14108.8	5505.7
1176.2	0.0	1270.3
609097.0	14108.8	4235.4
101569.2	9.3	161.7
10166.8	0.0	0.0
91402.4	9.3	161.7

8－13 批发和零售业连锁经营情况(2019年)

项目 Item	连锁总店数(个) Number of Headquarters in Chain Stores (unit)	连锁门店数(个) Number of Branches in Chain Stores (unit)	直营店 Direct Management
总计 **Total**	**112**	**9583**	**6401**
其中:外商及港、澳、台投资 Foreign and HongKong, Macao and Taiwan Investment	9	633	626
按业态分 Grouped by Shape of Retail			
便利店 CVS	4	956	139
超　市 Supermarkets	7	1559	1213
大型超市 Large Scale Supermarket	3	39	39
百货店 Bazaar	3	292	292
专业店 Special Shop	50	4464	2621
其中:加油站 Among them: Gas Station	9	513	513
专卖店 Exclusive Shop	43	2249	2076
家具建材商店 Furniture Buliding Materials Store	1	6	3
其　他 Others	1	18	18

WHOLESALE AND RETAIL CHAIN BUSINESS(2019)

加盟店 Joining - in Stores	年末零售营业面积 (平方米) Space of Management (10 000m²)	从业人数 (人) Number of Employees (person)	销售总额 (亿元) Total Sales Revenue (100 million yuan)	零 售 额 Retail
3182	**5385542**	**93421**	**1906.58**	**1598.39**
7	449332	15304	355.23	278.81
817	40955	913	12.24	3.28
346	1154351	28971	345.96	339.87
0	284996	5728	45.49	45.49
0	2176471	14889	550.87	528.43
1843	1438308	28231	719.54	534.04
0	356928	5084	264.52	205.50
173	284163	14474	232.11	146.92
3	5000	130	0.06	0.06
0	1298	85	0.31	0.31

8－14 住宿和餐饮业连锁经营情况(2019 年)

项 目 Item	连锁总店数 (个) Number of Headquarters in Chain Stores (unit)	连锁门店数 (个) Number of Branches in Chain Stores (unit)	直营店 Direct Management	加盟店 Joining－in Stores
总 计 Total	**38**	**1649**	**1629**	**20**
#:外商及港、澳、台投资 Foreign and HongKong, Macao and Taiwan Investment	9	1030	1011	19
按行业分 Grouped by Sector				
住宿业 Accommodation	3	56	55	1
旅游饭店 Traveling Hotel	2	47	47	0
其他住宿业 Others	1	9	8	1
餐饮业 Catering	35	1593	1574	19
正餐服务 Dinner	23	379	379	0
快餐服务 Short Order	6	714	695	19
咖啡馆服务 Coffee Services	2	477	477	0
其他饮料及冷饮服务 Other Beverage and Related Services	1	7	7	0
其他未列明餐饮业 Other	3	16	16	0

ACCOMMODATION AND CATERING INDUSTRY CHAIN OPERATION(2019)

年末餐饮营业面积（平方米）Space of Management（10 000m²）	从业人数（人）Number of Employees（person）	客房数（间）Rooms（room）	床位数（个）Beds（unit）	餐位数（位）Tables of Catering（unit）	营业额（万元）Total Sales Revenue（100 million yuan）	商品销售额及餐费收入 Revenue from Meals and Commodities
498180	**34172**	**5933**	**8003**	**134119**	**921544**	**888105**
298361	21874	0	0	87761	690944	687205
5610	873	3724	4421	658	18211	3900
5610	713	3132	3549	538	16516	3881
0	160	592	872	120	1695	19
492570	33299	2209	3582	133461	903332	884205
209055	11890	2209	3582	52830	250413	235026
243403	17580	0	0	55122	480543	477286
38100	3467	0	0	24800	162836	162354
1667	274	0	0	167	6565	6565
345	88	0	0	542	2976	2976

8－15 限额以上批发业法人财务指标(2019年)

单位:万元

指标名称 Index name	法人企业数(个) Number of Enterprises(unit)	期末资产负债 Late Assets and Liabilities 流动资产合计 Total Liquid Assets
总计 Total	**1368**	**31115383.0**
其中:国有控股 State Owned and State holding	114	10538786.9
一、按批发行业小类分 According to the classification of the wholesale industry		
谷物、豆及薯类批发 Wholesale of Grain, Beans and Potatoes	5	59766.7
种子批发 Seed Wholesale	4	39697.7
畜牧渔业饮料批发 Wholesale of Livestock and Fishery Beverages	8	8773.3
棉、麻批发 Cotton&hamp Wholesale	5	245982.4
林业产品批发 forestry products wholesale	1	2611.1
牲畜批发 Livestock Wholesale	3	57601.9
其他农牧产品批发 Other wholesale agricultrral and livestock prodacts	2	42465.0
米、面制品及食用油批发 Wholesale of Rice, Noodle and Edible Oil	24	741420.0
糕点、糖果及糖批发 Wholesale of Cakes, Candy and Sugar	9	51186.7
果品、蔬菜批发 Wholesale of Fruit and Vegetables	17	165078.9
肉、禽、蛋、奶及水产品批发 Wholesale of Meat, Bird, Eggs, Milk and Aquatic products	25	480127.0
盐及调味品批发 Wholesale of Salt and Seasoning	4	60196.8
营养和保健品批发 Wholesale of Health Care products	3	22288.9
酒、饮料及茶叶批发 Wholesale of Alcohol, Drinks and Tea	29	1647022.5
烟草制品批发 Wholesale of Tobaccos	2	530393.0
其他食品批发 The Other foods Wholesale	23	362600.8
纺织品、针织品及原料批发 Wholesale of Textiles, Knitwear and Raw Material	21	45012.2
服装批发 Wholesale of Gamments	34	170569.7
鞋帽批发 Wholesale of Shoes and Hats	3	56820.6
化妆品及卫生用品批发 Wholesale of Conmetics and Hygiene	13	134731.5
厨具卫具及日用杂货批发 Wholesale of Kitchen Supplies, Toilet Articles and Daily Necessities	8	21485.1
灯具、装饰物品批发 Wholesale of Lampsand Ornament	1	429.5
家用视听设备批发 Wholesale of Home Audio and Visual Equipment	9	556038.8
日用家用电器批发 Wholesale of Household Electrical Appliances	14	161731.1
其他家庭用品批发 Wholesale of Other household products	11	22266.2

FINANCIAL INDICATORS OF ENTERPRISES ABOVE DESIGNATED SIZE IN WHOLE SALE(2019)

(10 000 yuan)

期末资产负债 Late Assets and Liabilities				损益及分配 Increase, Decrease and Assgning	
固定资产原价 Original Price of Fixed Assets	资产总计 Total Assets	负债合计 Total Liabilities	所有者权益合计 Total Interests of Own	营业收入 Sales Revenue	营业成本 Sales Cost
4506883.0	**38517449.2**	**28207045.2**	**10294826.4**	**88243286.6**	**82858111.1**
3243366.7	15428901.5	10953739.5	4475162.0	43237628.0	41555521.5
8424.7	73781.8	63987.2	9794.6	490021.2	490581.6
16741.3	61071.1	28816.4	32254.7	28637.2	20560.4
2016.2	10319.0	7395.4	2923.6	98011.6	96062.8
4372.2	275834.0	204956.6	70877.4	287401.5	288667.9
206.6	2767.1	974.8	1792.3	4215.0	3590.7
457.0	81199.5	47683.8	33515.7	38402.3	36485.2
139.8	56986.7	44215.5	12771.2	127474.6	125299.7
75882.0	1022362.5	625267.8	397094.7	1416830.9	1342306.1
2023.7	54854.1	43187.4	11666.7	107797.5	97525.8
39776.9	217418.1	204341.0	13077.1	239142.9	208658.3
6607.4	492458.3	406526.0	85932.3	820191.2	760102.4
98061.0	148530.2	69664.6	78865.6	60557.5	31828.3
498.3	22568.8	20653.2	1915.6	34922.4	31085.9
49831.8	1761335.8	1187004.8	571776.5	2931851.5	1840890.6
125738.6	621232.1	178052.1	443180.0	1518163.0	1057430.7
29557.1	386975.3	334298.9	51857.0	1009464.6	924351.0
10343.3	45605.2	34602.7	11002.5	222201.1	213421.9
14680.8	185706.1	149976.1	35730.0	440888.5	375077.1
9632.0	68440.6	36525.5	31915.1	186149.8	148772.7
1887.4	141524.6	107283.1	34241.5	238856.3	164752.3
4672.1	29255.5	22668.1	6587.4	70168.2	60478.2
0.0	429.5	319.0	110.5	3321.3	3165.1
1706.6	556886.4	541991.4	14895.0	640595.6	600264.6
2144.1	163231.4	150549.6	12681.8	440863.8	414137.9
8430.9	29121.1	18373.7	10747.4	62122.1	54530.4

8－15 续　　表 1

单位:万元

指标名称 Index name	法人企业数（个） Number of Enterprises(unit)	期末资产负债 Late Assets and Liabilities 流动资产合计 Total Liquid Assets
文具用品批发 Wholesale of Stationery	28	111930.7
体育用品及器材批发 Cultural and Sports Goods	2	2278.2
图书批发 Wholesale of Books	3	1176968.4
首饰、工艺品及收藏品批发 Wholesale of Jewely, Handicraft and Collection	8	96794.6
其他文化用品批发 Wholesale of Other Cultural Products	3	91634.3
西药批发 Western Medicine Wholesale	160	9590468.9
中药批发 Traditional Chinese Medicine Wholesale	48	353214.4
动物用药品批发 Wholesale of Animal Drugs	4	9731.4
医疗用品及器材批发 Medical Supplies and Apparatus Wholesale	116	1440041.8
煤炭及制品批发 Wholesale of Coal and Related Products	18	499914.4
石油及制品批发 Wholesale of Petroleum and related Products	52	2403930.2
非金属矿及制品批发 Wholesale of Non－Metal Minerals and Products	1	1362.2
金属及金属矿批发 Wholesale of Metals and Metal Minerals	217	4012969.2
建材批发 Wholesale of Building Materials	57	309129.4
化肥批发 Wholesale of Fertilizers	7	240153.2
农药批发 Wholesale of Pesticides	2	5016.6
其他化工产品批发 Other Chemical Products Wholesale	79	280436.0
农业机械批发 Agricaltural Machinery Wholesale	1	3049.5
汽车零配件批发 Wholesale of Auto Parts	67	2271832.2
摩托车及零配件批发 Wholesale of Motorcycles and Parts	3	9700.5
五金产品批发 Hardware Products Wholesale	28	84972.0
电气设备批发 Ecectrical Equipment Wholesale	21	65904.2
计算机、软件及辅助设备批发 Wholesale of Computer, Software and Related Appliances	31	1610453.3
通讯设备批发 Wholesale of Communications Equipment	13	79146.4
广播影视设备批发 Wholesale of Radio, Film and Television Equipment	3	15854.5
其他机械设备及电子产品批发 Other mechanical Equipment and Ecectronic Products	93	575329.3

8－15 Continued 1

(10 000 yuan)

期末资产负债 Late Assets and Liabilities				损益及分配 Increase, Decrease and Assgning	
固定资产原价 Original Price of Fixed Assets	资产总计 Total Assets	负债合计 Total Liabilities	所有者权益合计 Total Interests of Own	营业收入 Sales Revenue	营业成本 Sales Cost
12046.0	114713.5	66042.1	48470.6	395213.1	377964.0
5.7	2374.9	754.0	1620.9	7863.0	6965.9
122330.7	1338478.8	1032233.1	306245.7	706417.6	577640.1
5974.3	99227.4	38998.3	60229.1	273041.6	224833.1
822.1	95663.7	67291.4	28372.3	257557.3	253254.6
642538.7	10687238.4	7579599.6	3110110.9	15207795.3	13961577.4
11703.2	367119.7	268677.2	98167.7	707106.3	634656.8
42.9	9742.3	7374.8	2367.5	17721.5	16057.6
117724.1	2170886.5	1389094.0	781792.5	1436573.6	1146833.1
10721.9	606665.4	354354.5	252310.9	2375976.3	2333553.5
2625362.7	5617392.6	3347294.3	2268683.6	27399552.1	26717896.0
11.8	1362.5	1195.6	166.9	2701.1	2603.0
202660.6	4463392.8	3392406.5	1062607.1	14159788.3	13901058.3
41856.9	346516.1	243912.0	102604.1	892425.8	837799.3
48691.6	324842.1	267732.9	57109.2	547048.0	528373.4
80.0	5847.8	3752.5	2095.3	21070.6	20151.4
23309.4	318241.1	223029.9	94962.4	2010438.2	1935358.1
44.0	3065.7	2270.6	795.1	4011.8	3546.4
49875.7	2681371.2	2618093.5	59930.3	4377368.9	4262717.3
265.6	9777.1	8228.6	1548.5	38412.8	36312.9
4838.0	185615.0	85135.4	100501.0	272235.4	255349.4
3518.9	70681.1	51924.6	18756.5	119702.9	106465.0
8160.5	1622965.7	1453829.5	168839.1	3205556.7	3168156.0
727.3	79981.1	578881.4	-499330.7	348028.4	361724.6
746.3	16250.5	9376.4	6874.1	24178.1	19634.2
54740.5	676767.4	520713.4	155950.0	1668922.6	1543151.7

8-15 续 表 2

单位:万元

指标名称 Index name	法人企业数(个) Number of Enterprises(unit)	期末资产负债 Late Assets and Liabilities 流动资产合计 Total Liquid Assets
贸易代理 Trade Agent	3	13067.6
再生物资回收与批发 Wholesale of Recyded Matorials	5	8673.8
互联网批发 Wholesale of Internet	3	13627.3
其他未列明批发业 Other Non - listed Wholesale	14	51501.1
二、按登记注册类型分 **Grouped by Registration**		
内资企业 Domestic - funded Ecterprises	1328	26587335.3
国有企业 State - owned Units	6	559831.7
集体企业 Collective - owned Units	4	8476.4
联营企业 Joint Venture	1	3045.8
集体联营企业 Collective Joint Ventures	1	3045.8
有限责任公司 Companies of Limited Liabilities	572	15291065.5
国有独资公司 Companies with State - owned Exclusive Investment	17	1531195.3
其他有限责任公司 Other Compaines of Limited Liabilities	555	13759870.2
股份有限公司 Companies of Share - holding with Limited Liabilities	36	6986366.7
私营企业 Private - owned Units	707	3735969.4
私营独资企业 Private Exclusive Investment	1	242.3
私营有限责任公司 Private Compaines of Limited Liabilities	688	3581123.0
私营股份有限公司 Private Companies of Limited Liabilities with Share Holding	18	154604.1
其他企业 Others	2	2579.8
港、澳、台商投资企业 Enterprises Funded by Entepreneurs from HongKong, Macao & Taiwan	22	3239099.9
与港澳台商合资经营企业 Joint Ventures with HongKong, Macao and Taiwan	5	1014166.7
港澳台商独资企业 Manage with HongKong, Macao and Taiwan Jointly	16	2058795.0
港澳台商投资股份有限公司 Share Holding Corporations Funded from HongKong, Macao and Taiwan	1	166138.2
外商投资企业 Foreign - funded Enterprises	18	1288947.8
中外合资经营企业 Sino - Foreign Cooperative Economic Units	8	749326.1
外资企业 Enterprises with Foreign Exclusive Investment	8	447166.8
其他外商投资企业 Other Foreign Funded Enterprises	2	92454.9

8－15 Continued 2

(10 000 yuan)

期末资产负债 Late Assets and Liabilities				损益及分配 Increase, Decrease and Assgning	
固定资产原价 Original Price of Fixed Assets	资产总计 Total Assets	负债合计 Total Liabilities	所有者权益合计 Total Interests of Own	营业收入 Sales Revenue	营业成本 Sales Cost
166.1	13557.7	8066.2	5491.5	53170.5	51183.2
2353.8	11547.2	6861.8	4685.4	26361.7	22936.0
283.9	13664.6	9330.9	4333.7	35456.5	32751.4
1448.0	52604.5	41275.5	11329.0	133339.0	127579.8
4348719.7	33413950.2	24039001.9	9359370.7	79567968.5	75591390.5
139503.9	678236.7	204847.0	473389.7	1544663.5	1084139.9
424.8	8552.0	7092.6	1459.4	16268.9	14364.0
47.2	3128.7	181.5	2947.2	5982.0	5665.8
47.2	3128.7	181.5	2947.2	5982.0	5665.8
1747732.8	18442676.2	14523927.7	3917283.8	48021629.4	46512966.4
139030.0	2108014.0	1533252.4	574761.6	4095065.4	3991760.3
1608702.8	16334662.2	12990675.3	3342522.2	43926564.0	42521206.1
2154722.2	10030652.3	6430916.6	3597181.2	18484807.8	17231121.6
303550.4	4246533.5	2870526.2	1364448.9	11487625.7	10736928.4
302.9	393.8	234.8	159.0	6774.6	6396.7
277759.1	4060309.3	2775957.6	1272793.3	11266679.1	10536814.1
25488.4	185830.4	94333.8	91496.6	214172.0	193717.6
2738.4	4170.8	1510.3	2660.5	6991.2	6204.4
110658.3	3685801.1	2614711.9	1071089.2	4135168.1	2955733.5
4903.6	1196080.0	954877.2	241202.8	213660.4	185816.1
79094.4	2231700.5	1536002.7	695697.8	3832832.8	2700801.2
26660.3	258020.6	123832.0	134188.6	88674.9	69116.2
47505.0	1417697.9	1553331.4	－135633.5	4540150.0	4310987.1
23511.6	861441.1	1125613.7	－264172.6	3358564.3	3262446.7
22738.7	461033.5	331873.1	129160.4	1148409.2	1019954.3
1254.7	95223.3	95844.6	－621.3	33176.5	28586.1

8－15 续 表 3

单位:万元

指标名称 Index name	损益及分配 Increase, Decrease and Assgning	
	税金及附加 Taxes and Extras	其他业务利润 Profits of Other Business
总 计 Total	**336285.4**	**27455.4**
其中:国有控股 State Owned and State holding	239803.4	61656.3
一、按批发行业小类分 According to the classification of the wholesale industry		
谷物、豆及薯类批发 Wholesale of Grain, Beans and Potatoes	68.4	5.1
种子批发 Seed Wholesale	116.8	65.9
畜牧渔业饮料批发 Wholesale of Livestock and Fishery Beverages	38.2	134.2
棉、麻批发 Cotton&hamp Wholesale	123.8	-103376.6
林业产品批发 forestry products wholesale	9.2	0.0
牲畜批发 Livestock Wholesale	31.1	0.0
其他农牧产品批发 Other wholesale agricultrral and livestock prodncts	9578.7	0.0
米、面制品及食用油批发 Wholesale of Rice, Noodle and Edible Oil	1163.4	379.6
糕点、糖果及糖批发 Wholesale of Cakes, Candy and Sugar	136.2	0.0
果品、蔬菜批发 Wholesale of Fruit and Vegetables	466.3	319.4
肉、禽、蛋、奶及水产品批发 Wholesale of Meat, Bird, Eggs, Milk and Aquatic products	804.7	380.2
盐及调味品批发 Wholesale of Salt and Seasoning	1145.6	42.8
营养和保健品批发 Wholesale of Health Care products	28.9	0.0
酒、饮料及茶叶批发 Wholesale of Alcohol, Drinks and Tea	12771.4	2825.9
烟草制品批发 Wholesale of Tobaccos	202789.0	394.0
其他食品批发 The Other foods Wholesale	1013.1	597.3
纺织品、针织品及原料批发 Wholesale of Textiles, Knitwear and Raw Material	88.8	0.0
服装批发 Wholesale of Gamments	804.2	-1309.5
鞋帽批发 Wholesale of Shoes and Hats	479.5	76.1
化妆品及卫生用品批发 Wholesale of Conmetics and Hygiene	607.1	3018.0
厨具卫具及日用杂货批发 Wholesale of Kitchen Supplies, Toilet Articles and Daily Necessities	130.7	224.6
灯具、装饰物品批发 Wholesale of Lampsand Ornament	2.0	0.0
家用视听设备批发 Wholesale of Home Audio and Visual Equipment	893.5	8.8
日用家用电器批发 Wholesale of Household Electrical Appliances	621.0	1535.4
其他家庭用品批发 Wholesale of Other household products	67.3	425.0

8－15 Continued 3

(10 000 yuan)

损益及分配 Inctease, Decrease and Assgning		人工成本及增值税 Labor Cost and Value Added Tax	
营业利润 Operating Profit	利润总额 Total Profits	应付职工薪酬（本年贷方累计发生额） Employee Compensation	应交增值税 Value added Tax Payable
1296306.3	**1282405.1**	**1266061.9**	**574807.3**
383244.5	389641.7	468633.0	230059.6
－3196.7	488.7	1895.3	34.3
－374.9	－307.0	2094.6	0.1
132.3	173.2	661.5	109.6
－9513.2	－9448.1	862.2	40.5
581.3	582.5	115.5	80.3
－1742.6	－1743.7	681.4	－12.6
－1055.2	－1046.2	186.5	86.0
8272.2	9274.7	8157.6	5227.5
－381.3	－151.6	2542.6	719.3
－20577.5	－20008.3	5973.2	1329.8
－16926.5	－13709.8	15922.3	3697.5
－8355.2	－7918.4	28892.3	1976.6
207.2	204.3	613.0	328.3
433851.7	397431.0	141665.8	73729.3
185214.8	186985.2	68047.2	62078.9
10187.4	10034.9	10954.7	5071.6
45.5	253.2	2169.2	335.6
14126.4	14677.0	17139.0	9894.3
3671.9	3711.9	12381.4	4453.4
22991.4	22482.0	9621.4	3488.6
343.0	438.5	3494.3	－190.1
26.4	26.4	94.7	15.6
4281.8	4276.2	16278.5	3309.2
3929.3	4016.0	3181.2	3811.6
767.2	4477.8	1827.2	568.8

8-15 续 表 4

单位:万元

指标名称 Index name	损益及分配 Increase, Decrease and Assgning	
	税金及附加 Taxes and Extras	其他业务利润 Profits of Other Business
文具用品批发 Wholesale of Stationery	221.5	615.3
体育用品及器材批发 Cultural and Sports Goods	1.4	0.0
图书批发 Wholesale of Books	1264.4	4948.6
首饰、工艺品及收藏品批发 Wholesale of Jewely, Handicraft and Collection	3672.3	2043.6
其他文化用品批发 Wholesale of Other Cultural Products	267.3	370.7
西药批发 Western Medicine Wholesale	40001.3	50286.4
中药批发 Traditional Chinese Medicine Wholesale	1288.2	132.5
动物用药品批发 Wholesale of Animal Drugs	113.2	0.0
医疗用品及器材批发 Medical Supplies and Apparatus Wholesale	4673.5	1264.5
煤炭及制品批发 Wholesale of Coal and Related Products	1910.4	1519.6
石油及制品批发 Wholesale of Petroleum and related Products	24750.3	41782.8
非金属矿及制品批发 Wholesale of Non - Metal Minerals and Products	1.8	0.0
金属及金属矿批发 Wholesale of Metals and Metal Minerals	10209.5	8487.1
建材批发 Wholesale of Building Materials	1352.3	0.0
化肥批发 Wholesale of Fertilizers	885.6	4779.7
农药批发 Wholesale of Pesticides	12.5	0.0
其他化工产品批发 Other Chemical Products Wholesale	1661.8	10.0
农业机械批发 Agricaltural Machinery Wholesale	1.7	18.1
汽车零配件批发 Wholesale of Auto Parts	5221.0	2437.1
摩托车及零配件批发 Wholesale of Motorcycles and Parts	41.6	0.0
五金产品批发 Hardware Products Wholesale	460.1	0.0
电气设备批发 Ecectrical Equipment Wholesale	291.7	756.1
计算机、软件及辅助设备批发 Wholesale of Computer, Software and Related Appliances	892.9	32.5
通讯设备批发 Wholesale of Communications Equipment	429.0	663.0
广播影视设备批发 Wholesale of Radio, Film and Television Equipment	40.6	0.0
其他机械设备及电子产品批发 Other mechanical Equipment and Ecectronic Products	2228.3	1561.6

8 - 15 Continued 4

(10 000 yuan)

损益及分配 Inctease, Decrease and Assgning		人工成本及增值税 Labor Cost and Value Added Tax	
营业利润 Operating Profit	利润总额 Total Profits	应付职工薪酬（本年贷方累计发生额） Employee Compensation	应交增值税 Value added Tax Payable
1470.1	1846.8	2713.7	1110.6
720.3	720.3	125.4	13.3
45898.8	44663.6	52415.4	790.6
15694.2	15680.1	17952.1	5424.1
-3508.0	-3503.6	1635.3	1015.3
395278.8	397793.4	333917.1	142851.5
8943.4	8923.1	19064.1	7074.4
578.3	579.0	102.4	601.1
139011.0	139945.0	51705.8	32495.7
15092.7	15750.7	3738.6	6060.9
136376.6	132406.2	202713.0	122882.8
9.3	9.3	3.0	1.8
82741.6	86151.7	50451.1	34368.6
11706.1	11883.5	11651.4	6275.2
4961.5	6382.9	4241.3	281.1
225.0	217.6	260.4	13.7
17911.7	18345.2	11212.9	6574.2
140.6	140.6	440.0	0.0
-159191.9	-158775.4	51264.1	2712.4
269.1	258.6	821.2	333.0
8181.9	8403.8	5540.7	1934.1
2831.1	2796.6	4433.9	2094.5
-460.5	1129.5	10661.3	3960.5
-83467.1	-83473.7	24067.9	1207.2
1084.2	1101.3	1413.6	280.5
25466.2	25944.7	44129.6	13241.8

8-15 续 表 5

单位:万元

指标名称 Index name	损益及分配 Increase, Decrease and Assgning	
	税金及附加 Taxes and Extras	其他业务利润 Profits of Other Business
贸易代理 Trade Agent	1.6	0.0
再生物资回收与批发 Wholesale of Recyded Materials	326.6	0.0
互联网批发 Wholesale of Internet	10.4	0.0
其他未列明批发业 Other Non - listed Wholesale	73.7	0.0
二、按登记注册类型分 Grouped by Registration		
内资企业 Domestic - funded Ecterprises	314546.9	22626.6
国有企业 State - owned Units	202760.9	394.0
集体企业 Collective - owned Units	31.3	0.0
联营企业 Joint Venture	5.1	5.1
集体联营企业 Collective Joint Ventures	5.1	5.1
有限责任公司 Companies of Limited Liabilities	62133.4	42235.4
国有独资公司 Companies with State - owned Exclusive Investment	4346.8	1110.6
其他有限责任公司 Other Compaines of Limited Liabilities	57786.6	41124.8
股份有限公司 Companies of Share - holding with Limited Liabilities	32748.9	-27699.4
私营企业 Private - owned Units	16863.7	7691.5
私营独资企业 Private Exclusive Investment	17.2	0.0
私营有限责任公司 Private Compaines of Limited Liabilities	16521.0	7251.8
私营股份有限公司 Private Companies of Limited Liabilities with Share Holding	325.5	439.7
其他企业 Others	3.6	0.0
港、澳、台商投资企业 Enterprises Funded by Entepreneurs from HongKong, Macao & Taiwan	16723.8	4944.2
与港澳台商合资经营企业 Joint Ventures with HongKong, Macao and Taiwan	402.0	39.4
港澳台商独资企业 Manage with HongKong, Macao and Taiwan Jointly	15899.4	4904.8
港澳台商投资股份有限公司 Share Holding Corporations Funded from HongKong, Macao and Taiwan	422.4	0.0
外商投资企业 Foreign - funded Enterprises	5014.7	-115.4
中外合资经营企业 Sino - Foreign Cooperative Economic Units	3728.5	-168.4
外资企业 Enterprises with Foreign Exclusive Investment	1179.0	0.0
其他外商投资企业 Other Foreign Funded Enterprises	107.2	53.0

8-15 Continued 5

(10 000 yuan)

损益及分配 Inctease, Decrease and Assgning		人工成本及增值税 Labor Cost and Value Added Tax	
营业利润 Operating Profit	利润总额 Total Profits	应付职工薪酬（本年贷方累计发生额） Employee Compensation	应交增值税 Value added Tax Payable
192.4	212.0	466.1	56.3
1402.0	1401.8	764.1	801.9
-86.4	-113.7	1043.6	(314.2)
326.6	383.8	1660.2	480.4
1040074.6	1061378.3	1032989.3	436223.9
179136.3	184664.8	71236.6	62055.2
326.7	363.8	506.5	271.0
286.7	286.7	938.8	1.1
286.7	286.7	938.8	1.1
422819.2	437165.8	418625.0	168953.7
64786.1	69002.9	47867.8	9778.3
358033.1	368162.9	370757.2	159175.4
263418.4	262842.0	395696.7	130036.3
173772.2	175771.2	145528.1	74906.6
146.2	146.2	82.5	20.2
169126.7	170393.6	140502.4	74041.3
4499.3	5231.4	4943.2	845.1
315.1	284.0	457.6	0.0
388639.6	353079.8	174121.0	77987.3
483.0	494.1	3250.6	2583.0
382519.9	347046.2	165421.5	73519.9
5636.7	5539.5	5448.9	1884.4
-132407.9	-132053.0	58951.6	60596.1
-145058.2	-144306.5	39145.9	47037.8
12347.9	11863.2	18438.7	12974.0
302.4	390.3	1367.0	584.3

8－16　限额以上零售业法人财务指标(2019 年)

单位:万元

指标名称 Index name	法人企业数(个) Number of Enterprises(unit)	期末资产负债 Late Assets and Liabilities 流动资产合计 Total Liquid Assets
总　计 Total	**915**	**8118902.8**
其中:国有控股 State－owned and State Holding	51	1553670.2
一、按零售行业小类分 According to the Classfication of Retail Industry		
百货零售 Department Store	42	1559016.7
超级市场零售 Super Market	17	550117.0
便利店零售 Convenience Store	5	40123.6
其他综合零售 Other Comprehensive	10	50302.0
粮油零售 Grain and Oil	2	16040.7
糕点、面包零售 Cake and Bread	8	33479.2
果品、蔬菜零售 Fruits and Vegetables	12	10764.6
肉、禽、蛋、奶及水产品零售 Wholesale of Meat, Bird, Eggs, Milk and Aquatic products	14	40531.0
营养和保健品零售 Wholesale of Health Care products	4	6260.2
酒、饮料及茶叶零售 Wholesale of Alcohol, Drinks and Tea	15	33612.4
烟草制品零售 Wholesale of Tobaccos	4	43846.3
其他食品零售 The Other foods Wholesale	16	174767.0
纺织品及针织品零售 Textiles and Knitwear	5	9924.0
服装零售 Clothing	58	317504.1
鞋帽零售 Shoes and Hats	6	29194.8
化妆品及卫生用品零售 Cosmetics and Hygiene	1	497.2
厨房用具及日用杂品零售 Kitchen Utensils and Daily Sundries	5	7451.6
钟表、眼镜零售 Clocks, Watch and Glasses	7	17872.9
箱包零售 Luggage and Bags	2	1217.8
其他日用品零售 Other Daily Necessities	7	5268.8
文具用品零售 Stationery	13	19965.4
体育用品及器材零售 Sports Goods	2	1150.8
图书、报刊零售 Books and Newspapers	9	85414.8

FINANCIAL INDICATORS OF ENTERPRISES ABOVE DESIGNATED SIZE IN RETAIL(2019)

(10 000 yuan)

期末资产负债 Late Assets and Liabilities				损益及分配 Increase, Decrease and Assgning	
固定资产原价 Original Price of Fixed Assets	资产总计 Total Assets	负债合计 Total Liabilities	所有者权益合计 Total Interests of Own	营业收入 Sales Revenue	营业成本 Sales Cost
3503754.9	**13334939.7**	**9622621.2**	**3692054.5**	**27951675.7**	**24566494.4**
2022885.7	4671375.3	3018873.1	1653748.9	6515722.5	5534587.4
1269532.3	3895072.9	2487672.8	1407752.6	4027368.8	3162913.1
762721.5	1299560.1	849096.3	450563.3	2502530.3	1989067.8
2348.3	49608.2	80400.8	-30792.6	103312.2	87409.3
8011.2	52651.1	49896.0	3564.3	139749.7	121587.4
1677.5	17699.4	5891.1	11808.3	1540.1	1408.2
7575.1	42636.7	34122.0	8514.7	102407.7	57016.4
5759.8	19923.7	35583.6	-15659.9	115357.4	106064.5
11697.8	56675.2	27439.9	29120.7	148946.1	124419.1
4871.2	11360.2	9371.1	1989.1	9137.4	6308.1
7888.9	44963.8	23678.0	21285.9	76338.5	49244.1
13775.7	70398.6	7990.4	62408.2	69343.9	60251.7
39351.5	266932.5	91205.3	175727.2	302728.9	208764.8
44.2	10028.5	9836.7	191.8	5487.4	3884.2
155050.7	502740.9	376881.6	125584.9	618664.2	477600.2
5150.3	33334.6	16811.4	16523.2	106352.1	85750.2
0.0	497.2	664.8	-167.6	1840.6	661.4
573.2	7560.6	3567.8	3992.8	14819.3	11244.8
2075.4	19951.6	8117.0	11834.6	32479.9	24322.7
156.5	1301.0	1095.9	205.1	5206.6	4411.7
266.0	5537.6	4578.2	959.4	16967.1	14139.8
1041.0	20710.8	17902.1	2808.7	63019.3	57746.7
16.5	1160.3	15829.6	-14669.3	1790.8	1661.0
45248.6	127662.5	79854.9	47807.6	70545.3	54129.5

8-16 续 表 1

单位:万元

指标名称 Index name	法人企业数(个) Number of Enterprises(unit)	期末资产负债 Late Assets and Liabilities 流动资产合计 Total Liquid Assets
音像制品、电子和数字出版零售 Photographic Equipment	1	816.4
珠宝首饰零售 Bijouterie	15	75094.7
工艺美术品及收藏品零售 Arts and rafts and Collections	2	1285.4
乐器零售 Musical Instruments	4	6654.8
其他文化用品零售 Other Cultural Activities	8	49315.9
西药零售 Western Medicine	45	267558.0
中药零售 Traditional Chinese Medicine	7	16424.0
医疗用品及器材零售 Medical Supplies and Equipment	4	14229.3
汽车新车零售 New Cars	281	2171279.9
汽车旧车零售 Used Cars	2	2172.2
汽车零配件零售 Auto Parts	8	13299.7
摩托车及零配件零售 Motocycle and Spare Parts	3	1886.0
机动车燃油零售 Motor Fuel	38	309027.9
机动车燃气零售 Motor Vehicle Gas	2	15236.4
家用视听设备零售 Home Auto - visual and Electronic Products Equipment	12	12303.7
日用家电零售 Household Appliances	36	464812.7
计算机、软件及辅助设备零售 Computer, Software and Auxliary Equipment	46	115495.6
通信设备零售 Communication Equipment	22	324839.1
其他电子产品零售 Other Electronic Products	8	9498.8
五金零售 Hardware	13	12645.9
灯具零售 Lamps and Lanterns	6	10111.4
家具零售 Furniture	18	38901.8
涂料零售 Paint	1	2173.8
卫生洁具零售 Sanitary ware	5	6207.6
木质装饰材料零售 Wood Decoration	4	2628.3
陶瓷、石材装饰材料零售 Ceramic and Stone	3	2385.2
其他室内装饰材料零售 Other interior Decoration Materials	7	7171.4

8 - 16 Continued 1

(10 000 yuan)

期末资产负债 Late Assets and Liabilities				损益及分配 Increase, Decrease and Assgning	
固定资产原价 Original Price of Fixed Assets	资产总计 Total Assets	负债合计 Total Liabilities	所有者权益合计 Total Interests of Own	营业收入 Sales Revenue	营业成本 Sales Cost
68.9	857.2	205.3	651.9	1864.7	1323.6
6342.5	79389.3	57960.7	20968.7	81208.0	67054.9
0.0	1599.6	178.2	0.0	12600.7	9550.2
132.0	6768.3	5732.9	1035.4	11545.9	9331.8
360.3	49759.8	50012.0	-252.2	45063.3	29594.0
29283.0	330758.3	283299.7	47416.8	599998.7	468770.6
809.4	18000.5	16215.2	1785.3	39009.2	33077.6
262.2	14368.1	12362.0	2011.6	22998.5	19793.6
338213.1	2725350.4	2175917.6	546965.1	7313830.3	6842255.8
120.8	2191.1	1669.5	521.6	3986.9	3228.2
1219.6	13712.2	9844.3	3867.9	33234.1	30787.6
1424.4	5113.7	5873.4	-759.7	16282.4	14912.2
429789.2	987291.2	776697.5	198834.0	2459004.5	2295714.0
19699.3	35773.2	3726.6	32046.6	31859.6	20447.6
2821.1	14852.7	7162.0	7690.7	52563.8	47510.1
198927.9	666037.3	381032.5	280922.9	1114417.0	945121.3
9432.6	126550.8	71270.2	55280.6	256967.0	216302.8
2364.2	333224.1	296787.9	36431.0	1267329.1	1185734.4
738.4	10238.8	4533.1	5705.7	18415.3	14121.9
769.8	13222.1	7681.6	5540.5	28897.8	26833.2
34.5	10121.6	9403.7	717.9	11661.4	10751.1
59554.4	114911.6	85875.8	29035.8	100488.8	64720.9
30.0	2186.4	2164.6	21.8	2744.6	2487.7
658.6	7306.3	4178.2	3128.1	22900.4	21742.5
694.4	2988.2	1132.4	1855.8	22300.4	19133.3
298.1	2706.4	1159.4	1547.0	6290.9	5284.7
2727.2	9685.2	13576.8	-3891.6	20823.1	16806.1

8-16 续　表 2

单位:万元

指标名称 Index name	法人企业数(个) Number of Enterprises(unit)	期末资产负债 Late Assets and Liabilities 流动资产合计 Total Liquid Assets
互联网零售 Internet	40	1085500.0
自动售货机零售 Vending Machine	1	12658.1
生活用燃料零售 Domestic Fuel	4	1219.1
其他未列明零售业 Other not Listed	5	11746.8
二、按登记注册类型分 **Grouped by Registration**		
内资企业 Domestic - funded Enterprises	884	6735624.2
国有企业 State - owned Units	10	54688.9
集体企业 Collective - owned Units	3	802.4
股份合作企业 Share - holding Cooperative	1	715.9
有限责任公司 Companies of Limited Liabilities	356	3153171.4
国有独资公司 Companies with State - owned Exclusive Investment	7	26821.3
其他有限责任公司 Other Compaines of Limited Liabilities	349	3126350.1
股份有限公司 Comparies of Share - holding with Limited Liabilities	19	1320681.3
私营企业 Private - owned Units	495	2205564.3
私营独资企业 Private Exclusive Investment	11	7350.6
私营合伙企业 Private Partnership	2	630.8
私营有限责任公司 Private Compaines of Limited Liabilities	468	2139038.5
私营股份有限公司 Private Companies of Limited Liabilities with Share Holding	14	58544.4
港、澳、台商投资企业 Enterprises funded by Entepreneurs from HongKong, Macao & Taiwan	14	552097.9
与港澳台商合资经营企业 Joint Ventures with HongKong, Macao and Taiwan	2	14474.9
港澳台商独资企业 HongKong and Marcro, Taiwan Owned	12	537623.0
外商投资企业 Foreign - funded Enterprises	17	831180.7
中外合资经营企业 Sino - Foreign Cooperative Economic Units	1	1556.7
外资企业 Enterprises with Foreign Exclusive Investment	15	822792.8
外商投资股份有限公司 Companies Limited Shares with Foreign Inevstment	1	6831.2

8－16 Continued 2

(10 000 yuan)

期末资产负债 Late Assets and Liabilities				损益及分配 Increase, Decrease and Assgning	
固定资产原价 Original Price of Fixed Assets	资产总计 Total Assets	负债合计 Total Liabilities	所有者权益合计 Total Interests of Own	营业收入 Sales Revenue	营业成本 Sales Cost
40212.6	1111769.2	1068876.7	43846.5	5788063.6	5410556.7
8361.4	17395.9	15347.7	2048.2	5161.8	4362.6
1914.4	5463.6	2776.4	829.0	4064.7	3367.0
1657.4	57378.6	12480.0	44898.6	20165.6	15809.7
3011912.6	11371972.5	8098232.6	3253475.9	23652652.4	20920306.7
15744.6	81524.6	18656.8	62867.8	55342.7	42957.7
76.4	1007.4	640.0	138.0	5970.2	5124.6
1608.5	2594.7	387.3	2207.4	4612.7	0.0
993413.7	4528260.5	3434360.0	1088630.9	13295901.5	12069907.8
174734.7	330375.9	215225.2	115150.7	803437.5	764608.1
818679.0	4197884.6	3219134.8	973480.2	12492464.0	11305299.7
1724936.2	3972252.2	2553075.3	1419176.9	4583218.3	3737215.6
276133.2	2786333.1	2091113.2	680454.9	5707607.0	5065101.0
5536.0	12864.7	4239.0	7000.0	34810.1	30115.9
1164.7	1524.8	384.8	1140.0	4322.8	3911.6
256721.4	2654430.6	2027896.0	615295.3	5550586.3	4925978.6
12711.1	117513.0	58593.4	57019.6	117887.8	105094.9
168443.3	717918.9	556365.7	161553.2	2104167.8	1757730.5
63417.2	78942.4	71589.9	7352.5	45627.4	40400.5
105026.1	638976.5	484775.8	154200.7	2058540.4	1717330.0
323399.0	1245048.3	968022.9	277025.4	2194855.5	1888457.2
249.9	1629.1	1039.9	589.2	1318.6	767.5
322192.2	1236235.7	965251.8	270983.9	2183675.4	1881480.9
956.9	7183.5	1731.2	5452.3	9861.5	6208.8

8-16 续 表 3

单位:万元

指标名称 Index name	损益及分配 Increase, Decrease and Assgning	
	税金及附加 Taxes and Extras	其他业务利润 Profits of Other Business
总 计 Total	**92787.3**	**440405.3**
其中:国有控股 State - owned and State Holding	34993.8	120371.4
一、按零售行业小类分 According to the Classfication of Retail Industry		
百货零售 Department Store	30076.2	221685.4
超级市场零售 Super Market	12088.0	129162.2
便利店零售 Convenience Store	101.9	3039.5
其他综合零售 Other Comprehensive	178.7	460.0
粮油零售 Grain and Oil	1.5	0.0
糕点、面包零售 Cake and Bread	342.8	984.3
果品、蔬菜零售 Fruits and Vegetables	86.6	145.8
肉、禽、蛋、奶及水产品零售 Wholesale of Meat, Bird, Eggs, Milk and Aquatic products	392.3	1733.2
营养和保健品零售 Wholesale of Health Care products	93.3	0.0
酒、饮料及茶叶零售 Wholesale of Alcohol, Drinks and Tea	289.0	18.9
烟草制品零售 Wholesale of Tobaccos	238.9	88.6
其他食品零售 The Other foods Wholesale	1690.9	19873.2
纺织品及针织品零售 Textiles and Knitwear	32.4	0.0
服装零售 Clothing	3123.8	6445.9
鞋帽零售 Shoes and Hats	477.2	1146.8
化妆品及卫生用品零售 Cosmetics and Hygiene	17.4	0.0
厨房用具及日用杂品零售 Kitchen Utensils and Daily Sundries	53.6	0.0
钟表、眼镜零售 Clocks, Watch and Glasses	131.0	679.4
箱、包零售 Luggage and Bags	13.1	0.0
其他日用品零售 Other Daily Necessities	35.5	409.9
文具用品零售 Stationery	108.6	5.4
体育用品及器材零售 Sports Goods	2.1	-30.1
图书、报刊零售 Books and Newspapers	50.1	2378.2

8-16 Continued 3

(10 000 yuan)

损益及分配 Inctease, Decrease and Assgning		人工成本及增值税 Labor Cost and Value Added Tax	
营业利润 Operating Profit	利润总额 Total Profits	应付职工薪酬（本年贷方累计发生额） Employee Compensation	应交增值税 Value added Tax Payable
474791.2	**486739.9**	**1044892.3**	**373001.5**
195031.2	188309.5	333055.4	151468.7
291841.9	299059.9	171181.0	124621.6
17640.7	13392.5	218222.6	28060.8
-20137.3	-19948.4	10404.8	345.9
1122.7	1177.6	4720.6	1453.2
94.9	105.7	103.9	12.4
4065.1	4098.1	13242.2	1828.2
-14172.6	-14550.6	58663.8	314.6
2576.7	2656.4	6183.0	1640.5
551.4	558.2	1539.6	217.9
11597.7	11634.1	1998.1	769.2
2016.4	2101.1	6026.6	863.2
31757.6	32272.5	30605.2	9792.2
-621.1	-615.8	970.5	323.0
-10074.7	-9326.1	38069.3	14295.4
2198.7	2209.2	10506.7	2743.7
373.4	373.4	553.9	31.3
186.8	188.5	1613.0	443.2
1672.2	2269.0	4297.5	983.2
9.3	18.5	315.1	41.2
108.8	112.5	1071.9	223.1
293.1	299.6	9265.9	1033.4
-137.1	-133.2	126.9	10.6
3407.7	3897.1	9125.9	431.2

8-16 续 表 4

单位:万元

指标名称 Index name	损益及分配 Increase, Decrease and Assgning	
	税金及附加 Taxes and Extras	其他业务利润 Profits of Other Business
音像制品、电子和数字出版零售 Photographic Equipment	8.1	0.0
珠宝首饰零售 Bijouterie	1394.3	86.4
工艺美术品及收藏品零售 Arts and rafts and Collections	3.6	0.0
乐器零售 Musical Instruments	24.5	0.0
其他文化用品零售 Other Cultural Activities	126.9	0.0
西药零售 Western Medicine	2071.5	1631.3
中药零售 Traditional Chinese Medicine	83.1	139.8
医疗用品及器材零售 Medical Supplies and Equipment	20.1	7.1
汽车新车零售 New Cars	21552.9	35644.0
汽车旧车零售 Used Cars	9.0	0.0
汽车零配件零售 Auto Parts	144.7	2.6
摩托车及零配件零售 Motocycle and Spare Parts	130.7	0.0
机动车燃油零售 Motor Fuel	3211.2	3868.2
机动车燃气零售 Motor Vehicle Gas	118.3	0.0
家用视听设备零售 Home Auto - visual and Electronic Products Equipment	106.6	0.0
日用家电零售 Household Appliances	3112.3	4486.7
计算机、软件及辅助设备零售 Computer, Software and Auxliary Equipment	583.8	962.0
通信设备零售 Communication Equipment	1623.0	164.9
其他电子产品零售 Other Electronic Products	56.5	12.6
五金零售 Hardware	50.4	0.0
灯具零售 Lamps and Lanterns	14.1	0.0
家具零售 Furniture	1062.6	8.0
涂料零售 Paint	2.3	0.0
卫生洁具零售 Sanitary ware	34.7	0.0
木质装饰材料零售 Wood Decoration	57.2	2161.1
陶瓷、石材装饰材料零售 Ceramic and Stone	10.6	0.0
其他室内装饰材料零售 Other interior Decoration Materials	36.1	0.0

8 – 16 Continued 4

(10 000 yuan)

损益及分配 Inctease, Decrease and Assgning		人工成本及增值税 Labor Cost and Value Added Tax	
营业利润 Operating Profit	利润总额 Total Profits	应付职工薪酬（本年贷方累计发生额） Employee Compensation	应交增值税 Value added Tax Payable
75.3	75.1	100.0	39.8
-1468.5	-1463.0	5014.0	1492.5
2964.4	2969.5	40.9	1251.4
-10.3	-10.3	788.2	344.0
-2455.5	-1322.2	897.8	925.2
1600.9	2139.1	69015.8	15814.9
779.8	770.0	2622.3	358.0
159.3	159.1	1403.2	247.7
54447.1	57830.7	196389.8	63238.7
-377.5	-379.3	272.7	68.4
124.2	130.5	907.3	295.8
584.5	583.2	334.5	148.1
24581.3	21503.7	37705.3	14379.0
4292.7	4275.1	3597.5	551.9
721.2	756.9	1854.9	400.9
21744.9	22306.1	40654.8	15466.5
18696.8	19805.4	16199.0	3491.3
10944.6	11018.5	19996.1	5944.0
566.0	656.1	1708.9	449.9
567.4	565.6	1060.4	234.4
214.1	217.3	262.3	92.2
-427.3	-263.8	10028.1	3679.8
3.0	3.0	80.7	2.9
312.8	312.8	723.5	85.8
1022.3	1020.2	919.4	272.8
232.6	232.6	9844.6	87.2
355.0	320.3	707.5	183.6

8-16 续 表 5

单位:万元

指标名称 Index name	损益及分配 Increase, Decrease and Assgning	
	税金及附加 Taxes and Extras	其他业务利润 Profits of Other Business
互联网零售 Internet	7289.1	1361.1
自动售货机零售 Vending Machine	143.3	26.5
生活用燃料零售 Domestic Fuel	39.7	0.0
其他未列明零售业 Other not Listed	41.2	1616.4
二、按登记注册类型分 Grouped by Registration		
内资企业 Domestic - funded Enterprises	75358.3	229046.3
国有企业 State - owned Units	217.0	642.1
集体企业 Collective - owned Units	51.0	0.0
股份合作企业 Share - holding Cooperative	12.7	0.0
有限责任公司 Companies of Limited Liabilities	27889.8	73003.7
国有独资公司 Companies with State - owned Exclusive Investment	1082.1	0.0
其他有限责任公司 Other Compaines of Limited Liabilities	26807.7	73003.7
股份有限公司 Comparies of Share - holding with Limited Liabilities	31200.1	129587.7
私营企业 Private - owned Units	15987.7	25812.8
私营独资企业 Private Exclusive Investment	177.6	668.9
私营合伙企业 Private Partnership	17.0	0.0
私营有限责任公司 Private Compaines of Limited Liabilities	15483.5	24843.5
私营股份有限公司 Private Companies of Limited Liabilities with Share Holding	309.6	300.4
港、澳、台商投资企业 Enterprises funded by Entepreneurs from HongKong, Macao & Taiwan	10316.1	186191.4
与港澳台商合资经营企业 Joint Ventures with HongKong, Macao and Taiwan	625.7	0.0
港澳台商独资企业 HongKong and Marcro, Taiwan Owned	9690.4	186191.4
外商投资企业 Foreign - funded Enterprises	7112.9	25167.6
中外合资经营企业 Sino - Foreign Cooperative Economic Units	9.9	0.0
外资企业 Enterprises with Foreign Exclusive Investment	7051.1	25168.7
外商投资股份有限公司 Companies Limited Shares with Foreign Inevstment	51.9	-1.1

8－16 Continued 5

(10 000 yuan)

损益及分配 Inctease, Decrease and Assgning		人工成本及增值税 Labor Cost and Value Added Tax	
营业利润 Operating Profit	利润总额 Total Profits	应付职工薪酬（本年贷方累计发生额） Employee Compensation	应交增值税 Value added Tax Payable
7132.7	10361.6	20570.0	52587.1
333.4	－379.9	155.0	4.6
246.9	249.1	493.1	66.9
454.8	447.1	1736.7	317.2
313775.6	323812.1	914901.8	328610.4
5592.1	5760.5	3107.4	1693.5
216.1	216.2	3484.1	429.5
229.5	229.5	330.7	14.1
122001.8	135856.6	340714.1	134515.1
－5122.0	－5527.0	15659.6	3250.3
127123.8	141383.6	325054.5	131264.8
163625.9	157758.8	298059.5	138551.0
22110.2	23990.5	269206.0	53407.2
1843.7	1854.9	855.8	708.9
116.1	116.1	161.0	170.6
17385.5	19199.4	261774.8	51310.6
2764.9	2820.1	6414.4	1217.1
110769.9	113119.2	68666.3	10663.1
－6626.7	－6203.3	2051.6	1070.2
117396.6	119322.5	66614.7	9592.9
50245.7	49808.6	61324.2	33728.0
110.2	63.2	158.0	67.5
49561.9	49068.6	59679.6	33209.4
573.6	676.8	1486.6	451.1

8－17　限额以上住宿业法人财务指标(2019 年)

单位:万元

指标名称 Index name	法人企业数(个) Number of Enterprises(unit)	期末资产负债 Late Assets and Liabilities 流动资产合计 Total Liquid Assets
总　计 Total	**280**	**388390.4**
其中:国有控股 State Holding	23	82449.1
一、按住宿业行业小类分 Grouped by Small Class		
旅游饭店 Traveling Hotel	128	298191.8
经济型连锁酒店 Budget Hotel Chain	49	24059.7
其他一般旅馆 Other Generel Hotel	98	54699.3
其他住宿业 Other Accomodation Service	5	11439.6
二、按登记注册类型分 Grouped by Registration		
内资企业 Domestic－funded Enterprises	269	340992.9
国有企业 State－owned Units	7	9259.1
集体企业 Collective－owned Units	3	17683.7
联营企业 Joint Venture	1	1707.1
国有联营企业 State－owned Joint Venture	1	1707.1
有限责任公司 Companies of Limited Liabilities	123	201002.2
国有独资公司 Companies with State－owned Exclusive Investment	3	12967.4
其他有限责任公司 Other Companies of Limited Liabilities	120	188034.8
股份有限公司 Companies of Share－holding with Limited Liabilities	6	6590.1
私营企业 Private－owned Units	129	104750.7
私营独资企业 Proprietorship	2	423.9
私营有限责任公司 Private Companies of Limited Liabilities	126	103706.3
私营股份有限公司 Private Companies of Limited Liabilities with Share Holding	1	620.5
港、澳、台商投资企业 Enterprises funded by Entepreneurs from HongKong, Macao & Taiwan	8	28135.8
与港澳台商合资经营企业 Joint Ventures with HongKong, Macao and Taiwan	1	12630.0
与港澳台商合作经营企业 Co－operation Companies	1	2134.1
港澳台商独资企业 Exclusive investment of HongKong, Macao, and Taiwan	4	5630.6
港澳台商投资股份有限公司 Manage with HongKong, Macao and Taiwan jointly	2	7741.1
外商投资企业 Foreign－funded Enterprises	3	19261.7
中外合资经营企业 sino－Foreign Cooperative Economic Units	1	13444.6
外资企业 Enterprises with Sole Foreign Investment	1	4301.4
外商投资股份有限公司 Companies Limited Shares with Foreign Inevstment	1	1515.7

FINANCIAL INDICATORS OF ENTERPRISES ABOVE DESIGNATED SIZE IN ACCOMMODATION (2019)

(10 000 yuan)

期末资产负债 Late Assets and Liabilities				损益及分配 Increase, Decrease and Assgning	
固定资产原价 Original Price of Fixed Assets	资产总计 Total Assets	负债合计 Total Liabilities	所有者权益合计 Total Interests of Own	营业收入 Sales Revenue	营业成本 Sales Cost
815332.6	**1180134.8**	**910733.3**	**268127.3**	**491853.8**	**161679.8**
191434.0	326113.8	165289.2	160824.6	61794.4	22121.3
679482.1	946215.7	689530.2	256029.2	354895.8	119298.7
29494.6	53131.1	51006.0	2125.1	41572.9	11118.1
102753.0	153103.5	152941.1	-455.5	85938.7	28950.2
3602.9	27684.5	17256.0	10428.5	9446.4	2312.8
623851.3	969859.2	732457.2	235035.0	417151.0	139446.5
20860.2	19786.2	7748.1	12038.1	9882.1	1909.8
44636.6	28290.3	8493.1	19797.2	9221.1	1683.0
1108.7	6454.9	8697.3	-2242.4	2166.8	1482.4
1108.7	6454.9	8697.3	-2242.4	2166.8	1482.4
349502.6	590688.8	421891.4	168398.2	230288.8	83547.3
59435.2	148292.5	66229.7	82062.8	13257.4	5137.0
290067.4	442396.3	355661.7	86335.4	217031.4	78410.3
27681.3	24952.7	17697.8	7254.9	8314.3	1634.7
180061.9	299686.3	267929.5	29789.0	157277.9	49189.3
1194.3	1313.7	147.7	1166.0	975.4	739.4
175064.6	287886.4	263979.2	21939.4	152633.8	48261.0
3803.0	10486.2	3802.6	6683.6	3668.7	188.9
51504.0	91171.6	83312.3	8952.1	52115.6	17723.7
2032.5	26656.2	23291.1	3365.1	6997.0	2020.9
4146.0	3421.7	2968.7	453.0	8117.2	3688.8
17621.0	38568.1	30853.7	8807.2	22249.0	5312.2
27704.5	22525.6	26198.8	-3673.2	14752.4	6701.8
139977.3	119104.0	94963.8	24140.2	22587.2	4509.6
67554.0	68986.3	32769.8	36216.5	11552.8	1430.8
23817.8	22779.5	23217.4	-437.9	4352.3	2538.9
48605.5	27338.2	38976.6	-11638.4	6682.1	539.9

8-17 续 表 1

单位:万元

指标名称 Index name	损益及分配 Increase, Decrease and Assgning 税金及附加 Taxes and Extras	其他业务利润 Profits of Other Business
总 计 **Total**	**6815.5**	**2553.7**
其中:国有控股 State Holding	1728.0	407.3
一、按住宿业行业小类分 **Grouped by Small Class**		
旅游饭店 Traveling Hotel	5783.9	813.7
经济型连锁酒店 Budget Hotel Chain	300.7	1551.5
其他一般旅馆 Other Generel Hotel	720.1	128.0
其他住宿业 Other Accomodation Service	10.8	60.5
二、按登记注册类型分 **Grouped by Registration**		
内资企业 Domestic - funded Enterprises	4842.3	2468.1
国有企业 State - owned Units	51.2	11.0
集体企业 Collective - owned Units	336.8	70.9
联营企业 Joint Venture	13.1	0.0
国有联营企业 State - owned Joint Venture	13.1	0.0
有限责任公司 Companies of Limited Liabilities	3045.4	854.8
国有独资公司 Companies with State - owned Exclusive Investment	578.9	0.0
其他有限责任公司 Other Companies of Limited Liabilities	2466.5	854.8
股份有限公司 Companies of Share - holding with Limited Liabilities	77.5	169.5
私营企业 Private - owned Units	1318.3	1361.9
私营独资企业 Proprietorship	3.7	0.0
私营有限责任公司 Private Companies of Limited Liabilities	1142.8	1361.9
私营股份有限公司 Private Companies of Limited Liabilities with Share Holding	171.8	0.0
港、澳、台商投资企业 Enterprises funded by Entepreneurs from HongKong, Macao & Taiwan	827.8	85.6
与港澳台商合资经营企业 Joint Ventures with HongKong, Macao and Taiwan	43.9	85.6
与港澳台商合作经营企业 Co - operation Companies	6.4	0.0
港澳台商独资企业 Exclusive investment of HongKong, Macao, and Taiwan	682.5	0.0
港澳台商投资股份有限公司 Manage with HongKong, Macao and Taiwan jointly	95.0	0.0
外商投资企业 Foreign - funded Enterprises	1145.4	0.0
中外合资经营企业 sino - Foreign Cooperative Economic Units	573.4	0.0
外资企业 Enterprises with Sole Foreign Investment	206.3	0.0
外商投资股份有限公司 Companies Limited Shares with Foreign Inevstment	365.7	0.0

8－17 Continued 1

(10 000 yuan)

损益及分配 Inctease, Decrease and Assgning		人工成本及增值税 Labor Cost and Value Added Tax	
营业利润 Operating Profit	利润总额 Total Profits	应付职工薪酬（本年贷方累计发生额） Employee Compensation	应交增值税 Value added Tax Payable
－12870.2	**－11048.5**	**112489.9**	**11417.6**
－2295.3	－2207.5	18592.2	1502.0
－6796.6	－4160.9	82606.9	7976.2
－1602.0	－2828.1	10681.7	1193.1
－4503.3	－4397.6	16312.4	2186.9
31.7	338.1	2888.9	61.4
－12658.6	－10603.6	90335.3	9520.2
－177.2	－176.1	3597.4	270.6
87.3	164.2	2023.2	122.6
－12.2	13.4	969.4	35.6
－12.2	13.4	969.4	35.6
－7295.2	－7962.4	54881.3	6282.5
－1021.5	－1056.7	4690.5	500.7
6273.7	6905.7	50190.8	5781.8
－865.4	－865.3	3090.4	281.4
－4395.9	－1777.4	25773.6	2527.5
135.4	135.4	97.4	4.8
－4604.4	－1999.0	24977.4	2422.7
73.1	86.2	698.8	100.0
－535.9	－717.1	17526.1	1027.5
332.8	289.1	1220.7	19.0
－1142.8	－1154.0	2172.0	42.2
183.4	178.7	8869.7	736.9
90.7	－30.9	5263.7	229.4
324.3	272.2	4628.5	869.9
773.5	747.5	3173.4	2.6
42.0	15.9	1202.2	107.1
－491.2	－491.2	252.9	760.2

8－18 限额以上餐饮业法人财务指标(2019年)

单位:万元

指标名称 Index name	法人企业数(个) Number of Enterprises(unit)	期末资产负债 Late Assets and Liabilities 流动资产合计 Total Liquid Assets
总　计 Total	**409**	**770408.8**
其中:国有控股 State Holding	3	17789.8
一、按餐饮业行业小类分 Gropued by Small Class		
正餐服务 Dinner Service	374	642845.7
快餐服务 Fast Food Service	15	25678.4
咖啡馆服务 Cafe Service	4	70360.5
其他饮料及冷饮服务 Other Beverage and Related Services	2	1050.5
餐饮配送服务 Food Distribution Service	13	30162.7
其他未列明餐饮业 Other	1	311.0
二、按登记注册类型分 Grouped by registration		
内资企业 Domestic－funded Enterprises	390	634028.5
国有企业 State－owned Units	1	176.1
集体企业 Collective－owned Units	1	51826.8
联营企业 Joint Venture	1	15416.2
集体联营企业 Collective Joint Ventures	1	15416.2
有限责任公司 Companies of Limited Liabilities	132	128023.2
国有独资公司 Companies with State－owned Excluasive Investment	1	14929.5
其他有限责任公司 Other Companies of Limited Liabilities	131	113093.7
股份有限公司 Companies of Share－holding with Limited Liabilities	3	31819.6
私营企业 Private－owned Units	252	406766.6
私营独资企业 Privately Owned	7	957.2
私营合伙企业 Private Partnership	3	417.4
私营有限责任公司 Private Companies of Limited Liabilities	240	399246.1
私营股份有限公司 Private Companies of Limited Liabilities with Share Holding	2	6145.9
港、澳、台商投资企业 Enterprises funded by Entepreneurs from HongKong, Macao & Taiwan	10	104408.0
与港澳台商合资经营企业 Joint Ventures with HongKong, Macao and Taiwan	2	10893.3
港澳台商独资企业 Exclusive investment of HongKong. Macao and Taiwan	8	93514.7
外商投资企业 Foreign－funded Enterprises	9	31972.3
中外合资经营企业 sino－Foreign Cooperative Economic Units	1	3474.2
外资企业 Enterprises with Sole Foreign Investment	8	28498.1

FINANCIAL INDICATORS OF ENTERPRISES ABOVE DESIGNATED SIZE IN CATERING TRADE(2019)

(10 000 yuan)

期末资产负债 Late Assets and Liabilities				损益及分配 Increase, Decrease and Assgning	
固定资产原价 Original Price of Fixed Assets	资产总计 Total Assets	负债合计 Total Liabilities	所有者权益合计 Total Interests of Own	营业收入 Sales Revenue	营业成本 Sales Cost
424378.5	**1432629.5**	**1197681.2**	**219709.4**	**1578875.5**	**823765.2**
9322.9	24967.6	18755.0	4892.3	25201.7	21098.0
305149.2	1101931.7	1022963.9	63873.5	820475.3	440859.3
92068.4	162185.5	114885.3	47155.6	478509.8	244596.5
20296.4	110226.4	32406.9	77819.5	154318.6	55871.5
2232.7	12188.7	10094.9	2093.8	33125.4	13010.4
4081.9	45444.1	17298.4	28145.7	91545.5	68965.9
549.9	653.1	31.8	621.3	900.9	461.6
272785.6	1088112.0	996223.1	76650.0	884321.3	520297.7
519.9	257.8	693.1	-435.3	488.8	157.9
7.5	71832.0	58755.1	13076.9	4254.1	4128.3
15933.2	25611.1	5347.9	20263.2	3982.0	3483.6
15933.2	25611.1	5347.9	20263.2	3982.0	3483.6
83424.9	217645.8	189676.5	24278.1	279814.3	179500.7
8803.0	21914.6	16587.0	5327.6	23123.9	20563.3
74621.9	195731.2	173089.5	18950.5	256690.4	158937.4
2924.0	49698.8	16857.2	22990.7	84729.5	58320.8
169976.1	723066.5	724893.3	-3523.6	511052.6	274706.4
898.6	1554.1	438.8	1110.8	10225.1	7998.6
50.1	437.4	186.5	250.9	1701.7	513.7
168427.4	710237.3	708872.1	-327.1	496654.2	264991.4
600.0	10837.7	15395.9	-4558.2	2471.6	1202.7
138094.4	294538.5	175875.7	118662.8	594211.3	259783.0
19731.0	26199.5	37355.7	-11156.2	2979.7	747.8
118363.4	268339.0	138520.0	129819.0	591231.6	259035.2
13498.5	49979.0	25582.4	24396.6	100342.9	43684.5
3583.4	3565.3	2419.4	1145.9	9591.4	8305.8
9915.1	46413.7	23163.0	23250.7	90751.5	35378.7

8-18 续 表 1

单位:万元

指标名称 Index name	损益及分配 Increase, Decrease and Assgning 税金及附加 Taxes and Extras	其他业务利润 Profits of Other Business
总 计 Total	**8786.5**	**4367.1**
其中:国有控股 State Holding	103.7	15.3
一、按餐饮业行业小类分 Gropued by Small Class		
正餐服务 Dinner Service	8124.6	4050.3
快餐服务 Fast Food Service	490.7	290.2
咖啡馆服务 Cafe Service	101.2	0.0
其他饮料及冷饮服务 Other Beverage and Related Services	7.9	0.0
餐饮配送服务 Food Distribution Service	59.1	26.6
其他未列明餐饮业 Other	3.0	0.0
二、按登记注册类型分 Grouped by registration		
内资企业 Domestic - funded Enterprises	6221.2	4357.9
国有企业 State - owned Units	12.1	15.3
集体企业 Collective - owned Units	19.5	0.0
联营企业 Joint Venture	0.0	0.0
集体联营企业 Collective Joint Ventures	0.0	0.0
有限责任公司 Companies of Limited Liabilities	2641.3	1635.4
国有独资公司 Companies with State - owned Excluasive Investment	83.3	0.0
其他有限责任公司 Other Companies of Limited Liabilities	2558.0	1635.4
股份有限公司 Companies of Share - holding with Limited Liabilities	71.3	25.8
私营企业 Private - owned Units	3477.0	2681.4
私营独资企业 Privately Owned	89.0	0.0
私营合伙企业 Private Partnership	1.8	0.0
私营有限责任公司 Private Companies of Limited Liabilities	3300.5	2681.4
私营股份有限公司 Private Companies of Limited Liabilities with Share Holding	85.7	0.0
港、澳、台商投资企业 Enterprises funded by Entepreneurs from HongKong, Macao & Taiwan	2505.3	0.0
与港澳台商合资经营企业 Joint Ventures with HongKong, Macao and Taiwan	132.6	0.0
港澳台商独资企业 Exclusive investment of HongKong. Macao and Taiwan	2372.7	0.0
外商投资企业 Foreign - funded Enterprises	60.0	9.2
中外合资经营企业 sino - Foreign Cooperative Economic Units	11.8	0.0
外资企业 Enterprises with Sole Foreign Investment	48.2	9.2

8－18 Continued 1

(10 000 yuan)

损益及分配 Inctease, Decrease and Assgning		人工成本及增值税 Labor Cost and Value Added Tax	
营业利润 Operating Profit	利润总额 Total Profits	应付职工薪酬（本年贷方累计发生额） Employee Compensation	应交增值税 Value added Tax Payable
83477.6	**86045.8**	**334684.1**	**15866.2**
-1369.3	-431.8	5048.7	226.3
24203.1	27047.9	169637.5	16040.9
23964.1	23306.0	114815.8	-434.4
29409.7	29459.9	21241.6	742.7
1957.9	1958.0	2537.5	-753.3
3894.4	4225.6	26178.7	252.5
48.4	48.4	273.0	17.8
12584.5	15829.0	175607.3	15037.7
-93.3	-99.3	191.2	2.8
-292.6	-292.6	280.0	8.2
-991.5	-991.5	805.2	0.0
-991.5	-991.5	805.2	0.0
-1773.6	54.6	52655.9	4108.4
-1326.5	-380.9	4857.5	152.4
-447.1	435.5	47798.4	3956.0
3990.2	4185.1	20348.1	370.6
11745.3	12972.7	101326.9	10547.7
383.6	376.2	886.2	197.3
218.3	222.2	359.0	20.1
11262.4	12490.5	99553.2	10253.8
-119.0	-116.2	528.5	76.5
58647.0	58030.3	136697.8	990.9
-752.4	-747.2	1056.1	61.7
59399.4	58777.5	135641.7	929.2
12246.1	12186.5	22379.0	-162.4
816.2	700.6	1807.5	62.7
11429.9	11485.9	20571.5	-225.1

8-19 亿元商品交易市场分类成交额(2019年)

项　　目 Item	年末出租摊位数 (个) Number of Booth (unit)	成交额 (万元) Sales Revenue (10 000 yuan)
总　计 Total	**23250**	**10566786**
1. 粮油、食品类 grain and oil, food	4469	3251879
其中:粮油类 Among them:grain and oil	931	440904
肉禽蛋类 Poultry and eggs	732	339177
水产品类 Aquatic product category	650	1300082
蔬菜类 Vegetables	1150	556304
干鲜果品类 Dry and fresh fruit	413	99070
2. 饮料类 drinks	362	75720
3. 烟酒类 tobacco and alcohol	76	17172
4. 服装、鞋帽、针纺织品类 clothing, footwear, textiles	9814	757602
(1)服装类 clothing	8318	630151
(2)鞋帽类 shoes and hats	989	82110
(3)针纺织品类 textiles	507	45341
5. 化妆品类 cosmetics category	0	0
6. 金银珠宝类 gold and silver jewelry	0	0
7. 日用品类 daily necessities	80	20000
其中:可穿戴智能设备 Among Them: Wearable Smart Devices	0	0
8. 五金、电料类 hardware, electrical materials	1240	233500
9. 体育、娱乐用品类 sports, entertainment products	0	0
其中:照相器材类 Among them:photographic equipment	0	0
10. 书报杂志类 books and magazies	0	0
11. 电子出版物及音像制品类 electronic publications and audio - visual products	0	0
12. 家用电器和音像器材类 Household Appliances and Audio - visual Equipment	565	141250
其中:能效等级为1和2级的商品 Among Them: Energy Efficiency Rating is a Class Ⅰ and Class Ⅱ Commodity	0	0
其中:智能家用电器和音像器材 Among Them: Smart Hone Appliances and Audio and Vedio Equipment	0	0

CLASSIFICATION TURNOVER ALL TRANSACTION OVER 100 MILLION YUAN (2019)

项　　目 Item	年末出租摊位数 (个) Number of Booth (unit)	成交额 (万元) Sales Revenue (10 000 yuan)
13. 中西药品类 Drugs	0	0
其中:西药类 Among them:Western Medicine	0	0
中草药及中成药类 Chinese Medicine	0	0
14. 文化办公用品类 Cultural office Supplies	812	549632
其中:计算机及其配套产品 Among them:Computer and its supporting products	0	0
15. 家具类 Furniture	397	21984
16. 通讯器材类 Communication Equipment	421	184870
其中:智能手机 Among Them: Smartphones	0	0
17. 煤炭及制品类 Coal and Products	10	2500
18. 木材及制品类 Wood and Products	410	510250
19. 石油及制品类 Petroleum and Products	50	12500
20. 化工材料及制品类 Chemical Materials and Products	200	50000
其中:化肥类 Among them:Chemical Fertillizer	101	25250
21. 金属材料类 Metallic Materical	2088	3638468
22. 建筑及装潢材料类 Consturction and Decoration Materials	585	72139
23. 机电产品及设备类 Mechanical and Electronic Products and Equipment	240	60000
其中:农机类 Among them:Agricultural Machinery	20	5000
24. 汽车类 The Car	583	299580
其中:新能源汽车 Among Them: New Energy Vehicle	0	0
25. 种子饲料类 Seed and Feed	60	15000
26. 棉麻类 Cotton and Hemp	52	5000
27. 其他类 Others	736	647740

8－20 亿元商品交易市场分类(2019 年)

项　　目 Item	市场数量(个) Number(unit)	总摊位数(个) All Booths(unit)	年末出租摊位数(个) Booths rental end of the year(year)	营业面积(平方米) Sapce of Management(m^2)	成交额(万元) Sales Revenue(10 000 yuan)
总　计 **Total**	**37**	**27762**	**23250**	**2634473**	**10566786**
一、按市场类别分组 **Group by Market**					
1. 综合市场 Integration Markets	6	6505	6490	984025	2922852
综合贸易市场 Comprehensive trade Market	6	6505	6490	984025	2922852
生产资料综合市场 Integration Markets of Capital Goods	1	4285	4285	850000	2010500
农产品综合市场 Integration Markets of Farming Products	5	2220	2205	134025	912352
2. 专业市场 Speciality Markets	31	21257	16760	1650448	7643934
生产资料市场 Capital Goods Markets	5	2154	2066	290400	3632968
金属材料市场 Metal Materials Market	5	2154	2066	290400	3632968
农产品市场 Farm Products Markets	4	3962	1966	201016	2113975
水产品市场 Aquatic Products Market	2	3077	1433	176241	2010000
干鲜果品市场 Dry and Fresh Fruit Markets	1	365	337	12775	91235
其他农产品市场 Other Farm Products Markets	1	520	196	12000	12740
食品、饮料及烟酒市场 Markets for Food, Berveage, Cigarette and Liquor	1	120	120	1144	15521
茶叶市场 Tea Markets	1	120	120	1144	15521
纺织、服装、鞋帽市场 Textile, Clothing, Shoe and Hat Markets	13	11908	9798	681354	762265
布料及纺织品市场 Fabric and Textile Markets	2	235	217	10674	20121
服装市场 Clothing Markets	9	10953	9007	620680	698544

THE CLASSIFICATION OF ALL TRANSACTION OVER 100 MILLION YUAN (2019)

项　目 Item	市场数量（个） Number (unit)	总摊位数（个） All Booths (unit)	年末出租摊位数（个） Booths rental end of the year (year)	营业面积（平方米） Sapce of Management (m^2)	成交额（万元） Sales Revenue (10 000 yuan)
鞋帽市场 Shoes and Hats Markets	2	720	574	50000	43600
日用品及文化用品市场 Articles for Daily use and Cultural Products Markets	2	775	770	97676	539132
其他日用品及文化用品市场 Others	2	775	770	97676	539132
电器、通讯器材、电子设备市场 Electrical Appliance, Communication Equipment and Electronic and Markets	1	435	405	25000	180870
通讯器材市场 Communication Equipment Markets	1	435	405	25000	180870
家具、五金及装饰材料市场 Furniture, Hardware and Decoration Makets	3	1320	1052	183858	99623
家具市场 Funiture Makets	1	267	249	52014	36273
装饰材料市场 Decoration Materials Markets	1	510	353	100000	27350
五金材料市场 Hardware Markets	1	543	450	31844	36000
汽车、摩托车及零配件市场 Auto, Motocycle and its Spare Parts Markets	2	583	583	170000	299580
汽车市场 Auto Markets	2	583	583	170000	299580
二、按经营方式分组 **Group by way of Operation**					
1. 以批发为主 Wholesale Based	31	25480	21244	2282710	10120742
2. 以零售为主 Retail Oriented	6	2282	2006	351763	446044
三、按经营环境分组 **Group by Business Environment**					
1. 露天式 Open air	5	3368	2636	215094	2527340
2. 封闭式 Closed	31	23851	20164	2387535	8003446
3. 其　他 Other	1	543	450	31844	36000

8－21 商业综合体总体情况(2019 年)

一、基本情况

商业综合体调查个数:26 个
全部可出租(使用)面积:215.34 万平方米
车位数:2.74 万个
全年总客流量:25172 万人次

二、自营、联营部分的经营情况

项目	Item	商户数(个) Number of Merchants (unit)	法人 Corporation	分支机构 Branches	个体户 Individual Merchants
合计	Total	274	61	199	14
一、零售业	Retail	243	40	193	10
1. 百货零售	Department Stores	27	19	6	2
2. 超级市场零售	Supermarkets	2	1	1	0
3. 食品、饮料及烟草制品零售	Food, Beverage, and Tobacco Products Retail	3	0	3	0
4. 服装鞋帽针纺织品零售	Clothing Shoes, Hats and Needle Textiles Retail	175	13	159	3
5. 化妆品零售	Cosmetics Retail	14	4	10	0
6. 日用品零售	Daily Necessities Retail	6	1	5	0
7. 家用电器及电子产品零售	Household Appliances and Electronic Products Retail	6	1	3	2
8. 其他	Others	10	1	6	3
二、餐饮业	Catering	21	17	2	2
三、服务业	Serive	10	4	4	2
1. 电影放映	Film Screening	2	1	1	0
2. 教育培训	Education Training	0	0	0	0
3. 室内娱乐活动	Indor Entertainment	3	3	0	0
4. 理发及美容服务	Hairdressina and Beauty Services	1	0	0	1
5. 健身休闲活动	Body Building and Healthcare	1	0	0	1
6. 其他	Others	3	0	3	0

三、租赁部分的经营情况

项目	Item	商户数(个) Number of Merchants (unit)	法人 Corporation	分支机构 Branches	个体户 Individual Merchants
合计	Total	4518	1444	678	2396
一、零售业	Retail	2549	857	378	1314
1. 百货零售	Department Stores	356	242	26	88
2. 超级市场零售	Supermarkets	18	10	7	1
3. 食品、饮料及烟草制品零售	Food, Beverage, and Tobacco Products Retail	324	56	57	211
4. 服装鞋帽针纺织品零售	Clothing Shoes, Hats and Needle Textiles Retail	1377	382	180	815
5. 化妆品零售	Cosmetics Retail	87	32	21	34
6. 日用品零售	Daily Necessities Retail	145	35	37	73
7. 家用电器及电子产品零售	Household Appliances and Electronic Products Retail	87	43	25	19
8. 其他	Others	155	57	25	73
二、餐饮业	Catering	1272	359	175	738
三、服务业	Serive	697	228	125	344
1. 电影放映	Film Screening	19	12	6	1
2. 教育培训	Education Training	185	62	30	93
3. 室内娱乐活动	Indor Entertainment	112	53	29	30
4. 理发及美容服务	Hairdressina and Beauty Services	142	27	26	89
5. 健身休闲活动	Body Building and Healthcare	62	23	8	31
6. 其他	Others	177	51	26	100

TOTAL CONDITIONS OF COMMERCIAL SYNTHESES(2019)

Basic Conditions

Number of Commercial Syntheses Surveyed:26 (unit)

Total Leasable Space:215.34 (10000 m^2)

Number of Poking Places:2.74 (10000 unit)

Total Passenger Flow of The Year:25172 (10000 person)

Operating Conditions of Self Owned and Affilliated Merchants

商户从业人员期末人数(人) Number of Late Employees of merchants	商户销售额(营业额) Operating Revenue of Merchants (万元) (10 000 yuan)		营业面积(平方米) Operating Spate(m^2)
	本年 This Year	上年 Last Year	
1914	162833	163038	187093
1621	144877	136964	137679
490	78286	76696	76791
150	22464	23721	20289
3	1	2	1
829	25397	21703	32066
38	4452	4531	1139
24	415	407	940
46	9335	6232	4733
41	4527	3672	1720
185	10581	18746	18818
108	7375	7328	30596
63	6707	6691	21883
0	0	0	0
16	214	206	3678
5	102	97	206
8	352	334	3072
16	0	0	1757

Operating Conditions of Rental Merchants

商户从业人员期末人数(人) Number of Late Employees of Merchants	租金总额(万元) Rental Income (10 000 yuan)		商户销售额(营业额) Operating Revenue of Merchants (万元) (10 000 yuan)		营业面积(平方米) Operating Space(m^2)
	本年 This Year	上年 Last Year	本年 This Year	上年 Last Year	
33783	304078	274097	2930852	2604600	1720409
14781	184137	169195	2010935	1831225	864645
2888	25615	25290	351221	329863	128756
1980	12188	10902	244085	225247	210348
1384	14062	17503	119493	114073	15554
5467	93187	82057	808087	731109	405138
505	6779	4847	61970	45176	9757
900	12814	11900	102915	94752	21723
830	7930	6356	139530	116079	28533
827	11562	10340	183634	174926	44836
11923	72991	64420	638050	550118	437366
7079	46950	40482	281867	223257	418398
727	8460	7784	51143	48931	101379
1924	9385	7740	74237	41466	86637
1476	13064	11213	64406	60160	100794
1089	5931	4953	32101	29156	23004
803	4126	3662	19088	16752	47315
1060	5984	5130	40892	26792	59269

8-22 历年进出口人民币总值
IMPORT AND EXPORT RMB CALIBER DATA OVER THE YEARS

单位:亿元 (100 million yuan)

年份 Year	进出口总额 Total Imports and Exports	进口 Imports	出口 Exports
2000	168.9	71.5	97.4
2001	178.7	100.3	78.4
2002	182.3	92.1	90.2
2003	259.8	137.2	122.6
2004	355.0	195.2	159.8
2005	506.7	298.9	207.8
2006	641.2	338.8	302.4
2007	761.8	397.5	364.3
2008	984.3	497.7	486.6
2009	780.5	383.0	397.5
2010	1227.3	633.0	594.3
2011	1485.1	723.1	762.0
2012	1285.1	606.5	678.6
2013	1349.6	608.7	740.9
2014	1624.2	777.0	847.2
2015	1749.3	804.9	944.4
2016	1570.1	664.3	905.8
2017	1935.7	778.2	1157.5
2018	2148.4	873.2	1275.2
2019	2440.2	1077.9	1362.3

8－23 历年进出口美元总值
IMPORT AND EXPORT DOLLAR CALIBER DATA OVER THE YEARS

单位:亿美元 (100 million USD)

年份 Year	进出口总额 Total Imports and Exports	进口 Imports	出口 Exports
2000	20.25	8.52	11.73
2001	21.56	12.10	9.46
2002	22.03	11.13	10.90
2003	31.35	16.54	14.81
2004	42.93	23.61	19.32
2005	61.56	36.32	25.24
2006	80.13	42.34	37.79
2007	99.60	52.03	47.57
2008	140.33	70.95	69.38
2009	114.59	56.33	58.26
2010	180.79	93.25	87.54
2011	228.68	111.35	117.33
2012	203.52	96.06	107.46
2013	217.52	98.09	119.43
2014	264.29	126.38	137.91
2015	280.50	128.98	151.52
2016	237.81	100.58	137.23
2017	285.91	114.90	171.01
2018	325.19	132.47	192.72
2019	353.15	156.09	197.06

8-24 实际利用外资
AMOUNT OF FOREIGN CAPITAL ACTUALLY UTILIZED

单位:万美元 (10 000 USD)

年份 Year	合计 Total	境外客商直接投资 Foreign Direct Investments	实际利用外资比上年增长±% Increase Rate of Foreign Capital Actually Utilized Over Last Year (%)
1990	8044	1135	2.7
1991	10187	1507	26.6
1992	21261	7138	108.7
1993	46427	29485	118.4
1994	91343	44961	96.7
1995	111514	59150	22.1
1996	92024	46730	-17.5
1997	93083	45333	1.2
1998	105618	45397	13.5
1999	116585	47550	10.4
2000	130279	75415	11.7
2001	143201	72223	10.0
2002	157602	86300	10.1
2003	176155	111147	11.8
2004	152003	116063	20.6
2005	174001	133998	14.5
2006	200143	151091	15.0
2007	225005	169763	12.4
2008	257338	193841	14.4
2009	293501	217331	14.1
2010	329265	245031	12.2
2011	376015	275400	14.2
2012	444424	342174	18.2
2013	525011	410081	18.1
2014	619858	524208	18.1
2015	734303	647553	18.5
2016	852255	755655	16.1
2017	964690	964690	13.2
2018	1092684	1092684	13.3
2019	1230896	1230896	12.6

8－25 旅游基本情况
STATISTICS ON TOURISM

	计量单位 unit	2018 年	2019 年
国内旅游人数 Total Number of Domestic Tourists	万人次 10 000 people	28512.47	31586.27
接待入境游客人数 Number of Inbound Tourists	万人次 10 000 people	276.75	312.04
其中:外国人 Foreigners	万人次 10 000 people	223.60	251.67
港澳台同胞 Compatriots from HongKong, Macao and Taiwan	万人次 10 000 people	53.15	60.37
接待入境游客人天数 Total Number of Tourist and Days Received (10,000 person－day)	万人天 10 000 people per day	815.20	923.34
其中:外国人 Foreigners	万人天 10 000 people per day	661.14	739.68
港澳台同胞 Compatriots from Hongkong, Macao and Taiwan	万人天 10 000 people per day	154.06	183.66
旅游总收入 Total Tourism Earnings	亿元 100 million yuan	3163.11	3570.79
其中:国际旅游(外汇)收入 International Tourism Foreign Exchange Earnings	亿美元 100 million dollars	18.97	21.60
国内旅游收入 Domestic Tourism Earnings	亿元 100 million yuan	3037.55	3421.52
年末星级以上宾馆数 Number of Star－ranking and above Hotels	个 unit	62	57
其中:五星级 Five－Star	个 unit	13	15
四星级 Four－Star	个 unit	28	26
三星级 Three－Star	个 unit	20	15
旅游星级饭店客房合计 Number of Guest Rooms	间 unit	12234	12011
旅游星级饭店床位合计 Number of Beds	张 unit	18953	21391
旅游星级饭店客房实际出租间天数 Actual Number of Days Hired for Guest Rooms	间/天 unit per day	2834634	2523789
旅游星级饭店客房核定出租间天数 Checking Number of Days Hlred for Guest Rooms	间/天 unit per day	4447111	4273276
旅行社个数 Number of Travel Agencies	个 unit	382	415
年末 A 级旅游景区数 Number of Grade A Tourist attractions	个 unit	46	44
其中:4 级及以上 Four A class and Above	个 unit	22	23

主 要 统 计 指 标 解 释

社会消费品零售总额 指企业(单位、个体户)通过交易直接售给个人、社会集团非生产、非经营用的实物商品金额,以及提供餐饮服务所取得的收入金额。个人包括城乡居民和入境人员,社会集团包括机关、社会团体、部队、学校、企事业单位、居委会或村委会等。

商品购进额 指从本企业以外的单位和个人购进(包括从国外直接进口)作为转卖或加工后转卖的商品金额(含增值税)。本指标反映批发和零售业从国内外市场上购进商品的总价。

商品购进包括:(1)从工农业生产者、批发和零售业企业、住宿和餐饮业企业、出版社或报社的出版发行部门和其他服务业企业购进的商品;(2)从机关团体、事业单位购进的商品;(3)从海关、市场管理部门购进的缉私和没收的商品;(4)从居民收购的废旧商品等。

不包括:(1)企业为本单位自身经营用,不是作为转卖而购进的商品,如材料物资、包装物、低值易耗品、办公用品等;(2)未通过买卖行为而收入的商品,如接受其他部门移交的商品、借入的商品、收入代其他单位保管的商品、其他单位赠送的样品、加工回收的成品等;(3)经本单位介绍,由买卖双方直接结算,本单位只收取手续费的业务;(4)销售退回和买方拒付货款的商品;(5)商品溢余。

商品销售额 指对本单位以外的单位和个人出售的商品金额(包括售给本单位消费用的商品,含增值税),本指标反映批发和零售业在国内市场上销售商品以及出口商品的总量。

商品销售包括:(1)售给城乡居民和社会集团消费用的商品;(2)售给农业、工业、建筑业、服务业等国民经济各行业用于生产、经营用的商品,包括售予批发和零售业作为转卖或加工后转卖的商品;(3)对国(境)外直接出口的商品。

商品销售不包括:(1)未通过买卖行为付出的商品,如随机构变动移交给其他企业单位的商品、借出的商品、归还受其他单位委托代保管的商品、付出的加工原料和赠送给其他单位的样品等;(2)经本单位介绍,由买卖双方直接结算,本单位只收取手续费的业务;(3)购货退回的商品;(4)商品损耗和损失;(5)出售本单位自用的废旧物资。

营业额 指住宿和餐饮业单位在经营活动中因提供服务或销售商品等取得的全部收入(含增值税)。收入主要来源于提供客房、餐费服务、商品销售和其他服务,如商务服务。不包括多产业法人企业附营的其他产业活动单位的餐费收入,商品销售收入等各项收入。

连锁总店(总部) 负责连锁企业资源(商号、商誉、经营模式、服务标准、管理模式等等)的开发、配置、控制或使用等功能的企业核心管理机构。连锁经营是指经营同类商品或服务,使用统一商号的若干店铺,在同一总店(总部)的管理下,采取统一采购或特许经营等方式,实现规模效益的组织形式,包括直营连锁、特许连锁和自愿连锁三种形式。

商品交易市场 是指经有关部门和组织批准设立,有固定场所、设施,有经营管理部门和监管人员,若干市场经营者入内,常年或实际开业三个月以上,集中、公开、独立地进行生活消费品、生产资料等现货商品交易以及提供相关服务的交易场所,包括各类消费品市场、生产资料市场等。

城市商业综合体 是指以区域为中心、以购物中心为主导,融合了商业零售、餐饮、休闲养生、娱乐、文化、教育等多项城市主要功能活动,面向各类生活消费人群、提供综合性服务的大型建筑综合体。

货物进出口总额 指实际进出我国关境的货物总金额。包括对外贸易实际进出口货物,来料加工装配进出口货物,国家间、联合国及国际组织无偿援助物资和赠送品,华侨、港澳台同胞和外籍华人捐赠品,租赁期满归承租人所有的租赁货物,进料加工进出口货物,边境地方贸易及边境地区小额贸易进出口货物(边民互市贸易除外),中外合资企业、中外合作经营企业、外商独资经营企业进出口货物和公用物品,到、离岸价格在规定限额以上的进出口货样和广告品(无商业价值、无使用价值和免费提供出口的除外),以及其他进出口货物。该指标用以观察一个国家在对外贸易方面的总规模。我国规定出口货物按离岸价格统计,进口货物按到岸价格统计。

利用外资 指我国各级政府、部门、企业和其他经济组织通过吸收外商直接投资以及用其他方式筹措的境外现汇、设备、技术等。

外商直接投资 指外方投资者在我国境内通过设立外商投资企业、合伙企业、与中方投资者共同进行石油、天然气和煤层气等资源的合作勘探开发以及设立外国公司分支机构等方式进行投资。外方投资者可以用现金、实物、无形资产、股权等投资。

旅游者人数 包括入境国际旅游者人数、出境居民人数和国内旅游者人数。

(1)入境国际旅游者人数:指来中国参观、访问、旅行、探亲、访友、休养、考察、参加会议和从事经济、科技、文化、教育、宗教等活动的外国人、华侨、港澳同胞和台湾同胞的人数。不包括外国在我国的常驻机构,如使领馆、通讯社、企业办事处的工作人员:来我国常住的外国专家、留学生以及在岸逗留不过夜人员。

(2)出境居民人数:指大陆居民因公务活动或私人事务短期出境的人数。公务活动出境居民人数包括在国际交通工具上的中国服务员工,因私出境居民人数不包括在国际交通工具上的中国服务员工。

(3)国内旅游者人数:指我国大陆居民和在我国常住 1 年以上的外国人、华侨、港澳台同胞离开常住地在境内其他地方的旅游设施内至少停留一夜,最长不超过 6 个月的人数。国际旅游(外汇)收入指入境旅游的外国人、华侨、港澳同胞和台湾同胞在中国大陆旅游过程中发生的一切旅游支出,对于国家来说就是国际旅游(外汇)收入。

Explanatory Notes on Main Statistical Indicators

Total Retail Sales of Consumer Goods refer to the amount obtained by enterprises(units, self – employed individuals) through direct sales of non – production and non – business physical commodity to individuals, social institutions, and revenue from providing catering services. Individuals include rural and urban households, population from abroad, social institutions include government agencies, social organizations, military units, schools, institutions, neighbourhood(village) committees.

Total Purchases of Commodities refer to the value of commodities(including VAT) purchased by the enterpises from other units or individuals(including dirct import from abroad) for the purpose of reselling, either with or without further processing of commodities purchased. This indicator is used to show the total value of purchases of commodities by wholesale and retail establishments from domestic and overseas market.

The total purchases include: (1) Commodities purchased from agricultural and industrial producers, wholesle and retail establishments, accommodation and catering establishments, publishers or distribution dapartment of newspaper offices, and other service establishments; (2) Commodities purchased from government agencies and public institutions; (3) Confiscated goods purchased from customs authories or market management agencies; (4) Second – hand goods and wastes purchased from residents.

Excluded are: (1) Commodities purchased by enterprises for use in their own business operation without buying or selling procedures, including material assets, packing, low – value consumables and office supplies, etc; (2) Commodities obtained without buying or selling procedures, such as goods handed over from other enterprises and institutions, borrowed goods, goods preserved for other units, samples donated by others, finished products recycled after processing, etc; (3) Commission income from brokerage in transactions whose settlement is directly handled by buyers and sellers; (4) Rejected commodities in purchase and goods which buyers refuse to pay the price; (5) Commodities overage.

Total Sales of Commodities refer to value of commodities sold by the establishments to other establishments and individuals(involving commodities sold for self consumption, including VAT). This indicator is used to show the total value of sales of commodities at domestic markets and exports.

The total sales include: (1) commodities sold to urban and rural residents and social groups for their consumption; (2) commodities sold to establishments in agriculture, industry, construction service and other professions for their production and operation, including wholessle and retail establishments for re – selling, with or without further processing; (3) commdities for direct export to other countries.

Excluded are: (1) commodities transferred without buying or selling procedures, such an goods handed over to other enterprises and institutions because of the change of the organizations, lent goods, returned good preserved for others, extended processing materials and samples donated to others, etc; (2) commission income from brokerage in transactions whose settlement is directly handled by buyers and sellers; (3) rejected commodities in the purchase; (4) loss in commodities; (5) waste and used materials used by the establishments themselves.

Business Revenue refer to revenue received from providing services or selling commodities by establishments in hotel and catering services, including income from hotel rooms, from catering services, from selling of commodities and from other services. Income from catering, selling commodities and other sources by units attached to the corporated enterprises but in other professions are excluded.

Chain Head Store(headquarter) refer to the core leading stores responsible for development, allocation, administration and utilization of resources(name of stores, brand of stores, operation model, service standard, management way, etc.) of chain stores. Chain store operation refers to the organization of stores which engaged in providing homogeneous commodities or services, using unique name of stores, under the central leadership of head store, adopting centralized purchasing or franchising or other ways in order to gain scale benefits. There are three organizations to achieve scale benefits in chain stores, including direct management, special permit, voluntary arrangement.

Commodity Trading Markets Refers to the trading places established with the approval of relevant departments and organizations, with a fixed place, facilities, management department and supervisors, in which the number of market operators trading consumer goods, means of production and other spot commodities, and providing related services independently openly with concentration for more than three months or all the year round, including all kinds of consumer goods market, production market, etc.

Urban Commercial Complex refers to a large – scale building complex with a regional center and a shopping center as the leading factor, which integrates many major urban functions such as commercial retailing, catering, leisure and health preservation, entertainment, culture and education, and provides comprehensive services to all kinds of consumer groups.

Total Import and Export of Goods refer to the real value of commodities imported and exported across the border of China. They include the actual imports and exports through foreign trade, imported and exported goods under the processing and assembling trades and materials, supplies and gifts as aid given gratis between governments and by the United Nations and other international organizations, and contributions donated by overseas Chinese, compatriots in Hong Kong and Macao and Chinese with foreign citizenship, leasing commodities owned by tenant at the expiration of leasing period, the imported and exported commodities processed with imported materials, commodities trading in border areas(excluding mutual exchange goods), the imported and exported commodities and articles for public use of the Sino—foreign joint ventures, cooperative enterprises and ventures with sole foreign investment. Also included is import or export of samples and advertising goods for which CIF or FOB value are beyond the permitted ceiling(excluding goods of no trading or use value and free commodities for export), imported goods sold in China from bonded warehouses and other imported or exported goods. The indicator of the total imports and exports at customs can be used to observe the total size of external trade in a country. In accordance with the stipulation of the Chinese government, imports are calculated at CIF, while exports are calculated at FOB.

Utilization of Foreign Capital refers to remittance, equipment and technology financed from abroad, by loans, foreign direct investment and other forms undertaken by the Chinese governments at all levels, by various departments, enterprises and other economic units.

Foreign Direct Investment refer to the investments inside China by foreign enterprises and economic organizations or individuals (including overseas Chinese, compatriots from Hong Kong, Macao and Taiwan, and Chinese enterprises registered abroad), following the relevant policies and laws of China, for the establishment of ventures exclusively with foreign own investment, Sino – foreign joint ventures and cooperative enterprises or for co – operative exploration of resources with enterprises or economic organizations in China. It includes the re – investment of the foreign entrepreneurs with the profits gained from the investment and the funds that enterprises borrow from abroad in the total investment of projects which are approved by the relevant depantment of the government.

Number of Tourists (1) International tourists refer to foreigners, overseas Chinese, Chinese compatriots from Hong Kong, Macao and Taiwan coming to China for sight – seeing, visits, tours, family reunions, vacations, study tours, conferences and other activities of a business, scientifc and technolongical, cultural, educational and religious nature. It does not include representatives and employees of resident instiututions of foreign countries in China such as embassies, consulates, news agencies and offices of foreign companies and organizations, nor does it include long – term foreign experts or studentss residing in China, or persons in transition without spending a night in China.

(2) Chinese residents goning abroad refer to Chinese residents going abroad for short terms for either public business or private purposes. Chinese employees working on international transport carriers are included in those going abroad for public business purpose, not in those for private purpose.

(3) Domestic tourists refer to residents of the mainland of China who stay for one night at least but no more than 6 months at tourist facilities in other places than their permanent residece within the territory of the mainland China, including foreigners, overseas Chinese and Chinese compatriots from Hong Kong, Macao and Taiwan who have resided in China for over one year.

九、财政、金融和保险

FINANCE, BANKING AND INSURANCE

资料整理人员:张晓勇　刘　洁　肖从新　唐厚国　吴华章
STAFF FOR DATA PROCESSING:
Zhang Xiaoyong　Liu Jie　Xiao Congxin　Tang Houguo　Wu Huazhang

简要说明

本篇反映我市财政收支、金融、证券和保险业发展情况。财政收支资料来源于市财政局;反映金融经营情况的"金融机构资金来源与运用"、"银行资金来源与运用"、"金融机构年末储蓄存款余额"等资料,为中国人民银行武汉分行营业管理部整理提供;反映证券经营情况的"证券市场交易情况",由中国证券监督管理委员会湖北监管局提供;反映保险经营情况的"历年保险业务经营情况"、"保险业务经营情况",由中国银行保险监督管理委员会湖北监管局提供。

Brief Description

This chapter shows the government revenue and expenditure, banking, security and insurance in Wuhan. The data on government revenue and expenditure come from Wuhan Finance Bureau. Data on banks source and banks uses、cash income and expenditures of financial institutions reflecting financial business are collected and prepared on the basis of information from the Wuhan branch of People's Bank of China. Data on transactions of securities reflecting security business are provided by Hubei Regulatory Bureau of China Securities Regulatory Commission. Data on economic indicators of insurances business in various years reflecting insurance business are provided by Hubei Office of China Banking and Insurance Regulatory commission.

9－1 财政收入与支出
GOVERNMENT REVENUES AND EXPENDITURES

单位:万元　　　　(10 000 yuan)

指标名称 Index Name	2018	2019
一般公共预算总收入 General Public Budget Revenue	29002379	29121147
其中:地方一般公共预算收入 Local General Public Budget Revenue	15286984	15641163
#税收收入 Tax Revenue	12942147	13203391
#增值税 Value Added Tax	4680243	4859897
企业所得税 Corporate Income Tax	2513604	2517533
个人所得税 Individual Income Tax	851187	634420
城建税 Tax on City Maintenance and Construction	1013301	989077
一般公共预算支出 General Public Budget Expenditure	19293075	22371003
#一般公共服务 General public services	1656874	1873254
国防和公共安全 National Defence and Public Security	1152003	1253258
教　　育 Education	2599758	2911958
科学技术 Science and Technology	1344072	1764277
文化旅游体育与传媒 Culture, tourism, Sports and Media	296757	479590
社会保障和就业 Social Security and Employment	2860646	3408035
卫生健康 Medical Health	1313480	1347242
节能环保 Energy Conservation and Environmental Protection	475908	839807
城乡社区 Affairs of Urban and Rural Community	4437717	4516017
农林水 Affairs of Agriculture, Forestry and Water	851222	862140
交通运输 Traffic and Transport	633723	734676
商业服务业等 Affairs of Commerce and Sevice Business	107988	76665
金融 Banking Expenditure	12844	14875

9-2 税收完成情况
GOVERNMENT TAXES REVENUES

单位:万元　　　　　　　　　　　　　　　　　　　　(10 000 yuan)

指标名称	Index Name	2018	2019
国内税收收入合计	Total of Internal Revenue	27319029	27354857
1、国内增值税	Value Added Tax	9342506	9729651
2、国内消费税	Consumption Tax	3821898	3713721
3、企业所得税	Corporate Income Tax	6459945	6445783
4、个人所得税	Individual Income Tax	2127973	1586058
5、车辆购置税	Vehicle Purchase Tax	615604	651934
6、资源税	Resource Tax	1263	1701
7、城建税	Tax on City Maintenance and Construction	1038328	1020169
8、房产税	Tax on Real Estates	545106	621982
9、印花税	Stamp Tax	222922	218594
10、土地使用税	Tax on Use of Land	164466	168932
11、土地增值税	Land Value - Added tax	1449105	1548207
12、车船税	Tax on Use of Vehicles and Ships	113741	117101
13、耕地占用税	Tax on Occupation of Farmland	77678	118294
14、契税	Contract Tax	1302070	1391631
15、环保税	Environmental Tax	7459	16021
16、其他税收	Other Tax	28965	5078

9－3 金融机构资金来源与运用
CREDIT FUNDS BALANCE SHEET OF BANKS－SOURCES AND BANKS－USES OF FINANCIAL INSTITUTIONS

单位:亿元 (100 million yuan)

指标名称 Index Name	2019
资金来源本外币 Sources from Local and Foreign Currency	
金融机构本外币存款 Local and Foreign Currency Deposits of Financial Institutions	28658.90
#本　币 Local Currency	27980.43
#住户存款 Households Deposits	8992.96
非金融企业存款 Non－Financial Enterprises Deposits	12299.99
机关团体存款 Deposits of government organs and organization	5775.17
财政性存款 Fiscal Deposit	806.29
非银行业金额机构存款 Non－Bank Financial Institutions Deposits	1568.80
资金运用本外币 Uses for Local and Foreign Currency	
金融机构本外币贷款 Local and Foreign Currency Loans of Financial Institutions	32114.31
#本　币 Local Currency	30569.52
#住户贷款 Households Loans	9393.60
短期贷款 Short－term Loans	713.59
中长期贷款 Medium & Long－term Loans	8680.01
非金融企业及机关团体贷款 Non－Financial Enterprises,Agencies and Groups Loans	21619.71
短期贷款 Short－term Loans	3996.54
中长期贷款 Medium & Loug－term Loans	15087.38
票据融资 Bill Financing	1147.23
融资租赁 Finance Lease	1381.43

9-4 证券市场交易情况
STATISTICS ON TRANSCACTIONS OF SECURITIES

单位:万元 (10 000 yuan)

指标名称 Index Name	2015	2016	2017	2018	2019
一、交易量合计 Total Transcaction of Securities	945907000	553300312	598874990	464969604	667189968
(一)股票交易量 Stock Transcaction	763408700	345593460	307282874	230033654	393857756
(二)基金 Funds	34111900	24390006	18553181	15913116	17135994
(三)债券 Government Bonds	4391600	6477836	5492407	4837788	4255608
(四)债券融资回购交易 Bond Repurchase Trading	3516900	5901006	10127533	7358568	4935841
(五)债券融券回购交易 Bond Securities Repurchase Trading	139868300	170165672	254046192	203890710	245841923
(六)其他证券 Others	609600	772288	3372803	2935769	1162846
二、网点数(个) Number of Network(unit)	136	201	227	236	253

9-5 历年保险业务经营情况
ECONOMIC INDICATORS OF INSURANCE BUSINESS OVER THE YEARS

单位:万元　　(10 000 yuan)

年　　份 Year	保费收入 Premium	赔款和给付 Claim and Indemnity
1993	63081	26240
1994	67398	45657
1995	86419	53277
1996	119571	36245
1997	161036	36314
1998	187055	65972
1999	228178	48509
2000	224530	43602
2001	264023	67625
2002	398889	98151
2003	438849	107588
2004	456315	130028
2005	542889	142602
2006	554398	162084
2007	660387	254532
2008	1020521	331739
2009	1229012	277528
2010	1662284	303019
2011	1872413	407510
2012	1752754	461543
2013	2022253	604818
2014	2657141	753343
2015	3245705	995023
2016	4257617	1228951
2017	5540265	1290417
2018	6210229	1596984
2019	7672574	2069263

9－6 保险业务经营情况(2019 年)
ECONOMIC INDICATORS OF INSURANCE BUSINESS(2019)

单位:万元 (10 000 yuan)

项 目 Item	保费收入 Premium	赔款、给付金额 Claim and Indemnity
全市总计	**7672574**	**2069263**
一、财产保险 Property Insurance	**1783205**	**930237**
企业财产保险 Enterprises Property Insurance	106859	38692
家庭财产保险 Family Property Insurance	8936	2627
机动车辆保险 Insurance Motor Vehicles	1207608	637377
工程保险 Construction Insurance	31681	17592
责任保险 Responsibility Insurance	106556	51149
信用保险 Credit Insurance	16236	21232
保证保险 Guarantee Insurance	223208	96360
船舶保险 Shipping Insurance	6845	2520
货运险 Cargo Insurance	20362	11682
特殊风险保险 Special Risk Insurance	10483	22478
农业保险 Agriculture Insurance	32693	20553
其它险 Other Insurance	11737	7975
二、人身保险 Life Insurance	**5889369**	**1139026**
寿 险 Common Life Insurance	4548259	735519
意外伤害险 Accident Insurance	202214	55157
健康保险 Health Insurance	1138896	348350

注:本表数据为“企业会计准则 2 号解释”下新口径数据。新口径数据具体是指保险业保费收入核算采用新计量方法,投连和万能险等险种与保险风险相关的业务收入将计为保费收入,其余不相关部分将不计为保费收入。

Note:Data from this table are new statistic scrope data under No.2 Explanation of Accounting Standards. New statistic Scrope refers to new calculating method of insurance premium accounting. Income from investment linked and universal life and other insurance related to insurance risk will be included in insurance premium and Not Relevant Parts are excluded.

主 要 统 计 指 标 解 释

财政收入 国家财政参与社会产品分配所取得的收入，是实现国家职能的财力保证。财政收入所包括的内容几经变化，目前主要包括：(1)各项税收；(2)专项收入；(3)其他收入等。

财政支出 国家财政将筹集起来的资金进行分配使用，以满足经济建设和各项事业的需要，主要包括：(1)一般公共服务支出；(2)国防支出；(3)公共安全支出；(4)教育支出；(5)科学技术支出；(6)文化体育与传媒支出；(7)社会保障和就业支出；(8)医疗卫生支出；(9)环境保护支出；(10)城乡社区事务支出；(11)农村水事务支出；(12)交通运输支出等。

信贷资金 国家银行用于发放贷款的资金叫信贷资金。中国人民银行信贷资金的来源有各项存款、对国际金融机构负债、流通中货币、银行自有资金及当年结益等。信贷资金的运用有各项贷款、黄金占款、外汇占款、财政借款及在国际金融机构中的资产等。

存款 企业、机关、团体或居民根据资金必须收回的原则，把货币资金存入银行或其他信用机构保管并取得一定利息的一种信用活动形式。根据存款对象的不同可划分为单位存款、代理财政性存款、个人存款等科目。它是银行信贷资金的主要来源。

贷款 银行或其他信用机构根据资金必须归还的原则，按一定利率，为企业、个人等提供资金的一种信用活动形式。我国银行贷款分为个人消费贷款、经营贷款、固定资产贷款等科目。

保费 又叫保险费。是保险人根据保险合同的有关规定，为被保险人取得因约定危险事故发生所造成的经济损失补偿(或给付)权利，付给保险人的代价。包括财产险和人身险储金收入。

赔款 保险事故发生后，经查证确属保险责任范围以内的保险标的损失，保险人根据保险合同的规定履行赔偿义务，给予被保险人的款项叫做赔款。赔款可分为已决赔款和未决赔款两种。

Explanatory Notes on Main Statistical Indicators

Government Revenue refers to the revenue of the government finance by means of participating in the distribution of the social products, which is the financial resources for ensuring the government to function。 The contents of government revenue have been changed several times. Now it includes the following main items: (1) Various tax revenues, (2) Special revenues, (3) Other revenues.

Government Expenditure refers to the distribution and use of the funds the government finance has raised, so as to meet the needs of economic construction and various causes. It includes the following main items: (1) expenditure for general public services; (2) expenditure for national defence; (3) expenditure for public security; (4) expenditure for education; (5) expenditure for science and technology; (6) expenditure for culture, sport and media; (7) expenditure for social safety net and employment effort; (8) expenditure for medical and health care; (9) expenditure for environment protection; (10) expenditure for urban and rural community affairs; (11) expenditure for agriculture, forestry and water conservancy; (12) expenditure for transportation.

Credit Funds refer to the funds issued as loans by state banks. The sources of credit funds of the People's Bank of China included deposits, liabilities to international financial institutions, currency in circulation, self – owned fund and current retained profits, etc. The credit funds can be used in forms of loans, gold, foreign exchange, government debt and assets in the international financial institulions

Deposits is a form of credit by which enterprises, institutions, organizations or households can put money into banks and other credit institutions for safekeeping and interest earning under the principle of free withdrawal. According to different depositors, deposits are divided into enterprise deposits, treasury deposits, deposits of government agencies and organizations, capital construction deposits, urban savings deposits, rural deposits and other deposits. Deposits are major sources of the credit funds of banks.

Loan is a form of credit by which banks and other credit institutions provide funds at certain interest rate to enterprises and individuals in the light of the principle of unconditional repayment. Loans from Chinese banks include circulating capital loans, fixed assets-loans, loans to urban and rural individuals engaged in industrial and commercial business and agricultural loans.

Premium refers to the fee paid by the insurant to the insurer for the rights to gain compensation of economic loss from the insurer after accidents in the range have happened, according to the relevant items on insurance contract. It includes the income from the deposit of property insurance and personal insurance.

Claim is the compensation paid by the insurant to the insurance in accordance with the insurance contract for the loss which has been checked and found to be in the range of liability of the insurance after all accident has happened to the insured property or to a person who has insured his life. It iS further divided into settled and unsettled claim.

十、物价指数和人民生活

PRICE INDICES AND PEOPLE'S LIVELIHOOD

资料整理人员：方　芳　李忠明　李玉兰　杨晓东　胡红九　赵国雄
唐均祥

STAFF FOR DATA PROCESSING:

Fang Fang　Li Zhongming　Li Yulan　Yang Xiaodong　Hu Hongjiu　Zhao Guoxiong
Tang Junxiang

简要说明

本篇资料反映我市生产、流通与消费等环节的价格变动趋势和幅度以及我市城乡居民收入、消费及其他生活状况。价格变动趋势和幅度的数据主要包括居民消费价格指数、商品零售价格指数、工业生产者出厂价格指数和工业生产者购进价格指数;城乡居民生活状况主要内容包括居民现金和实物收支情况、住户成员及劳动力从业情况、住房和耐用消费品拥有情况等。

居民消费、商品零售价格指数根据国家统计局统一组织的分层抽样调查方法,经过对调查点的选定、代表规格品的选择,采用“三定一直”原则,即定点、定时、定人用 PDA 直接采集价格,取得资料后,按住户调查的居民家庭消费支出构成和社会消费品零售额统计确定的权数分别进行计算得到。工业生产者价格包括工业企业产品第一次出售时的出厂价格和企业作为中间投入的原材料、燃料、动力购进价格(简称工业生产者购进价格)。该项调查按照国家统计局工业生产者价格统计调查制度规定,采用重点调查和典型调查相结合的调查方法,其价格指数由选定的企业按确定的代表产品采用联网直报的形式上报资料,按工业销售产值、投入产出数据及工业企业产品权数调查数据确定的权数计算。重点调查对象为年主营业务收入 2000 万元以上的工业企业,采用主观选样的方法选择调查企业;典型调查对象为年主营业务收入 2000 万元以下的工业企业作为抽样,采用随机抽样的调查方法选择企业。

城乡居民生活状况数据来源于国家统计局武汉调查队住户收支与生活状况调查,是对城乡居民家庭抽样调查汇总评估的结果。住户收支与生活状况调查由国家统计局武汉调查队组织实施,调查小区、调查住宅均由国家统计局按《住户收支与生活状况调查方案》统一抽选。抽样以省为总体,在对市县级调查网点代表性进行评估的基础上,采用分层、多阶段随机抽样方法抽选调查住宅,确定调查户;抽中调查小区五年内保持不变,抽中住宅每年轮换一半。调查对象为中华人民共和国境内的所有住户,无论是本地户籍还是外地户籍,无论是农业户籍还是非农业户籍,也无论是家庭形式居住还是以集体形式居住。基础数据的采集方式采用日记账和问卷调查相结合的方式。我市目前按上述方法在 7 个中心城区和 6 个新城区共计 113 个调查小区,约 1200 户中开展住户收支与生活状况调查。调查员采用入户访问形式调查搜集城乡居民家庭收入、消费及其他生活状况等资料。调查资料经审核汇总后上报国家统计局湖北调查总队,由湖北调查总队评估核定反馈数据,根据湖北总队反馈数据形成我市城镇常住居民可支配收入、支出和农村常住居民可支配收入、支出等指标。

Brief Description

This information is reflected in the price fluctuation trend and range of production, circulation and consumption, and the income, consumption and other living conditions of urban and rural residents in Wuhan. The price fluctuation trend and amplitude data mainly include consumer price index. commodity retail price index, industrial producer price index and producer price index. The main contents of urban and rural residents living conditions include the residents' cash and real income, housing and labor employment, housing and consumer durable goods.

Consumer price index and commodity retail price index: According to the stratified sampling method that the State Statistical Bureau unified organized, after the choice of the survey point and representative specification, designated person use a PDA direct acquisition price at appointed time in designated place. Then, according the weight calculated through Household consumption expenditure composition and retail sales of social consumer goods, the consumer price index and the commodity retail price index could be calculated. Industrial producer prices: Industrial producer prices include the first factory price of enterprise products and purchase price of raw materials. ruel and power as the middle input. (Abbreviation is Industrial producer purchased price). Provisions on State Statistical Bureau ' s system of investigation about Industrial producer price statistics, using the survey method based on key investigation and typical investigation, through the Representative products' s data submitted by designated enterprise, according Industrial sales value, input - output data, and the weight of industrial products, we calculated Industrial producer prices. Key research object are the industrial enterprises selected by subj ective sample method in which annual main business income is more than 20000000 yuan. Typical survey object are the industrial enterprises selected by random sampling method in which annual main business income is less than 20000000 yuan.

Living condition data of urban and rural residents inspired from Household income and living conditions survey data by Wuhan investigation team of State Statistical Bureau collected. this is a result through carrying out sampling investigation to urban and rural residents. Household income and living conditions survey is arranged by Wuhan investigation team of State Statistical Bureau. investigated district and investigated residential were United selected according the"Plan of household income and living conditions survey" formulated by State Statistical Bureau. Investigation housing were selected by the method of random sampling of different levels and stages, based on the assessment of the representative of the county survey network, taking the province as the main body. Selected cells will be kept on 5 years. selected residents will be changed a half yearly. Investigation object are all residents in the territory of the people, s Republic of China. Whether they are local household or field. Whether they are agricultural household or non Agricultural household. whether their residential style are families or groups. The Basic Data is selected by means of the combination of journalizing and qucstionnaires. In accordance with the above method, We conducted investigation in about 1 200 households distributing in 11 3 investigated district of 7 central areas and 6 new urban areas. The investigators collected information about household income and consumption and other living conditions through a home visit. Feedback is responsed from Hubei Investigation Corps of State Statistical Bureau. after the survey data is sent to them and assessed by them. Then we get the data of resident disposable income and expenditure according the feedback.

10-1 历年居民消费价格指数
CONSUMER PRICE INDEX OVER THE YEARS

年份 Year	上年=100 preceding year=100		1952年=100 Year 1952=100		1978年=100 Year 1978=100	
	居民消费价格指数 General Consumer Price Index	商品零售价格指数 General Retail Price Index	居民消费价格指数 General Consumer Price Index	商品零售价格指数 General Retail Price Index	居民消费价格指数 General Consumer Price Index	商品零售价格指数 General Retail Price Index
1950	198.3	198.3				
1951	112.6	116.0				
1952	105.7	106.7	100.0	100.0		
1953	101.9	101.6	101.9	101.6		
1954	100.7	100.9	102.6	102.5		
1955	100.2	100.4	102.8	102.9		
1956	100.2	100.2	103.0	103.1		
1957	104.1	103.9	107.2	107.1		
1958	99.2	99.1	106.3	106.1		
1959	101.2	101.4	107.6	107.6		
1960	103.1	103.0	110.9	110.8		
1961	123.5	126.0	137.0	139.6		
1962	99.0	98.8	135.6	137.9		
1963	98.7	98.6	133.8	136.0		
1964	97.3	97.2	130.2	132.2		
1965	94.3	93.9	122.8	124.1		
1966	98.9	99.8	121.4	123.9		
1967	100.2	100.6	121.6	124.6		
1968	100.2	100.3	121.8	125.0		
1969	100.6	100.0	122.5	125.0		
1970	99.6	99.5	122.0	124.4		
1971	99.7	99.6	121.6	123.9		
1972	100.1	100.1	121.7	124.0		
1973	100.3	100.3	122.1	124.4		
1974	99.9	100.3	122.0	124.8		
1975	99.9	99.9	121.9	124.7		
1976	100.1	100.1	122.0	124.8		
1977	100.1	100.1	122.1	124.9		
1978	100.8	100.7	123.1	125.8	100.0	100.0
1979	102.5	102.8	126.2	129.3	102.5	102.8
1980	106.6	107.2	134.5	138.6	109.3	110.2
1981	101.2	101.3	136.1	140.4	110.6	111.6
1982	101.2	101.1	137.7	141.9	111.9	112.8
1983	101.1	101.1	139.2	143.5	113.1	114.0
1984	104.1	104.0	144.9	149.2	117.7	118.6
1985	111.1	111.6	161.0	166.5	130.8	132.4

10-1 续 表 Continued

年 份 Year	上年=100 preceding year=100		1952年=100 Year 1952=100		1978年=100 Year 1978=100	
	居民消费价格指数 General Consumer Price Index	商品零售价格指数 General Retail Price Index	居民消费价格指数 General Consumer Price Index	商品零售价格指数 General Retail Price Index	居民消费价格指数 General Consumer Price Index	商品零售价格指数 General Retail Price Index
1986	106.2	105.8	171.0	176.2	138.9	140.1
1987	108.2	108.2	185.0	190.6	150.3	151.6
1988	120.5	121.8	222.9	232.2	181.1	184.6
1989	113.4	113.9	252.8	264.5	205.4	210.3
1990	103.0	102.5	260.4	271.1	211.6	215.6
1991	107.3	106.7	279.4	289.3	227.0	230.0
1992	111.4	110.0	311.3	318.2	252.9	253.0
1993	119.8	118.8	372.9	378.0	303.0	300.6
1994	126.3	124.1	471.0	469.1	382.7	373.0
1995	118.4	114.0	557.7	534.8	453.1	425.2
1996	112.2	106.0	625.7	566.9	508.4	450.7
1997	103.1	100.7	645.1	570.9	524.2	453.9
1998	97.4	96.2	628.3	549.2	510.6	436.7
1999	96.1	93.7	603.8	514.6	490.7	409.2
2000	100.6	97.4	607.4	501.2	493.6	398.6
2001	99.5	96.0	604.4	481.2	491.1	382.7
2002	98.6	97.7	595.9	470.1	484.2	373.9
2003	102.3	100.4	609.4	472.0	495.3	375.4
2004	103.3	101.0	629.5	476.7	511.6	379.2
2005	102.7	100.9	646.5	481.0	525.4	382.6
2006	101.4	100.7	655.6	484.4	532.8	385.3
2007	104.1	103.0	682.5	498.9	554.6	396.9
2008	105.7	105.1	721.4	524.3	586.2	417.1
2009	99.4	98.4	717.1	515.9	582.7	410.4
2010	103.0	103.1	738.6	531.9	600.2	423.1
2011	105.2	104.7	777.0	556.9	631.4	443.0
2012	102.8	102.3	798.8	569.7	649.1	453.2
2013	102.4	100.9	818.0	574.8	664.7	457.3
2014	101.9	100.5	833.5	577.7	677.3	459.6
2015	101.4	100.0	845.2	577.7	686.8	459.6
2016	102.4	101.3	865.5	585.2	703.3	465.6
2017	101.9	100.1	881.9	585.8	716.7	466.1
2018	101.9	101.4	898.7	594.0	730.3	472.6
2019	103.2	102.5	927.5	608.9	753.7	484.4

10－2　居民消费价格分类指数
CONSUMER PRICE INDEX BY CATEGORY

（上年＝100）　　　　（Preceding year＝100）

项　目	Item	2018	2019
居民消费价格总指数	**General Consumer Price Index**	**101.9**	**103.2**
非食品价格指数	Non－Food Consumer Price Index	101.9	101.6
服务价格指数	Serving Price Index	102.3	102.1
扣除鲜菜鲜果价格指数	Price Index Excluding Fresh Vegetables and Fruits	101.6	102.7
消费品价格指数	**Consumer Price Index**	**101.6**	**103.8**
一、食品烟酒	**Food**	**101.9**	**107.2**
1.食　品	Grain	101.7	109.8
2.茶及饮料	Tee and Beverage	100.4	103.0
3.烟酒	Tobacco and Liquor	100.4	100.2
4.在外餐饮	Outside Catering	103.0	103.1
二、衣　着	**Clothing**	**101.7**	**102.8**
1.服　装	Garments	100.9	103.7
2.服装材料	Clothing Materials	101.6	105.8
3.其他衣着及配件	Other clothing and accessories	99.7	100.5
4.衣着加工服务费	Clothing Processing charge	107.8	102.7
5.鞋类	Shoes	103.3	100.2
三、居住	**Housing Condition**	**102.0**	**101.9**
1.租赁房房租	Rent	101.4	102.3
2.住房保养维修及管理	House maintenance and management	103.9	100.8
3.水电燃料	Water, electricity and fuel	101.7	101.5
4.自有住房	Self－owned house	101.5	102.5
四、生活用品及服务	**Daily necessities and Services**	**102.1**	**100.6**
1.家具及室内装饰品	Furnitures and interior decorations	103.8	100.8
2.家用器具	Home appliance	99.3	97.5
3.家用纺织品	Home Textile	100.3	100.1
4.家庭日用杂品	Daily groceries	102.0	100.2
5.个人护理用品	Personal care supplies	101.5	101.4
6.家庭服务	Household services	111.0	108.0
五、交通和通信	**Means of Transport and Communication**	**102.2**	**99.8**
1.交　通	Means of Transportation	104.1	98.9
2.通　信	Means of Communication	99.3	101.3
六、教育文化和娱乐	**Recreation, Education, Culture Articles**	**101.1**	**102.6**
1.教　育	Education	102.2	104.4
2.文化娱乐	Articles for Cultural, Recreational Use	99.6	100.0
七、医疗保健	**Health Care**	**103.0**	**100.2**
1.药品及医疗器具	Medicine and Medical appliances	101.0	100.3
2.医疗服务	Medical Service	104.2	100.1
八、其他用品和服务	**Other Supplies and services**	**100.4**	**102.6**
1.其他用品类	Other Supplies	97.8	105.0
2.其他服务类	Other Services	102.6	100.7

10－3　商品零售价格分类指数
RETAIL PRICE INDICES BY CATEGORY OF COMMODITIES

（上年＝100）　　　　（preceding year＝100）

项　　目	Item	2018	2019
商品零售价格总指数	**General Retail Price Index**	**101.4**	**102.5**
一、食　　品	**Food**	**101.8**	**108.7**
1.粮　　食	Grain	99.9	100.4
2.薯　　类	Potato	113.8	107.4
3.豆　　类	Bean	99.9	101.0
4.食用油	Edible oil	98.5	102.1
5.菜	Vegetables	107.0	106.9
6.畜肉类	Meat	96.8	127.8
7.禽肉类	Poultry	103.5	108.6
8.水产品	Aquatic Products	95.9	100.4
9.蛋　　类	Eggs	107.1	107.0
10.奶　　类	Milk	103.5	102.5
11.干鲜瓜果类	Dried and Fresh Melons and Fruits	107.3	114.4
12.糖果糕点类	Cake, Biscuit and Bread	100.7	100.6
13.调味品	Flavoring	103.6	102.4
14.其他食品类	Other Foods	99.3	101.3
15.在外餐饮	Outside Catering	103.0	103.1
二、饮料、烟酒	**Beverage, Tobacco & Liquor**	**100.6**	**100.7**
1.茶及饮料	Tea and Beverage	100.4	103.0
2.烟　　草	Tabacco	100.0	100.0
3.酒　　类	Liquor	101.1	100.6
三、服装、鞋帽	**Garments, Shoes and Hats**	**101.4**	**102.8**
1.服　装	Garments	101.2	103.8
2.鞋帽袜	Shoes and Hats	102.2	100.1
3.其它衣着配件	Other accessories	101.4	100.7
四、纺织品	**Textiles**	**100.8**	**102.1**
1.服装材料	Clothing Material	101.6	105.8
2.床上用品	Bedding	100.3	100.2
五、家用电器及音像器材	**Household Appliances and Audio Equipment**	**98.6**	**95.8**
1.家庭设备	Household Facilities	99.4	97.7
2.文娱用耐用消费品	Durable Consumer goods for Cultural Entertainment	97.3	93.2
3.专业用音像器材	Audio－Visual Appliances	99.1	94.9

10－3 续 表 Continued

（上年＝100） (preceding year＝100)

项目	Item	2018	2019
六、文化办公用品	**Culture Articles**	**98.0**	**96.1**
七、日用品	**Articles for Daily Use**	**101.2**	**100.5**
1. 日用百货	Daily Use Articles	101.6	99.5
2. 厨具餐具茶具	Kitchenware, Dishware and Tea Utensils	100.1	99.7
3. 清洗用品	Washing Articles	102.6	101.7
4. 其他日用品	Other Daily Use Articles	99.9	100.7
八、体育娱乐用品	**Sports and Recreational Articles**	**101.1**	**101.6**
1. 体育户外用品	Sports Goods	100.5	100.4
2. 娱乐用品	Recreational Articles	101.6	102.6
九、交通、通信用品	**Articles of Transportation and Telecommunication**	**98.6**	**102.1**
1. 交通运输机械	Traffic Transportation Machinery	99.7	99.9
2. 通信器材	Telecommunication Appliances	97.1	105.3
十、家　　具	**Furniture**	**104.3**	**101.0**
十一、化妆品	**Cosmetic**	**102.1**	**101.5**
十二、金银饰品	**Jewelry**	**95.9**	**108.0**
十三、中西药品及医疗保健用品	**Chinese and Medicine and Health Care**	**101.2**	**100.4**
1. 医疗卫生器具	Medical Instrument and Articales	99.9	100.1
2. 中　　药	Traditional Chinese Medicine	102.0	100.8
3. 西　　药	Western Medicine	101.0	100.2
4. 保健器具及用品	Health Care Machinery and Aricles	99.8	100.0
十四、书报杂志及电子出版物	**Newpapers and Magazine**	**100.1**	**105.3**
1. 教材及参考书	Teaching Materials and Reference Books	100.2	100.7
2. 书报杂志	Newpapers and Magazine	100.0	112.2
3. 计算机办公软件	Computer office software	100.0	100.4
十五、燃　　料	**Fuel**	**108.3**	**98.3**
1. 煤炭及制品	Coal and Its Products	102.2	100.0
2. 石油及制品	Petroleum and its Products	109.2	98.1
十六、建筑材料及五金电料	**Building materials and Hardware**	**102.8**	**99.7**
1. 建筑装璜材料	Building Decoration Materials	101.8	99.5
2. 五金水暖	Hardware and Electrical Applicaces	105.6	100.2

10－4 工业生产者出厂、购进价格指数
PRODUCER PRICE AND PURCHASING PRICE INDICES INDUSTRIAL PRODUCTS

（上年＝100） （preceding year＝100）

年 份 Year	工业生产者 出厂价格指数 Producer Price Index for Industrial Products	工业生产者 购进价格指数 Producer Purchasing Price Index for Industrial products
1994	119.6	122.3
1995	107.9	118.6
1996	104.6	109.2
1997	98.6	101.8
1998	93.5	97.3
1999	96.1	95.3
2000	103.9	103.6
2001	98.4	100.8
2002	96.3	98.4
2003	105.5	106.5
2004	104.6	114.5
2005	102.7	110.6
2006	100.3	105.2
2007	102.5	104.2
2008	105.1	111.9
2009	94.0	92.2
2010	104.8	107.8
2011	106.0	109.2
2012	101.1	100.0
2013	102.4	98.4
2014	98.0	98.4
2015	95.2	94.4
2016	98.96	97.6
2017	104.7	107.8
2018	103.8	105.4
2019		

10－5　城镇居民家庭基本情况
BASIC CONDITIONS OF URBAN RESIDENT HOUSEHOLDS

项　　目 Item	2015	2016	2017	2018	2019
调查户数(户) Number of Households Surveyed(household)	857	829	816	1399	1400
调查户人口合计(人) Total Number (person)	2279	2197	2171	4081	4129
平均每户(人) Average Number per Household(person)	2.66	2.65	2.66	2.92	2.95
可支配收入合计(元) Disposable Income(yuan)	83037644	87302189	94232255	193272079	123494074
平均每人每月(元) Per Capita Monthly Disposable Income(yuan)	3036.33	3311.42	3617.08	3946.58	4308.83
消费性支出合计(元) Living Expenditure(yuan)	54566097	58297395	61973540	127331281	140406645
平均每人每月(元) Per Capita Monthly Living Expenditures (yuan)	1995.25	2211.25	2378.84	2600.08	2833.75

注:2012 年起国家进行了住户收支调查城乡一体化改革,2014 年开始公布新口径数据,所有收支调查指标名称前均冠以城镇(农村)常住居民;2014 年以前的所有数据均为老口径。

Note:In 2012, the state has carried out reform about Household income and expenditure survey of urban and rural integration, began to publish new caliber data since 2014. All income and expenditure survey indicators are preceded by the name of the town (rural) resident. All data in this table are old caliber data before 2014.

10－6 城镇常住居民家庭平均每人每月收支情况
PER CAPITA MONTHLY CASH INCOME AND EXPENDITURES IN URBAN RESIDENT HOUSEHOLDS

单位:元 (yuan)

项 目 Item	2015	2016	2017	2018	2019
#可支配收入 Disposable income	3036.33	3311.42	3617.08	3946.58	4308.83
工资性收入 Wage income	1843.08	1987.51	2130.83	2306.42	2521.5
经营性收入 Operating income	402.30	356.04	355.83	393.00	434.58
财产性收入 Property income	303.85	361.38	409.33	450.92	503.67
转移性收入 Transfer income	906.95	870.53	721.08	796.25	849.08
消费支出 Consumption Expenditure	1995.25	2211.25	2378.84	2600.08	2833.75

注:2012 年起国家进行了住户收支调查城乡一体化改革,2014 年开始公布新口径数据,所有收支调查指标名称前均冠以城镇(农村)常住居民;2014 年以前的所有数据均为老口径。

Note:In 2012, the state has carried out reform about Household income and expenditure survey of urban and rural integration, began to publish new caliber data since 2014. All income and expenditure survey indicators are preceded by the name of the town (rural) resident. All data in this table are old caliber data before 2014.

10－7　城镇常住居民家庭平均每人每月消费支出
PER CAPITA MONTHLY EXPENDITURES FOR CONSUMPTION BY CATEGORY IN URBAN RESIDENT HOUSEHOLDS

单位:元　　　　(yuan)

项　目 Item	2015	2016	2017	2018	2019
消费支出 Consumption Eexpenditure	**1995.25**	**2211.25**	**2378.84**	**2600.08**	**2833.75**
一、食品烟酒 Food, Alcohol and Tobacco	**629.12**	**682.50**	**704.17**	**720.17**	**779.33**
二、衣着 Clothing	**150.25**	**175.42**	**178.77**	**194.92**	**213.58**
三、居住 Living	**514.25**	**617.92**	**664.91**	**714.67**	**765.58**
四、生活用品及服务 Daily necessities and services	**113.83**	**114.33**	**135.10**	**151.42**	**159.92**
五、交通通信 Transportation & Communication	**219.88**	**245.33**	**249.91**	**302.00**	**318.33**
六、教育文化娱乐 Educatioomal, cultural & entertainment	**197.67**	**205.33**	**247.42**	**278.00**	**318.92**
七、医疗保健 Health care	**124.32**	**129.50**	**151.55**	**182.42**	**211.00**
八、其他用品和服务 Other supplies and services	**45.93**	**40.92**	**47.32**	**56.50**	**67.17**

注:2012 年起国家进行了住户收支调查城乡一体化改革,2014 年开始公布新口径数据,所有收支调查指标名称前均冠以城镇(农村)常住居民;2014 年以前的所有数据均为老口径。

Note: In 2012, the state has carried out reform about Household income and expenditure survey of urban and rural integration, began to publish new caliber data since 2014. All income and expenditure survey indicators are preceded by the name of the town (rural) resident. All data in this table are old caliber data before 2014.

10－8　城镇常住居民家庭每百户耐用消费品拥有量
NUMBER OF DURABLE CONSUMER GOODS OWNED PER 100 URBAN RESIDENT HOUSEHOLDS

项　　目	Item	2018	2019
1. 助力车(辆)	Helping Hand Car	43	45
2. 家用汽车(辆)	Automobile	50	53
3. 洗衣机(台)	Washing Machine(unit)	100	101
4. 电冰箱(台)	Refrigerator(unit)	106	103
5. 彩色电视机(台)	Color Television Set(unit)	138	132
6. 计算机(台)	Computer(unit)	93	90
7. 其它中高档乐器(含钢琴)(架)	Other musical Instruments of Medium and High Grade induding Piano(set)	10	10
8. 微波炉(台)	Microwave Oven	59	59
9. 空调器(台)	Air Conditioner(unit)	215	217
10. 淋浴热水器(台)	Shower(unit)	102	102
11. 洗碗机(台)	Dishwasher	3	3
12. 健身器材(台)	Healthy Equipment	8	8
13. 移动电话(部)	Mobile Telephone(unit)	247	249

10－9 历年城镇常住居民年人均可支配收入与消费支出

ANNUAL PER CAPITA DISPOSABLE INCOME OF CONSUMPTION EXPENDITURE OF URBAN RESIDENT HOUSEHOLDS OVER THE YEARS

单位:元 (yuan)

年份 Year	可支配收入 Dispasable Income	消费支出 Comsumption Expenditure
1951		
1952		
1953		
1954		
1955		
1956	195.60	174.36
1957	210.12	189.00
1958	201.60	184.68
1959	230.64	201.00
1960		
1961		
1962	300.48	228.12
1963	297.12	223.56
1964	248.40	222.36
1965	240.12	212.76
1966		
1967		
1968		
1969		
1970		
1971		
1972		
1973		
1974		
1975		
1976		
1977	293.28	
1978	359.04	320.64
1979	401.64	
1980	537.84	467.04
1981	508.68	458.28
1982	540.12	475.56
1983	554.28	498.84
1984	636.00	546.72
1985	778.44	713.76
1986	964.80	881.76
1987	1071.96	955.44
1988	1261.08	1220.04
1989	1407.12	1285.08
1990	1555.80	1406.16
1991	1771.68	1652.04
1992	2116.73	1844.28
1993	2872.90	2551.08
1994	3769.80	3318.24
1995	4453.90	4058.76
1996	4915.86	4455.84
1997	5573.04	4719.12
1998	5912.52	5264.40
1999	6262.08	5452.80
2000	6760.68	6074.76
2001	7305.00	6342.24
2002	7820.28	6833.40
2003	8524.56	7251.36
2004	9564.05	7792.63
2005	10849.72	8234.48
2006	12359.98	9182.04
2007	14357.64	10600.00
2008	16712.44	11432.97
2009	18385.02	12710.29
2010	20806.32	14490.07
2011	23738.09	17140.96
2012	27061.00	18813.14
2013	29821.22	20157.32
2014	33270.39	22002.22
2015	36436.00	23943.05
2016	39737.00	26535.00
2017	43405.00	28546.00
2018	47359.00	31201.00
2019	51706.00	34005.00

注:2012 年起国家进行了住户收支调查城乡一体化改革,2014 年开始公布新口径数据,所有收支调查指标名称前均冠以城镇(农村)常住居民;2014 年以前的所有数据均为老口径。

Note: In 2012, the state has carried out reform about Household income and expenditure survey of urban and rural integration, began to publish new caliber data since 2014. All income and expenditure survey indicators are preceded by the name of the town (rural) resident. All data in this table are old caliber data before 2014.

10－10 农村常住居民家庭基本情况
BASIC CONDITIONS OF RURAL RESIDENT HOUSEHOLDS FOR SAMPLING SURVEY

项 目 Item	2015	2016	2017	2018	2019
调查户数(户) Number of Households Surveyed(unit)	269	264	261	370	370
家庭常住人口(人) Permanent Residents(person)	726	735	733	1046	1067
常住人口中劳动力(人) Full－time & Part－time Laborers(person)	553	566	546	766	808
农业劳动力(人) Agriculture Laborers(person)	195	186	456	689	721
非农业劳动力(人) Non－agriculture Laborers(person)	358	380	90	77	87

注:2012 年起国家进行了住户收支调查城乡一体化改革,2014 年开始公布新口径数据,所有收支调查指标名称前均冠以城镇(农村)常住居民;2014 年以前的所有数据均为老口径。

Note:In 2012, the state has carried out reform about Household income and expenditure survey of urban and rural integration, began to publish new caliber data since 2014. All income and expenditure survey indicators are preceded by the name of the town (rural) resident. All data in this table are old caliber data before 2014.

10-11 农村常住居民人均收入情况
COMPOSITION OF PER CAPITA ANNUAL NET INCOME OF RURAL RESIDENT HOUSEHOLDS

单位:元 (yuan)

项目 Item	2015	2016	2017	2018	2019
总收入 Total revenue	**22407.76**	**24399.29**	**26846.00**	**28708.64**	**31150.00**
工资性收入 Wage income	8489.55	9201.00	10095.00	11001.00	12039.00
经营性收入 Operating income	8203.76	8613.78	9453.48	10253.69	11177.00
第一产业经营收入 First industry operating income	4782.67	4813.57	5383.39	5646.08	6028.00
第二产业经营收入 Second industry operating income	62.56	239.71	263.75	429.14	476.00
第三产业经营收入 Third industry operating income	3358.54	3560.51	3806.34	4178.47	4673.00
财产性收入 Property income	830.35	965.99	1084.90	1111.42	1183.00
转移性收入 Transfer income	4884.09	5618.52	6212.62	6342.53	6751.00

注:2012 年起国家进行了住户收支调查城乡一体化改革,2014 年开始公布新口径数据,所有收支调查指标名称前均冠以城镇(农村)常住居民;2014 年以前的所有数据均为老口径。

Note:In 2012, the state has carried out reform about Household income and expenditure survey of urban and rural integration, began to publish new caliber data since 2014. All income and expenditure survey indicators are preceded by the name of the town (rural) resident. All data in this table are old caliber data before 2014.

10－12 农村常住居民人均可支配收入构成情况
THE DISPOSABLE INCOME OF RURAL RESIDENT

单位:元　　　　(yuan)

项　　目 Item	2018	2019
可支配收入 Disposable income	22652	24776
工资性收入 Wage income	11001	12039
1、工　资 Wages	10328	11298
2、实物福利 Physical Benefits	227	239
3、其　他 Other	446	502
经营净收入 Net Operating Income	5276	5790
第一产业经营净收入 Net Income of the First Industry	2482	2575
第二产业经营净收入 Net Income of Second Industry	365	455
第三产业经营净收入 Net Income of Third Industry	2429	2760
财产净收入 Net Property Income	1095	1167
转移净收入 Net Transfer Income	5280	5780

10－13 农村常住居民人均支出情况
COMPOSITION OF PER CAPITA EXPENDITURE OF RURAL RESIDENTS

单位:元　　　　(yuan)

项　目 Item	2015	2016	2017	2018	2019
消费支出 Consumption expenditure	12940	14750	15812	17520	19150
1、食品烟酒 food alcohol and tobacco	4128	4646	4833	5043	5199
2、衣　着 clothing	654	679	782	908	958
3、居　住 housing	3616	4314	4421	4632	4952
4、生活用品及服务 daily necessities and services	675	747	853	916	976
5、交通通信 communication	1375	1543	1560	1974	2275
6、教育文化娱乐 educational and cultural entertainment	970	1112	1354	1620	1895
7、医疗保健 health care	1252	1462	1704	2055	2511
8、其他用品和服务 other supplies and services	269	248	305	372	384
生产经营费用支出 Production and operating expenses	2941	2144	2691	2089	2017
第一产业经营费用支出 First industry operating expenses	2028	1330	1867	1858	1855
第二产业经营费用支出 Second industrial operating expenses	0	101	10	8	12
第三产业经营费用支出 Third industrial operating expenses	914	713	814	223	204

注:2012 年起国家进行了住户收支调查城乡一体化改革,2014 年开始公布新口径数据,所有收支调查指标名称前均冠以城镇(农村)常住居民;2014 年以前的所有数据均为老口径。

Note:In 2012, the state has carried out reform about Household income and expenditure survey of urban and rural integration, began to publish new caliber data since 2014. All income and expenditure survey indicators are preceded by the name of the town (rural) resident. All data in this table are old caliber data before 2014.

10－14 农村常住居民家庭每百户耐用消费品拥有量

NUMBER OF DURABLE CONSUMBER GOODS OWNED PER 100 RURAL RESIDENT HOUSEHOLDS

项目	Item	2015	2016	2017	2018	2019
洗衣机(台)	Washing Machine(unit)	83.5	83.2	88.3	90.4	90.3
电冰箱(台)	Refrigerator(unit)	98.9	95.9	97.15	98.7	101.3
空调机(台)	Air－Conditioner(unit)	93.5	100.9	109.53	115.1	125.4
抽油烟机(台)	Smoke Absorber(unit)	46.7	43.5	45.0	54.3	59.1
微波炉(台)	Micro－Wave Over(unit)	25.3	25.4	25.03	25.1	26.8
热水器(台)	Water Heater(unit)	87.5	87.5	89.5	92.5	95.4
摩托车(辆)	Motocycle(unit)	58.7	45.2	51.25	52.5	47.6
固定电话(部)	Telephone(set)	45.9	35.9	26.56	20.5	10.8
移动电话(部)	Mobile Telephone(set)	232.5	235	244.13	243.4	249.7
彩色电视机(台)	Color TV Set (unit)	125.8	126.6	121.1	118.3	120.2
家用计算机(台)	Computer(unit)	36.9	33.7	33.39	38.6	40.0
中高档乐器(架)	Medium and High Grade Musical Instruments(unit)	0	1.1	1.92	3.2	2.2

注：2012年起国家进行了住户收支调查城乡一体化改革，2014年开始公布新口径数据，所有收支调查指标名称前均冠以城镇（农村）常住居民；2014年以前的所有数据均为老口径。

Note：In 2012, the state has carried out reform about Household income and expenditure survey of urban and rural integration, began to publish new caliber data since 2014. All income and expenditure survey indicators are preceded by the name of the town (rural) resident. All data in this table are old caliber data before 2014.

主 要 统 计 指 标 解 释

总收入 指调查户在调查期内获得的工资性收入、经营性收入、财产性收入、转移性收入的总和,不包括非收入所得和借贷性所得。

可支配收入 指调查户在调查期内获得的、可用于最终消费支出和储蓄的总和,即调查户可以用来自由支配的收入。可支配收入既包括现金,也包括实物收入。按照收入的来源,可支配收入包含四项,分别为:工资性收入、经营净收入、财产净收入和转移净收入。计算公式为:

可支配收入 = 工资性收入 + 经营净收入十财产净收入 + 转移净收入

其中:经营净收入 = 经营收入一经营费用一生产性固定资产折旧一生产税

财产净收入 = 财产性收入一财产性支出

转移净收入 = 转移性收入一转移性支出

总支出 指调查户在调查期内全部实际支出,包括消费支出、生产经营费用支出、财产性支出、转移性支出、部分商业保险支出、购置资产及非经常性转移支出、借贷性支出。

消费支出 指住户用于满足家庭日常生活消费需要的全部支出,包括用于消费品的支出和用于服务性消费的支出。根据用途不同,消费支出可划分为食品烟酒、衣着、居住、生活用品及服务、交通通信、教育文化娱乐、医疗保健、其他用品及服务八大类。根据来源不同,消费支出可划分为现金消费支出、实物消费支出(含自产自用、来自单位、来自政府和其他社会组织)。

Explanatory Notes on Main Statistical Indicators

Total revenue: The summation of Wage income, Operating income, Property income, Transfer income that Survey households got in Investigation period, not include loan income.

Disposable income: The income could be used for Final expenditure and consumption that Survey households got in Investigation period. That iS the income Survey households can Free control. Disposable income could be cash or Material object. According to the source of income, disposable income include 4 items: Wage income, Operating income, Property income, Transfer income. Calculation formula is:

Disposable income = Wage income + Operating net income + Property net income + Transfer net income

Among them: Operating net income = Operating income – Operating expenses – Deperciation of productive fixed assets – Production tax

Property net vncome = Property income – Property expenses

Transfer net income = Transfer income – Transfer expenditure

Total expenditure: The summation of all expenditure that Survey households expended in Investigation period, include Consumption, Production and operating expenses, Property expenses, Transfer expenses, Part of commercial insurance expenses, Asset purchase expenditure, Non recurrent transfer expenses, Bloan expenses.

Consumption expenditure: The all expenditure that households must pay for the needs of family daily life. including expenses for consumption goods and services. According to different uses, consumption expenditure Is divided into Food alcohol and tobacco, Clothing, Living category, Daily necessities and services, Communications and transportation, Education and culture and entertainment, Medical and health care, Other supplies and services. According to the source of expenditure, consumption expenditure is divided into cash expenses and material object expenses. (include Self occupied, from company, from govern ment, from the other organization)

十一、科技、教育、文化、卫生及其他

SCIENCE, TECHNOLOGY, EDUCATION, CULTURE, HEALTH AND OTHERS

资料整理人员：胡　增　金　英　刘　江　陈　巍　李　晖　史　瑾　张　瑾
汪　冲

STAFF FOR DATA PROCESSING:

Hu Zeng　Jin Ying　Liu Jiang　Chen Wei　Li Hui　Shi Jin　Zhang Jin
Wang Chong

简要说明

本篇资料反映科技、教育、文化、卫生、体育、民政、公检法、环境保护各项社会事业发展情况。

科技统计资料包括高新技术产业发展情况和规模以上工业企业科技活动情况，资料提供单位为武汉市科技局；教育统计资料内容包括高等教育、普通中等教育、初等教育、幼儿教育、特殊教育、职工教育，资料提供单位为武汉市教育局、武汉市人力资源和社会保障局和湖北省人力资源和社会保障厅；文化统计资料内容包括各类文化事业机构、人员、经费和主要业务活动情况，资料提供单位为武汉市文化和旅游局、湖北省文化和旅游厅、湖北广播电视局；体育统计资料内容包括体委系统职工情况、运动员教练员情况、运动会举办情况等，资料提供单位为武汉市体育局、湖北省体育局；民政统计资料内容包括优抚和救济情况、福利企事业机构、床位、业务情况、婚姻登记情况，资料提供单位为武汉市民政局；公检法统计资料内容包括刑事案件情况、交通和火灾事故情况、检察机关办案情况、以及律师、公证、调解情况，资料提供单位为武汉市公安局、武汉市检察院、武汉市司法局；卫生统计资料包括医疗机构人员、疾病、对居民保证程度等情况，由武汉市卫生健康委员会提供。

Brief Description

Data in this chapter mainly show the development of Science and technology、education culture public health sports、Civil administration、Public security organs、Environmental protectionetc.

The content of Science includes development of high technology industry and science – technology conditions in above designated size inclustrical enterprises. These data are provided by Wuhan city bureau of science and technology. The content of education statistics includes advanced education、regular secondary education、elementary education、kindergarten education、special education、education for staff and workers. These data are provided by Wuhan city bureau of education、Wuhan city bureau of works and social security、Hubei province bureau of works and social security. The content of culture statistics includes number of institutions、personnel and cost and other main activity. These data are provided by Wuhan Cultural and Tourism Bureau, Hubei Provincial Department of Culture and Tourism, Hubei Provincial radio and television Bureau. The content of sports statistics includes staff and worker of Sports Commissions、Sportsman and coach and run of sports meeting. These data are provided by wuhan city bureau of sport、hubei province bureau of sport. Data of Civil administration statistics include persons enjoying favoured treatment and receiving special pensions、number of social welfare enterprises、number of beds、statistics on marriages. These data are provided by wuhan city bureau of Civil administration. Data of public security statistics include criminal and offense cases、traffic accidents and fire cases handled、procuratorial organ inuestigcotiens lawyer、Notarial documents and Civil disputes mediated. These data are provided wuhan city bureau of public security administration、Wuhan city office of procuratorate、wuhan city bureau of justice. Health statistics include medical institutions, personnel, disease, security degree to the resiclerts. Provided by Wuhan Municipal Health Commission.

11－1 高新技术产业发展情况

STATISTICS ON NEW AND HIGH TECHNIC INDUSTRY DEVELOPMENT IN WUHAN

单位:万元 (10 000 yuan)

指标名称 Index Name	2008	2009	2010	2011	2012	2013
总产值 Total Output Value	17341131	20549913	26380353	34489139	45560041	56044728
增加值 Value Added	6017362	7110270	8830955	10741142	13534010	17001874
#电子信息 Electronic Information	1657625	2176018	2711109	3462841	3742258	4464821
先进制造 Advanced Manufacturing	1387088	2056036	2849183	3891344	5013158	6113839
新材料 New Materials	1521088	1237953	1551093	1602444	1430334	1662238
生物医药和医疗器械 Bio－technology and medical Appliance	348295	406313	319263	344720	496650	613295
产品出口交货值 Value of Delivery for Export	1189337	1284882	1947344	3767699	5546199	4529562
产品销售收入 Sales Revenue of Products	15953841	19383916	25753287	38172227	45103564	49589496
利税总额 Total Value of Profits and Taxes	1570285	2222988	2944291	3297328	3516910	3949666

指标名称 Index Name	2014	2015	2016	2017	2018	2019
总产值 Total Output Value	65996966	74992058	84461112	94796394	101733074	1716951157
增加值 Value Added	19949152	21851004	23436104	26705729	29837381	41672694
#电子信息 Electronic Information	4885293	4621875	4566055	4257601	3548971	4165306
先进制造 Advanced Manufacturing	7546989	8358013	8548626	9495793	7493310	11069062
新材料 New Materials	1715856	1672231	20402901	2568573	4195248	4350377
生物医药和医疗器械 Bio－technology and medical Appliance	679403	677498	803062	970240	1332202	1835630
产品出口交货值 Value of Delivery for Export	5264094	5921431	8513473	7557726	6234172	596679
产品销售收入 Sales Revenue of Products	50668563	56913967	65336889	75512654	77587122	88534103
利税总额 Total Value of Profits and Taxes	4065001	5571862	6725150	6653245	7382760	9095457

11－2 规模以上高新技术产业工业各技术领域主要经济指标(2019)

MAJOR ECONOMIC INDICATORS ON TECHNIC FIELDS OF HIGH NEW AND TECHNIC INDUSTRY ABOVE DESIGNATED SIZE(2019)

项　　目 Item	企业数 (户) Number of Entepries (Unit)	从业人员 (人) Employees (person)	总产值 (千元) Total Output Value(1 000 yuan)	增加值 (千元) Volue Added (1 000 yuan)
总　计 Total	1444	451840	965600636	217454971
集成电路及电子器件、设备制造 Integrated Circuit and Electronic Devices and Equipment Manufacturing	184	115296	197827886	41653062
先进装备制造 Advanced Manufacturing	885	226167	508660195	110690622
新材料制造 New Materials	179	51789	192144458	43503775
新能源与资源循环利用 New Energy and Resource Recycling	28	4792	5001155	1748227
生物医药、生物制品及医疗器械制造 Bio－technology and New Medicine and Medical Applicnce	156	51154	55846620	18356300
其他 Other	12	2642	6120322	1502986

项　　目 Item	产品销售收入 (千元) Sales Revenue of Products (1 000 yuan)	利税总额 (千元) Total Value of Profits and Taxes (1 000 yuan)	应交增值税 (千元) Value added Tax Payable (1 000 yuan)	出口交货值 (千元) Delivery Value of Export (1 000 yuan)
总　计 Total	885341028	90954568	15765840	5966787
集成电路及电子器件、设备制造 Integrated Circuit and Electronic Devices and Equipment Manufacturing	186135306	4694117	－185825	4277706
先进装备制造 Advanced Manufacturing	457122923	58034695	9043916	1199373
新材料制造 New Materials	175108802	18905746	3915728	179955
新能源与资源循环利用 New Energy and Resource Recycling	4780165	626908	152979	47304
生物医药、生物制品及医疗器械制造 Bio－technology and New Medicine and Medical Applicnce	56234188	8496627	2742036	262449
其他 Other	5959644	196475	97006	0

11－3　规模以上高新技术产业工业主要指标及构成情况(表一)(2019)
MAJOR INDICATORS AND COMPOSITION ON NEW AND HIGH TECHNIC INDUSTRY ABOVE DESIGNATED SIZE(TABLE 1)(2019)

项　　目 Item	企业数 (户) Number of Enterprises (unit)	从业人数 (人) Employees (person)	总产值 (千元) Total Output Value(1 000 yuan)	增加值 (千元) Value Added (1 000 yuan)
总　计 **Total**	**1444**	**451840**	**965600636**	**217454971**
一、按企业规模分组 **Grouped by Enterprise Scale**				
大型 Large	67	220485	599597095	126857815
中型 Medium－Sized	218	107646	171895843	42240050
小型 Small－Sized	1114	122645	193040776	48087539
微型 Micro－Sized	45	1064	1066922	269567
二、按登记注册类型分组 **Grouped by Type of Registration**				
内资企业 Domestic Funded Enterprises	1219	328412	545392103	125720935
国有企业 State－owned	2	312	245824	61270
集体企业 Collective－owned	5	363	253701	64296
股份合作企业 Cooperative Enterprises of Share Holding				
联营企业 Joint－owned				
国有联营企业 State－owned Joint Venture				
集体联营企业 Collective State－owned				
国有与集体联营企业 Joint State and Colleaive－owned				
其他联营企业 Other Joint－owned				
有限责任公司 Companies of Limited Liabilities	559	193387	340734920	73913340
国有独资公司 Companies State－owned Excluasive Investment	37	43470	119008646	24731841
其他有限责任公司 Other Companies of Limited Liabilities	522	149917	221726273	49181499
股份有限公司 Share Holding Co,Ltd	125	71054	96991425	26520002

11－3 续 表 一 Continued 1

项 目 Item	企业数（户） Number of Enterprises (unit)	从业人数（人） Employees (person)	总产值（千元） Total Output Value(1 000 yuan)	增加值（千元） Value Added (1 000 yuan)
私营企业 Private－owned	527	63265	107131017	25153660
私营独资企业 Private Exclusive Investment	3	426	137189	32746
私营合伙企业 Private Partnership	1	31	35216	8367
私营有限责任公司 Private Companies of Limited Liabilities	473	57015	100452788	23481751
私营股份有限公司 Private Companies of Limited Liabilities with Share Holding	51	5824	6541040	1639163
其他企业 Others				
港、澳、台商投资企业 Enterprises funded by Entepreneurs from HongKong, Macao and Taiwan	40	29111	53528639	12856463
合资经营企业(港或澳、台资) Joint Ventures with HongKong, Macao and Taiwan	16	22278	38585156	9338658
合作经营企业(港或澳、台资) Cooperative Enterpries with HongKong, Macao and Taiwan				
港、澳、台商独资经营企业 HongKong, Macao and Taiwan owned Enterpries	20	6267	14425815	3387664
港、澳、台商投资股份有限公司 Companies of Share HongKong funded by Entrepreneurs from HongKong Macao and Taiwan	1	0	0	0
其他港澳台投资企业 Others	3	566	517668	130142
外商投资企业 Foreign Invested Enterprises	185	94317	366679895	78877573
中外合资经营企业 Chinese Foreign Equity Joint Ventures	88	60126	311579993	65322297
中外合作经营企业 Chinese Foreign Equity Cooperative Enterpries				
外资企业 Foreign Enterprise	85	29643	46373680	11443850
外商投资股份有限公司 Companies of Share Holding funded by foveign entreprenrurs	6	3897	8067483	1954867
其他外商投资企业 Other Foreign－Invested Enterprises	6	651	658738	156559

11－4 规模以上高新技术产业工业主要指标及构成情况（表二）（2019）
MAJOR INDICATORS AND COMPOSITION ON NEW AND HIGH TECHNIC INDUSTRY ABOVE DESIGNATED SIZE（TABLE 2）（2019）

项目 Item	企业数 （户） Number of Enterprises （unit）	从业人数 （人） Employees （person）	总产值 （千元） Total Output Value（1 000 yuan）	增加值 （千元） Value Added （1 000 yuan）
总计 Total	**1444**	**451840**	**965600636**	**217454971**
按国民经济行业大类分组 Grouped by Sector				
非金属矿采选业 Non－metallic Mining	1	465	2097987	421276
其他采矿业 Mining of Others Ores	1	102	24857	4964
农副食品加工业 Farm and Sideline Food Processing	21	2189	6278668	1423555
食品制造业 Food Production	16	3140	2443955	670780
酒、饮料和精制茶制造业 Liquor，Beverage and Refined Tea Production	1	66	68336	17234
烟草制品业 Tobacco Processing				
纺织业 Textile Industry	3	645	736624	180334
纺织服装、服饰业 Carments，Shoes and Hats Products	1	705	354867	90527
木材加工和木、竹、藤、棕、草制品业 Timber Processing，Bamboo，Cane，Palm Fiber and Straw Products	2	142	665550	147353
家具制造业 Furniture Manufacturing				

11－4 续 表 一 Continued 1

项 目 Item	企业数 (户) Number of Enterprises (unit)	从业人数 (人) Employees (person)	总产值 (千元) Total Output Value(1 000 yuan)	增加值 (千元) Value Added (1 000 yuan)
造纸和纸制品业 Papermaking and Paper Products	5	2073	7633081	1713013
印刷和记录媒介复制业 Printing and Record Processing	20	5415	7432837	2183117
文教、工美、体育和娱乐用品制造业 Cultural, Educational and Sports Goods	5	569	834520	274660
石油加工、炼焦和核燃料加工业 Petroleum Processing, Coking and Nucless Fuel Processing	3	88	110010	32222
化学原料和化学制品制造业 Raw Chemical Material and Chemical Products	70	11869	62994769	15095570
医药制造业 Medical and Pharmaceutical Products	79	41726	43352285	15440520
化学纤维制造业 Chemical Fiber Manufacturing	1	157	281992	34206
橡胶和塑料制品业 Rubber and Plastic Products	24	3220	6462076	1492270
非金属矿物制品业 Non－metal Material Products	64	9831	18096601	5235567
黑色金属冶炼和压延加工业 Smelting and Pressing of Ferrous Metals	4	19135	86178990	17227180
有色金属冶炼和压延加工业 Smelting and Pressing of Ferrous Metals	3	211	304656	67498
金属制品业 Metal Products	43	14585	25743988	5663688

11－4 续 表 二 Continued 2

项 目 Item	企业数（户） Number of Enterprises (unit)	从业人数（人） Employees (person)	总产值（千元） Total Output Value(1 000 yuan)	增加值（千元） Value Added (1 000 yuan)
通用设备制造业 General Purpose Machinery Manufacturing	87	14595	19226433	4681710
专用设备制造业 Special Purpose equipment Manufacturing	117	18425	25974712	6885663
汽车制造业 Automobile Industry	403	115667	330034250	71326645
铁路、船舶、航空航天和其他运输设备制造业 Railway, Ship, Aerospace and Other transportation Equipment	29	10892	12350325	2544794
电气机械和器材制造业 Eletric Machinery and Equipment	184	50051	100140157	19899008
计算机、通信和其他电子设备制造业 Computer, Telecommunication and Other Electronic Devices	162	110255	187382256	39125065
仪器仪表制造业 Instruments and Meters Machinery	72	11201	8961668	2356410
其他制造业 Other Industry	3	518	344789	106907
废弃资源综合利用业 Utilization of Discard Resource and Material	9	1982	3957043	1058886
金属制品、机械和设备修理业 Mineral Products, Machinery and Repair of Equipment	4	1193	3555428	1042977
电力、热力生产和供应业 Electric, Heat Pouer Production and Supply	6	635	1536491	993512
水的生产和供应业 Tap Water Production and Supply	1	93	40435	17860

11－5 规模以上工业企业科技活动情况

项　目 Item	R&D 活动企业（个） Number of Enterprises with R&D Activities (unit)			R&D 人员合计（人） R&D Personels (person)		
	2019	2018	增幅%	2019	2018	增幅%
总　计 Total	**659**	**708**	**－6.9**	**41305**	**48302**	**－14.5**
一、按企业规模分组 Grouped by Enterprise Scale						
大型 Large	58	61	－4.9	20032	27402	－26.9
中型 Medium	125	143	－12.6	10171	9442	7.7
小型 Small	458	493	－7.1	10092	11338	－11.0
微型 Micro	18	11	63.6	1010	120	741.7
二、按登记注册类型分组 Grouped by Type of Registration						
内资企业 Domestic Enterprises	585	626	－6.5	35789	37803	－5.3
国有企业 State－owned Enterprises	3	4	－25.0	48	3162	－98.5
集体企业 Collective－owned Enterprises						
股份合作企业 Cooperative Enterprises						
联营企业 Joint－owned Enterprises						
有限责任公司 Companies of Limited Liabilities	289	283	2.1	19321	19999	－3.4
股份有限公司 Share Holding Co.，Ltd	84	86	－2.3	11369	9222	23.3
私营企业 Private－owned Enterprises	209	253	－17.4	5051	5420	－6.8
其他企业 Other Domestic－funded Enterprises						
港、澳、台商投资企业 Hongkong，Macao and Taiwan－invested Enterprises	18	25	－28.0	1283	5459	－76.5
外商投资企业 Foreign－invested Enterprises	56	57	－1.8	4233	5040	－16.0
三、按国民经济行业分组 Grouped by Sector						
其他采矿业 Other Minerals Mining and Processing						
农副食品加工业 Food and Sideline Food Processing	11	18	－38.9	167	223	－25.1
食品制造业 Food production	14	12	16.7	570	200	185.0
酒、饮料和精制茶制造业 Wine，Drinks and Refined Tea Processing	3	2	50.0	88	54	63.0
烟草制品业 Tobacco Processing	3	2	50.0	373	637	－41.4
纺织业 Textile Industry	3	4	－25.0	55	45	22.2
纺织服装、服饰业 Textile，Garments，Shoes and Hats Products	2	5	－60.0	184	377	－51.2

SCIENCE AND TECHNONOGY ACTIVITIES OF INDUSTRIAL ENTERPRIESE ABOVE DISIGNATED SIZE

R&D经费内部支出 (万元) Funding for R&D Expenditure (10 000 yuan)			新产品开发经费支出 (万元) Funding for New Product Development Expenditures (10 000 yuan)			新产品销售收入 (万元) Revenue of New Product Sales (10 000 yuan)			专利申请数 (件) Amount of Applications Examined (unit)		
2019	2018	增幅%	2019	2018	增幅%	2019	2018	增幅%	2019	2018	增幅%
1896424	**1821553**	**4.1**	**2631105**	**2229115**	**18.0**	**20090542**	**19885145**	**1.0**	**16403**	**11714**	**40.0**
1050552	1114938	-5.8	1393956	1311238	6.3	13755230	14685857	-6.3	6123	5879	4.2
567575	241927	134.6	701609	314407	123.2	3269405	3115090	5.0	2764	1712	61.4
204852	463502	-55.8	451911	600724	-24.8	2904463	2061819	40.9	4493	4102	9.5
73445	1186	6095.3	83629	2746	2945.8	161444	22379	621.4	3023	21	14295.2
1632733	1524597	7.1	2262301	1817342	24.5	16213573	14624039	10.9	15581	10599	47.0
3082	50028	-93.8	13086	67375	-80.6	14812			68	74	-8.1
999603	755513	32.3	1345788	948044	42.0	11906917	10333075	15.2	11011	6984	57.7
534854	584257	-8.5	677137	594804	13.8	3194624	3207824	-0.4	2514	2053	22.5
95195	134800	-29.4	226290	206798	9.4	1097220	1083139	1.3	1988	1488	33.6
26757	94649	-71.7	42572	117435	-63.7	356020	260337	36.8	280	286	-2.1
236935	202307	17.1	326232	294338	10.8	3520948	5000769	-29.6	542	829	-34.6
				232					3	1	200.0
2721	4601	-40.9	12889	9252	39.3	116566	118870	-1.9	91	45	102.2
5495	3242	69.5	5798	5406	7.3	90061	29554	204.7	83	48	72.9
1264	418	202.2	2943	7415	-60.3	25	143941	-100.0	26	36	-27.8
11258	19227	-41.4	22531	22772	-1.1	414405	491609	-15.7	466	481	-3.1
563	1338	-57.9	3031	1908	58.9	37578	13932	169.7	22	24	-8.3
288	4695	-93.9	3762	12433	-69.7	68230	165357	-58.7	49	82	-40.2

11-5 续 表

项 目 Item	R&D 活动企业（个）Number of Enterprises with R&D Activities (unit)			R&D 人员合计（人）R&D Personels (person)		
	2019	2018	增幅%	2019	2018	增幅%
皮革、毛皮、羽毛及其制品和制鞋业 Leather, Furs, Down and Related Products						
木材加工和木、竹、藤、棕、草制品业 Timber Processing, Wood, Bamboo, Cane, Palm and Straw Products	1	2	-50.0	56	29	93.1
家具制造业 Furniture Manufacturing	2	1	100.0	13	7	85.7
造纸和纸制品业 Papermaking and Paper Products	1	2	-50.0	8	18	-55.6
印刷和记录媒介复制业 Printing and Record Processing	15	12	25.0	543	327	66.1
文教、工美、体育和娱乐用品制造业 Culture, Education, Art, Sports and Recreation Products	2	5	-60.0	37	59	-37.3
石油加工、炼焦和核燃料加工业 Petroleum Processing, Coking Products and Nuclear Fuel Processing	3	4	-25.0	19	40	-52.5
化学原料和化学制品制造业 Raw Chemical Material and Chemical Products	38	39	-2.6	1256	971	29.4
医药制造业 Medical and Pharmaceutical Products	46	48	-4.2	2203	3328	-33.8
化学纤维制造业 Chemical Fiber Manufacturing						
橡胶和塑料制品业 Rubber and Plastic Products	13	12	8.3	439	345	27.2
非金属矿物制品业 Nonmetal Material Products	25	30	-16.7	446	652	-31.6
黑色金属冶炼和压延加工业 Smelting and Pressing of Ferrous Metals	4	5	-20.0	1422	1762	-19.3
有色金属冶炼和压延加工业 Smelting and Pressing of Non-ferrous Metals	3	2	50.0	56	27	107.4
金属制品业 Metal Products	25	39	-35.9	1271	2039	-37.7
通用设备制造业 General Piopose Machinery Manufacturing	41	44	-6.8	1483	1734	-14.5
专用设备制造业 Special Purpose equipment Manufacturing	66	72	-8.3	2522	2160	16.8
汽车制造业 Automobile Industry	101	105	-3.8	6978	8707	-19.9
铁路、船舶、航空航天和其他运输设备制造业 Railway, Ship, Aerospace and Other transportation Equipment	15	19	-21.1	2050	4619	-55.6
电气机械和器材制造业 Eletric Machinery and Equipment	80	95	-15.8	3717	3967	-6.3
计算机、通信和其他电子设备制造业 Telecommunication Equipment, Computer and Other Electronic Equipment Manufacturing	91	83	9.6	13699	14484	-5.4
仪器仪表制造业 Instruments, Meters, Machinery	36	35	2.9	1128	1021	10.5
其他制造业 Other Manufacturing	2	2	0.0	41	43	-4.7
废弃资源综合利用业 Vtilization of Discard Resource and Material	4	4	0.0	126	100	26.0
金属制品、机械和设备修理业 Mineral Products, Machinery and Repair of Equipment	4	3	33.3	154	258	-40.3
电力、热力生产和供应业 Electric, Steam and Hot Water Production and Supply	3	2	50.0	93	69	34.8
水的生产和供应业 Water Production and Supply	1			14		

11 -5 Continued

R&D 经费内部支出（万元）Funding for R&D Expenditure (10 000 yuan)			新产品开发经费支出（万元）Funding for New Product Development Expenditures (10 000 yuan)			新产品销售收入（万元）Revenue of New Product Sales (10 000 yuan)			专利申请数（件）Amount of Applications Examined (unit)		
2019	2018	增幅%	2019	2018	增幅%	2019	2018	增幅%	2019	2018	增幅%
643	463	38.9	503	718	-30.0					14	-100.0
157	400	-60.7	478	668	-28.4	3335	2872	16.1	7	6	16.7
269	1406	-80.9	2495	1474	69.3		195		3	17	-82.4
11609	6237	86.1	21084	14802	42.4	114304	69306	64.9	282	352	-19.9
297	4095	-92.8	4803	5396	-11.0	10815	14537	-25.6	16	32	-50.0
243	2087	-88.4	521	2184	-76.2				19	9	111.1
29869	20200	47.9	28791	31752	-9.3	247820	203475	21.8	214	254	-15.7
62489	157425	-60.3	99076	173190	-42.8	666730	998934	-33.3	402	296	35.8
						85					
18979	13304	42.7	32623	30496	7.0	173767	217024	-19.9	86	115	-25.2
8717	17013	-48.8	30074	25822	16.5	87716	117131	-25.1	196	131	49.6
133727	24980	435.3	225271	105441	113.6	910006	988466	-7.9	340	350	-2.9
681	314	116.6	2328	5156	-54.8	31376	36521	-14.1	29	21	38.1
35979	53735	-33.0	71720	70420	1.8	981527	934146	5.1	738	702	5.1
45120	36981	22.0	73711	49076	50.2	393101	323318	21.6	426	368	15.8
50359	50142	0.4	88842	70708	25.6	501211	449682	11.5	961	734	30.9
303473	380478	-20.2	508271	415496	22.3	2911027	3610929	-19.4	1268	1195	6.1
33511	81864	-59.1	64459	102469	-37.1	366427	333876	9.7	848	730	16.2
178963	132936	34.6	208781	204274	2.2	3366025	3193671	5.4	1124	1060	6.0
928489	774958	19.8	1063988	826420	28.7	8225062	7167962	14.7	8229	4309	91.0
16969	18116	-6.3	38251	24509	56.1	182874	108243	68.9	375	248	51.2
969	966	0.4	961	1490	-35.5	18415	13650	35.0	7	4	75.0
2156	777	177.4	3808	235	1519.0	3793	4149	-8.6	21	7	200.0
3458	8681	-60.2	8769	6112	43.5	168264	133796	25.8	27	35	-22.9
1206	475	153.9	336						23	2	1050.0
131				1391					20	5	300.0

11－6　三大战略性新兴产业主要统计数据
STATISTICS ON THREE STRATEGIC EMERGING INDUSTRIES

年　　份 Year	信息技术产业 Information Technology Industry		生命健康产业 Biotech &health Industry		智能制造产业 Intelligent Manufacturing Industry	
	营业收入（亿元） Revenues (100 million yuan)	增幅(%) Increase(%)	营业收入（亿元） Revenues (100 million yuan)	增幅(%) Increase(%)	总产值（亿元） Output Value (100 million yuan)	增幅(%) Increase(%)
2015	3005.44	17.1	1291.00	9.6	736.48	12.4
2016	3325.76	21.1	1531.13	18.6	1035.89	17.2
2017	2670.41	18.2	1817.00	18.7	1073.59	22.0
2018		21.5	2166.77	19.2		18.8
2019		12.2	2563.71	18.3		16.9

注:2017年四季度,根据国家对新一代信息技术的统计要求,科技局修订了信息技术的制度以及企业名录库,信息技术营业收入统计口径较2015、2016年有所变更。

Note: In the fourth quarter of 2017, according to the state's statistical requirements for the new generation of information technology, the Bureau of Science and Technology revised the information technology system and the enterprise directory database. The caliber of information technology revenue statistics is different from that in 2015 and 2016.

11－7　专利申请、授权与有效量情况
EXAMINED AND GRANTED PATENT APPLICATIONS

单位:件　　(uint)

指标名称 Index Name	2015	2016	2017	2018	2019
专利申请 Patent Applied					
专利申请量 Amount of Applications Examined	33620	44826	49726	60511	77097
#发　明 Creations and Inventions	15077	20643	23243	29095	33202
实用新型 Utility Models	16158	20504	22916	27516	38776
外观设计 Appearance	2385	3679	3567	3900	5119
专利授权 Granted Patents					
专利授权量 Amount of Applications Granted	21740	22967	25528	32397	39258
#发　明 Creations and Inventions	6003	6514	8444	8807	11754
实用新型 Utility Models	13609	13977	14260	20238	23413
外观设计 Appearance	2128	2476	2824	3352	4091
PCT申请 PCT Applied	387	712	1217	1475	1825

11-8 各级各类教育分年度基本情况
BASIC STATISTICS ON INSTITUTIONS OF EDUCATION

单位:人 person

指标名称 Index Name	2015	2016	2017	2018	2019
学校数(所) Number of Innstitutions(unit)	1205	1209	1194	1235	1239
普通高等院校 Institutions of Higher Eucation	82	84	84	84	83
普通中学 Regular Secondary Schools	361	367	367	374	378
技工学校 Technical Schools	28	25	28	23	25
中等职业学校 Vocationcl Secondary Schools	134	130	105	124	125
小　学 Primary Schools	591	594	601	621	623
盲、聋、哑学校 Schools for the Blind and the Deaf-wute	9	9	9	9	9
毕业生数 Number of Graduates	475196	473509	482710	465214	475028
普通高等院校 Institutions of Higher Eucation	261988	261669	266299	251781	252703
普通中学 Regular Secondary Schools	102437	100448	99138	98951	104543
技工学校 Technical Schools	7135	6607	8973	5262	5722
中等职业学校 Vocational Secondary Schools	38153	34308	35128	33117	31432
小　学 Primary Schools	65215	70167	72933	75759	80290
盲、聋、哑学校 Schools for the Blind and the Deaf-wute	268	310	239	344	338
招生数 New Student Enrollment	501802	515163	536618	556717	582068
普通高等院校 Institutions of Higher Eucation	264636	263142	274404	283732	299976
普通中学 Regular Secondary Schools	100421	106901	109507	113290	121608
技工学校 Technical Schools	6983	10166	11594	8156	5634
中等职业学校 Vocational Secondary Schools	37683	38723	38819	35000	32599
小　学 Primary Schools	91805	95911	102001	116139	121723
盲、聋、哑学校 Schools for the Blind and the Deaf-wute	274	320	293	400	528

11－8 续 表 Continued

指标名称 Index Name	2015	2016	2017	2018	2019
在校学生数 Students Enrollment	1863010	1886302	1942573	1998206	2090960
普通高等院校 Institutions of Higher Eucation	956789	948768	947651	969323	1006894
普通中学 Regular Secondary Schools	302803	308295	315723	328361	343980
技工学校 Technical Schools	19580	19805	29361	19604	17074
中等职业学校 Vocational Secondary Schools	108139	104893	113222	100155	96813
小 学 Primary Schools	473922	502611	534646	578681	623111
盲、聋、哑学校 Schools for the Blind and the Deaf and dumb	1777	1930	1970	2082	3088
教职员工数 Number of Teachers and Staff	171387	173434	175052	173797	178434
普通高等院校 Institutions of Higher Eucation	90840	92746	93286	91853	93409
普通中学 Regular Secondary Schools	38622	38951	39431	40398	41287
技工学校 Technical Schools	2979	2677	3032	2175	2134
中等职业学校 Vocational Secondary Schools	10265	9952	9311	8223	8239
小 学 Primary Schools	28391	28810	29698	30833	33031
盲、聋、哑学校 Schools for the Blind and the Deaf－mute	290	298	294	315	334
专任教师 Full－time Teachers	125306	125507	128047	129491	133537
普通高等院校 Institutions of Higher Eucation	57205	57803	58285	59008	59613
普通中学 Regular Secondary Schools	31207	31293	31286	31711	32347
技工学校 Technical Schools	2249	1725	2232	1662	1662
中等职业学校 Vocational Secondary Schools	7391	6897	6955	6296	6307
小 学 Primary Schools	27019	27561	29063	30576	33353
盲、聋、哑学校 Schools for the Blind and the Deaf－mute	235	228	226	238	255

注：不包含研究生教育机构、成人教育高校及民办教育机构等。

Note：Postgraduate Education Institutions，Adult Education Colleges and Non－governmental Education Organizations are not inducled.

11-9 普通中学、小学专任教师学历情况(2019年)
BASIC STATISTICS ON ACADEMIC CREDENCIALS OF FULL - TIME TEACHERS IN REGULAR SECONDARY SCHOOLS AND PRIMARY SCHOOLS(2019)

单位:人 (person)

项目	Item	普通中学 Regular Secondary Schools 合计 Subtotal	高中 Senior	初中 Junior	小学 Primary Schools
专任教师总计	**Total Number of Full - time Teachers**	**32347**	**11696**	**20651**	**33353**
高等学校本科毕业及以上	Graduated from Regular College Course and above	30795	11639	19156	24736
高等学校专科毕业	Graduated from Specialized Subject(three Years)	1542	56	1486	8212
高中毕业及以下	Graduated from Senior Secondary Schools and below	10	1	9	405
比　重(%)	**Proportion of Full - time Teachers(%)**				
高等学校本科毕业及以上	Graduated from Regular College Course and above	95.20	99.51	92.76	74.16
高等学校专科毕业	Graduated from Specialized Subject(three Years)	4.77	0.48	7.20	24.62
高中毕业及以下	Graduated from Senior Secondary Schools and below	0.03	0.01	0.04	1.21

11-10 平均每一专任教师负担的学生数情况
THE RATIO OF STUDENTS AND FULL - TIME TEACHERS

单位:人 (person)

项目	Item	2015	2016	2017	2018	2019
普通高等学校	Institutions of Higher Education	21.00	18.32	16.26	16.55	16.89
中等专业学校	Specialized Secondary Schools	14.63	15.21	16.28	15.91	15.35
技工学校	Technical Schools	13.56	12.39	13.15	12.63	11.92
普通中学	Regular Secondary Schools	9.70	9.85	10.09	10.35	10.63
#高　中	Senior	9.24	9.13	9.16	9.35	9.71
初　中	Junior	9.98	10.28	10.64	10.94	11.16
小　学	Primary Schools	17.54	18.24	18.4	18.93	18.68

11 -11 平均每万人口在校学生数情况
STUDENT ENROLLMENT PER 10 000 POPULATION

单位:人 (person)

项目	Item	2018	2019
高等教育	Higher Education	999	1004
中等职业教育	Secondary Vocational Education	75	86
普通高中	Regular High School	101	101
义务教育	Compulsory Education	742	761
学前教育	Pre - primary Education	295	319

11 -12 幼儿园基本情况
BASIC STATISTICS ON KINDERGARTENS

单位:人 (person)

项目	Item	2015	2016	2017	2018	2019
幼儿园数(所)	Number of Kindergartens(unit)	1184	1303	1391	1511	1794
在园幼儿数	Student Enrollment	268747	284141	302075	318026	357311
教职员工数	Number of Staff and Teachers	32701	37050	41073	46181	54343
#园长	Chiefs of Kindergartens	1964	2185	2353	2514	3023
教师	Teachers	15758	17798	19903	22021	25778
保健员	Health Workers	8292	8859	9406	10571	12134
平均每一教养员负担幼儿	Ratio of Students and Kindergarten Teachers	17.05	15.96	15.18	14.44	13.86

11－13　普通中小学和职业中学校舍情况

BASIC STATISTICS ON SCHOOLHOUSE OF REGULAR SECONDARY SCHOOLS, PRIMARY SCHOOLS AND VOCATIONAL SCHOOLS

单位:万平方米　　　　(10 000sq. m)

项　目	Item	2015	2016	2017	2018	2019
学校数(所)	Number of Schools(unit)					
普通中学(所)	Regular Secvondary Schools(unit)	361	367	367	374	378
小　学(所)	Primary Schools(unit)	591	594	601	621	623
学校占地面积	Area of Schools					
普通中学	Regular Secondary Schools	1295.31	1309.88	1317.26	1374.66	1404.45
职业中学	Vocational Secondary Schools	331.98	336.86	257.27	249.17	255.37
小　学	Primary Schools	876.03	906.8	919.24	970.58	1001.47
校舍建筑面积	Floor Space of School Building					
普通中学	Regular Secvondary Schools(unit)	582.5	588.16	600.31	642.85	661.88
职业中学	Vocational Secondary Schools	192.18	185.8	176.91	171.76	175.19
小　学	Primary Schools	342.59	366.58	380.98	407.33	423.88
本年新增面积	Newly Increased Floor Space of Building					
普通中学	Regular Secvondary Schools(unit)	4.26	9.63	16.11	56.39	28.00
小　学	Primary Schools	9.54	23.59	29.92	38.02	30.66
危险房屋面积	Floor Space of Buildings with Danger of Collapse					
普通中学	Regular Secvondary Schools(unit)	0.02	0	0.241	0	0
小　学	Primary Schools	0.01	0	0	0.00	0.00

11－14　文化产业机构和人员情况
NUMBER OF INSTTUTIONS AND PERSONNEL IN CULTURAL INSTITUTIONS

项　目	Item	机　构　数(个) Number of Institutions(unit)		从业人员数(人) Number of Persons Engaged(person)	
		2018	2019	2018	2019
总　计	**Total**	**2921**	**1976**	**35718**	**21284**
艺术业	Art Institutions	31	31	2464	2379
图书馆业	Libraries	16	16	670	666
群众文化业	Mass Culture	185	185	761	764
艺术教育业	Art Education	2	2	515	512
娱乐业	Recreation	2550	1594	27205	12868
文艺科研	Art Research	2	2	67	61
文物业	Cultural Relics	87	98	1850	1909
其他文化产业	Other Cultural Units	48	48	2186	2125

11－15 艺术表演机构和人员情况
STATISTICS ON INSTITUTIONS AND PERSONNEL IN ART PERFORMANCE

项目 Item	机构数(个) Number of Institutions(unit)		从业人员数(人) Number of Persons Engaged(person)	
	2018	2019	2018	2019
总计 Total	29	29	2412	2299
一、艺术表演团体 Art Performance Troupes	16	16	1896	1799
1. 话剧、儿童剧、滑稽剧团 Drama, Children, Plays and Comedy Troupes	2	2	239	239
2. 歌剧、舞剧、歌舞剧团 Opera, Ballet and Dance Troupes	3	3	346	334
3. 歌舞团、轻音乐团 Song and Dance Group、Pops Orchesrta	2	2	338	344
4. 乐　团 Philharmonic Troupes	0	0	0	0
5. 戏曲剧团 Local Opera Troupes	2	2	304	298
其中:京　剧 Local Beijing Opera Troupes	2	2	304	298
6. 曲、杂、木、皮剧团 Recitation and Ballad Troupes, Acrobatics and Circus Troupes, Pupet Show Troupes and Shadow Play Troupes	6	6	635	577
7. 综合艺术表演团体 Comprehensive Art Troupes	1	1	34	7
二、艺术表演场所 Art Centers	13	13	516	500

11－16 文化部门艺术表演团体基本情况(2019年)
STATISTICS ON INSTITUTIONS AND PERSONNEL OF ART PERFORMANCE IN CULTURAL DEPARTMENT(2019)

项目 Item	剧团数(个) Number of Troupes (unit)	本年新排上演剧目(个) Newly Rehearsal and Performance Plays in the Year(play)	国内演出场次(千场) Number of Domestic Performances (10 00 shows)	国内观众(千人次) Number of Domestic Spectators (1000 person－times)	本年收入合计(千元) Total Income (1000 yuan)	本年支出合计(千元) Total Expenditures (1000 yuan)
总计 Total	**14**	**20**	**3.37**	**3154.74**	**400939**	**389622**
话剧、儿童剧、滑稽剧团 Drama, Children, Plays and Comedy Troupes	1	8	0.33	327.4	40860	43950
歌剧、舞剧、歌舞剧团 Opera, Ballet and Dance Troupes	3	3	0.57	919	80014	78369
歌舞团、轻音乐团 Song and Dance Group、Pops Orchestra	1	0	0	0	10952	10952
乐　团 Philharmonic Troups	0	0	0	0	0	0
戏曲剧团 Local Opera Troupes	2	1	0.48	259.06	89494	81642
#京　剧 Local Beijing Opera Troupes	2	1	0.48	259.06	89494	81642
曲、杂、木、皮剧团 Recitation and Ballad Troupes, Acrobatics and Circus Troupes, Puppet Show Troupes and Shadow Play Troupes	6	8	1.88	1080.88	172143	166979
综合性艺术表演团体 Comprehensive Art Troupes	1	0	0.11	50	7476	7730

11－17　文化部门艺术表演场所演出情况
BASIC STATISTICS ON PERFORMANCE OF CULTURAL DEPARTMENT

指标名称	Index Name	2018	2019
剧　　场（个）	Theaters（unit）	13	12
剧场座席（万个）（10000）	Seating－room of Theaters（10 000 seats）	1.2399	1.2453
演出场次（万场）（10000）	Number of Performances（10 000 shows）	0.158	0.164
#艺术场次（万场）	Number of Art Performances（10 000 shows）	0.122	0.133
观众人次（万人次）（10000）	Number of Spectators（10 000 person－times）	114.37	144.055
#艺术观众（万人次）	Number of Spectators for Art	81.319	122.39
总收入（万元）（10000）	Total Income（10 000 yuan）	13322.3	13221.1
#艺术演出收入	Income From Art Performances	5417.7	7160.3
总支出（万元）（10000）	Total Expenditures（10 000 yuan）	12576.4	13056.9

11－18　群众艺术馆、文化馆
STATISTICS ON MASS ART CENTERS AND CULTURAL CENTERS

指标名称 Index Name	2015	2016	2017	2018	2019
机构数（个） Number of Institutions（unit）	15	15	15	15	15
举办展览个数（个） Number of Exhibitions（unit）	126	122	167	167	201
组织文艺活动次数（次） Art Performances and Culture Sessions（times）	1180	6276	1353	1503	1211
举办培训班（个） Training Courses（times）	509	542	707	1274	1554
结业人次数（千人次）（1000） Number of Persons Completing Courses（1000 person－times）	0.15	0.216	15.4	9.56	18
组织品牌节庆活动（个） Number of Brand Festival Activities（unit）	58	62	63	63	63

11－19 公共图书馆基本情况
BASIC STATISTICS ON PUBLIC LIBRARIES

指标名称 Index Name	2015	2016	2017	2018	2019
机构数(个) Number of Institutions(unit)	17	17	17	16	17
藏　书(万册)(10000) Collections(10 000 volumes)	1445.24	1549.36	1627.44	1676.236	1776.041
发放借书证数(万个)(10000) Number of Library Cards Distributed(10 000 units)	67.69	75.47	88.07	105.63	105.11
图书流通人次(万人次)(10000) Total Number of Circulation(10 000 person－times)	648.90	713.08	778.15	800.683	825.712
为读者举办各种活动(次) Service Activities Provided for Readers(times)	1211	1814	1970	1662	1996
参加人次(万人次)(10000) Number of Readers Involved(10 000 person－times)	83.29	117.23	96.39	90.123	106.87
本年新购图书(万册)(10000) Number of Books Purchased During the Year(10 000 Volumes)	117.66	95.11	93.28	89.305	100.468
公用房屋建筑面积(万平方米)(10000) Floor Space of Public Building(10 000sq. m)	17.79	18.37	18.68	18.955	18.955
阅览室座席数(万个)(10000) Seats of Reading Rooms(10 000 seats)	1.16	1.22	1.22	1.2193	1.2743

11－20 广播电视基本情况
BASIC STATISTICS ON BROADCASTING AND TELEVISION

指标名称 Index Name	2015	2016	2017	2018	2019
广播电台(座) Broadcasting Stations(seat)	1	1	1	1	0
电视台(座) Television Stations(seat)	1	1	1	1	0
广播电视台(座) Radio Television Stations(seta)	6	6	6	6	7
调频转播发射台(座) Number of Broadcast Transmission Stations(seat)	7	7	8	7	7
电视转播发射台(座) Number of Television Transmission Stations(seat)	5	5	5	5	20
广播节目套数(套) Number of Broadcasting Programs(seat)	9	9	9	9	9
公共广播节目每日播出时间(时、分) Average Public Broadcasting Hours per Day (hour、minute)	119:06:00	128:41:00	137:51:00	152:12:23	151:01:11
电视节目套数(套) Number of Television Programs(seat)	11	11	11	11	11
公共电视节目每日播出时间(时、分) Average Public Television Hours per Day(hour、minute)	192:05:00	194:32:00	144:36:15	210:42:52	208:06:07

11-21 图书、杂志、报纸出版数量
NUMBER OF BOOKS、MAGAZINES AND NEWSPAPERS PUBLISHED

指标名称 Index Name	2015	2016	2017	2018	2019
图　书 Books					
出版社图书种数合计(种) Books from Publishing House(species)	15939	15105	13590	13419	13052
#出版新图书(种) #New Books Published(species)	8932	7911	7404	6852	5847
总印数(万册)(10000) Impression(10 000 copies)	26299.74	27044.43	22972.55	26834.91	31700.31
总印数(万张)(10000) Printed Sheets(10 000 species)	2245605.03	2236382.5	1883287.73	2099492.7	2359553.49
杂　志 Magazine					
种数(种) Class(unit)	365	369	370	369	369
平均期印数(万册)(10000) Number of Average Impression(10 000 copies)	926.7	741.96	610.48	497.62	448.86
总印数(万册)(10000) Impression(10 000 copies)	24714.65	18168	13961	11704	10302
总印张(千印张)(1000) Printed Sheets(1 000 unit)	1438680.18	1010981	741768.43	586570	502787
报　纸 Newspaper					
种数(种) Class	64	64	64	64	64
平均期印数(万册)(10000) Number of Average Impression(10 000 copies)	523.85	409.05	350.7	288.44	208.42
总印数(万册)(10000) Impression(10 000 copies)	119031.2	91622	78182.4	63891.5	48590.82
总印张(千印张)(1000) Printed Sheets(1 000 unit)	4530878.41	2799400.13	2381765.27	1879944.25	1604192.49

11－22 博物馆基本情况
STATISTICS ON MUSEUMS

指标名称	Index Name	2015	2016	2017	2018	2019
机构数(个)	Number of Centers(unit)	57	65	74	74	87
全部职工人数(人)	Total Number of Staffs(person)	1266	1342	1527	1586	1706
藏　　品(件)	Cultural Relics of Collection(case)	550465	537275	606995	633040	968138
参观人次(万人次)	Vistors(10 000 person－times)	945.05	1012.519	1325.414	1677.636	1747.158
总收入(万元)	Total Income(10 000 yuan)	33058.80	60142.1	45860.9	71645.1	56755
总支出(万元)	Total Expenditures(10 000 yuan)	34031.1	71667.8	55384.3	63401.5	57522.2

11－23 卫生事业机构数
NUMBER OF HEALTH INSTITUTIONS

单位:个　　　　(unit)

指标名称	Index Name	2015	2016	2017	2018	2019
合　计	**Total**	**3695**	**3839**	**4368**	**4639**	**6497**
医　　院	Hospitals	303	317	354	398	407
社区卫生服务中心	Community Health Service Centers	133	133	133	133	133
卫生院	Health Centers	69	69	67	84	72
门诊部	Out－patoent Departrment	747	893	1129	1298	1393
急救中心	First－aid Centers	2	2	1	1	3
采供血机构	Blood Centers	1	1	1	1	1
妇幼保健机构	Maternity and Child Care Centers	16	16	16	18	18
专科防治机构	Special Prevention and Treatment Centers or Stations	17	17	20	21	21
疾病控制机构	Disease Controling Centers	19	19	17	17	18
卫生监督机构	Sanitation supervision Centers	17	17	17	16	16
医学培训机构	Physic Training Centers	2	2	2	4	2
其他卫生机构	Other Health Care Institutions	7	9	8	11	9
诊　　所	Clinics	1842	1826	1920	2140	1971
卫生所医务室	Clinic Infirmary	201	201	360	209	267
社区卫生服务站	Community Health Service Stations	317	317	323	288	245

11－24 医疗机构基本情况(2019 年)
STATISTICS ON MEDICAL INSTITUTIONS(2019)

项目	Item	诊疗人次（千次）Total Number of Patients Treated (1000 person－times)	入院人数（千人）Hospital Admissions (1000 patients)	病床周转次数（次）Turnover of Beds (times)	病床使用率（%）Utilization Rate of Beds (%)
合计	**Total**	**91138.32**	**3250.97**	**35.70**	**90.03**
一、医院	Hospitals	59499.61	2930.69	37.10	94.88
综合医院	General Hospitals	42220.91	2152.87	39.70	98.43
中医医院	Hospitals of Chinese Medicine	5119.85	196.61	33.50	88.53
中西医结合医院	Hospitals of Chinese and Westen Medicine	3932.34	152.22	32.90	86.78
专科医院	Specialized Hospitals	8210.35	425.95	30.10	87.01
二、疗养院	Sanatoriums	－	－	－	－
三、社区卫生服务中心(站)	Community Health Service Centers	10849.59	81.35	15.20	43.21
四、卫生院	Health Centers	3828.07	121.60	28.50	62.00
街道卫生院	Urban Township Hospitals	179.56	9.97	35.40	67.49
乡镇卫生院	Rural Township Hospitals	3648.52	111.62	28.00	61.61
五、门诊部	Out－pactient Department	2628.24	2.25	∞	∞
六、妇幼保健机构	Maternity and Child Care Centers	3630.19	104.04	57.40	99.91
七、疾病预防控制机构	Disease Prevention and Treatment Centers	－	－	－	－
八、专科疾病防治机构	Specialized Disease Prevention & Treatment Centers	158.89	11.04	19.20	37.90

11－25 卫生事业床位数
NUMBER OF BEDS IN HEALTH INSTITUTIONS

单位:张 (unit)

项目	Item	2015	2016	2017	2018	2019
合计	**Total**	**80726**	**87408**	**91635**	**95277**	**96357**
医院	Hospitals	67550	74453	78447	81765	82836
卫生院	Health Centers	4226	4443	4530	4495	4658
社区卫生服务中心	Community Health Service Centers	6175	6174	6215	6440	6168
门诊部、所	Clinics	50	36	32	89	87
专科防治所、站	Special Prevention and Treatment Centers or Stations	959	531	534	608	588
妇幼保健所、站	Maternity and Child Care Centers	1766	1771	1877	1880	1886

11－26 医疗卫生事业对居民的保证程度
NUMBER OF BEDS AND PERSONS ENGAGED IN MEDICAL AND HEALTH INSTITUTIONS PER 1000 POPULATION

单位:张、人 (unit, person)

项目 Item	2015	2016	2017	2018	2019
每千人口卫生床位数 Number of Beds per 1000 population	7.61	8.12	8.41	8.6	8.59
#每千人口医院床位数 Number of Hospital beds per 1000 population	6.36	6.92	7.2	7.38	7.39
每千人口卫生工作人员数 Number of Medical Personnel per 100 population	10.78	11.42	11.7	12.3	12.64
#每千人口卫生技术人员数 Number of Medical Technical Personnel per 1000 population	8.65	9.13	9.41	9.89	10.19
每千人口医生数 Number of Doctors per 1000 population	3.1	3.23	3.33	3.57	3.69
每千人口护师、护士数 Number of Senior and Junior Nurses per 1000 population	4.26	4.56	4.71	4.91	5.07

11－27 医疗机构所属人员情况(2019年)

单位:人

项　　目 Item	合　计 Total	各类卫生技术人员 All Health Technicians		
		小　计 Total	执业助理医师 Certified Assistant Doctors	其中:执业医师 Certified Doctors
总　计 Total	**141724**	**114212**	**41327**	**38689**
医　院 Hospitals	102689	83381	27764	27074
社区卫生服务中心(站) Community Health Service Centers	10357	8831	3385	3089
卫生院 Health Centers	5393	4468	1944	1250
门诊部 Out－patient Department	8261	6547	3391	2958
诊所卫生所医务室 Clinics	4797	4519	2422	2212
疾病预防控制中心 Centers for Disease Control and Prevention	1430	1156	560	532
专科疾病防治院(所、站) Specialized Hospitals for Disease Control and Prevention	766	600	260	230
健康教育所(站、中心) Institute for Health Education	24	11	2	2
妇幼保健院(所、站) Maternity and Child Health Care	3949	3528	1156	1125
急救中心(站) First Aid Center	189	88	56	54
采供血机构 Blood Services	364	274	35	26
卫生监督所(中心) Health Supervision Institution	385	359	0	0
医学科学研究机构 Medical Scientific Reserach Instvtutions	22	10	6	6
医学在职培训机构 Medical Institutions of on－the－job Training	41	20	14	13
临床检验中心(所、站) Clinical Test Center	10	4	0	0
其　他 Others	74	27	12	12

注:本表总计含计划生育技术服务机构、村卫生室人员及乡村医生和卫生员

Note:The table contains a total of family planning technical services village health staff and rural doctors and health workers.

THE NUMBER OF EMPLOYED PERSONNEL IN MEDICAL INSTITUTIONS(2019)

(person)

各类卫生技术人员 All Health Technicians				其他技术人员	管理人员	工勤技能人员
注册护士 Enrolling Nurses	药剂人员 Junior Pharmacists	技师(士) laboratory Technicians	其他 Other Technicians	Others	Adinistrative Staff	Ground Skilled Staff
56803	**4734**	**5560**	**5785**	**6679**	**7869**	**10443**
44150	3413	3884	4170	5027	5936	8345
4065	548	425	408	467	495	564
1568	289	239	428	323	281	321
2668	156	260	73	383	639	691
1842	168	44	42	31	103	144
103	11	333	146	173	90	75
207	53	57	23	50	65	51
8	0	1	0	4	9	0
1901	90	262	119	155	129	137
29	1	0	2	5	32	64
183	5	51	0	24	28	38
0	0	0	359	2	21	3
0	0	2	2	8	3	1
3	0	2	1	14	5	2
4	0	0	0	0	5	1
3	0	0	12	13	28	6

11-28 居民死亡十种主要疾病构成情况(2019 年)
THE COMPOSITION OF TEN MAIN DISEASES CAUSING DEATH OF RESIDENTS(2019)

项目 Item	病名		死亡率 1/10 万 Death Rate (per 100000 Persons)	构成(%) Constitution
合计 Total	恶性肿瘤	Malignant Tumour	182.49	28.19
	脑血管病	Cerebrovascular Disease	140.35	21.68
	心脏病	Heart Trouble	124.29	19.20
	呼吸系统疾病	Respiratory Disease	59.16	9.14
	损伤中毒	Trauma and Toxicosis	39.94	6.17
	内分泌营养代谢疾病	Discase about endocrine, nutritionl and metabolic	22.47	3.47
	消化系统疾病	Digestive Disease	15.07	2.33
	神经系统疾病	Nervous System Disease	9.98	1.54
	泌尿生殖系统疾病	Urinary Disease	7.25	1.12
	传染病和寄生虫病	Infectious and Parasitic Diseases	7.21	1.11
男性 Male	恶性肿瘤	Malignant Tumour	232.33	32.00
	脑血管病	Cerebrovascular Disease	145.77	20.08
	心脏病	Heart Trouble	123.89	17.06
	呼吸系统疾病	Respiratory Disease	75.34	10.38
	损伤中毒	Trauma and Toxicosis	45.41	6.25
	内分泌营养代谢疾病	Discase about endocrine, nutritionl and metabolic	20.73	2.85
	消化系统疾病	Digestive Disease	16.82	2.32
	神经系统疾病	Nervous System Disease	9.33	1.29
	泌尿生殖系统疾病	Urinary Disease	8.22	1.13
	传染病和寄生虫病	Infectious and Parasitic Diseases	9.95	1.37
女性 Female	脑血管病	Cerebrovascular Disease	130.66	23.09
	恶性肿瘤	Malignant Tumour	134.72	23.81
	心脏病	Heart Trouble	124.66	22.03
	呼吸系统疾病	Respiratory Disease	42.43	7.50
	损伤中毒	Trauma and Toxicosis	34.27	6.06
	内分泌营养代谢疾病	Discase about endocrine, nutritionl and metabolic	24.26	4.29
	消化系统疾病	Digestive Disease	13.26	2.34
	神经系统疾病	Nervous System Disease	10.65	1.88
	泌尿生殖系统疾病	Urinary Disease	6.09	1.08
	传染病和寄生虫病	Infectious and Parasitic Diseases	4.66	0.82

11－29 体育事业基本情况
BASIC STATISTICS ON SPORTS AFFAIRS

指标名称 Index Name	2018	2019
体育局系统职工人数(人) Number of staff and Workers in Sports Bureau(person)	604	514
#市　　属(人) Municipal Units(person)	389	299
优秀运动队人数(人) Number of Personnel of Excellent Sports Teams(person)	49	69
等级裁判员人数(人) Number of Referees in Grades(person)	88	88
等级运动员发展人数(人) Number of Newly Increased Athletes in Grades(person)	472	438
少年儿童业余体校(所) Sparetime Sports Schools for Children(unit)	12	13
在校学生人数(人) Students Enrollment(person)	4040	4100
全市举办运动会次数(次) Number of Games Held in the City(times)	19	20
参加运动会运动员人数(人) Number of Atheltes Involved in the Games(person)	85000	100000

注:体育局系统职工人数中,不含省直在汉部分数据。

Note:Number of staff and workers in Sports Bureau doesn't include provincial government employees who work in Wuhan.

11－30　十三五时期妇女儿童发展规划监测主要指标
KEY INDICATORS FOR MONITORING THE DEVELOPMENT OF WOMEN AND CHILDREN IN 13th FIVE－YEAR

监测名称 Index Name	计算单位	2017	2018	2019
1、妇女人均预期寿命 Per Capita Life Expectancy of Women(year)	岁	84.24	83.93	84.08
2、孕产妇死亡率 Maternal Actual(1/100000)	1/10 万	12.88	9.94	3.26
3、剖宫产率 Cesarean Section Rate(%)	%	55.57	54.3	53.4
4、婴儿死亡率 Infant Actual(%)	‰	2.66	1.95	2.13
5、5 岁以下儿童死亡率 Mortality of Children Under 5 Years of Age(%)	‰	3.25	2.45	2.93
6、出生缺陷发生率 Incidence of Birth Defects(%)	‰	8.04	7.79	7.94
7、学前三年儿童毛入园率 Three Years of Preschool Children's Admission Rate(%)	%	89.11	90.05	92.34
8、高等教育毛入学率 Higher Education Gross Enrolment Ratio(%)	%	64.5	98.16	98.62
9、九年义务教育巩固率 Consolidation Rate of Nine Years Compulsory Education(%)	%	99.89	99.83	99.95
10、高中阶段毛入学率 Gross Enrollment Rate in High School(%)	%	97.74	98.16	98.62
11、普通高中在校生中女生所占比例 Proportion of Female Students in Ordinary High Schools(%)	%	48.23	47.65	47.89
12、普通高校在校生中女性比例 Proportion of Female Students in Colleges and Universities(%)	%	47.26	47.05	46.61
13、妇女就业人员占全部就业人员的比例 The Proportion of Women Employed Personnel Accounts for The Total Number of Employed Persons(%)	%	47.4	47.4	47.4
14、城市最低生活保障平均标准 Average Standard of Urban Minimum Living Standard(yuan/person, month)	元/人、月	670	715.00	780
15、农村最低生活保障平均标准 Average Standard of Uural Minimum Living Standard(yuan/person, month)	元/人·年	6000	6960	7620
16、流浪未成人救助保护机构数 Number of Rescue and Protection Agencies for Vagrants(Unit)	个	7	7	7
17、以城乡社区为单位养老服务(各类养老院)覆盖率 Coverage rate of Old－age Services (all kinds of nursing homes) in Urban and Rural Communities(%)	%	98.18	99.82	99.83
18、妇女获得法律援助次数 Number of Women Receiving Legal Aid(person－time)	人次	41042	48797	42937
19、获得法律援助的未成年人受援人数 Number of Juveniles Receiving Legal Aid(person)	人	4052	4904.00	3875

11－31 优抚和社会福利事业情况
STATISTICS ON SOCIAL WELFARE HOMES

指标名称 Index Name	2015	2016	2017	2018	2019
优抚事业 Preferential Treatment Policy					
单位数(个) Number of Homes(unit)	5	5	5	5	5
床位数(张) Number of Beds(unit)	1037	1027	436	435	706
年末收养人员(人) Number of Persons Housed(person)	821	928	668	730	699
享受伤残抚恤金人数(人) Number of Persons Enjoying Disability Benfit(person)	5750	5865	5946	6062	6140
定期抚恤金人数(人) Number of Persons Who Have Regular Pension(person)	1118	966	928	927	791
定期补助人数(人) Number of Persons Who Have Regular Subsides(person)	23430	23097	23118	23603	21791
社会福利 Social Welfare					
社会福利院单位数(个) Number of Social Welfare Home	15	15	14	14	15
床位数(张) Number of Beds	9042	9181	10585	12464	9087
在院总人数、天数(人、天) Number of Hospitalizations and Days	712785	761306	709686	994140	1021000
#市儿童福利院(个) Number of Children's Welfare Institution	1	1	1	1	1
年末收养人员(人) Number of Persons Housed(person)	635	614	547	511	486

#少年儿童(人)
Juvenile(person)
	635	614	422	388	

11－32 殡 葬 事 业 情 况
BASIC STATISTICS ON FUNERAL AND INTERMENT AFFAIRS

项目	Item	2015	2016	2017	2018	2019
火葬场(个)	Cremateria(unit)	7	7	7	7	7
火化炉(台)	Cremators(unit)	83	83	91	91	92
火化尸体数(具)	Corpses Cremated(unit)	50937	53968	53815	54426	56060

11－33 婚姻登记情况(2019 年)
STATISTICS ON MARRIAGES(2019)

地　区	District	准予登记结婚数(对) Registered Marriages (couples)	准予离婚(对) Ratifications for Divorces (couples)
全　市	**Whole City**	**84885**	**48570**
江　岸　区	Jiang'an	6737	5148
江　汉　区	Jianghan	4880	3540
硚　口　区	Qiaokou	4540	3049
汉　阳　区	Hanyang	4938	3340
武　昌　区	Wuchang	10338	5991
青　山　区	Qingshan	3744	2182
洪　山　区	Hongshan	6924	3748
东 西 湖 区	Dongxihu	4030	2587
汉　南　区	Hannan	3103	1684
蔡　甸　区	Caidian	3634	2204
江　夏　区	Jianxia	5515	3187
黄　陂　区	Huangpi	10033	4860
新　洲　区	Xinzhou	8377	3548
武汉经济技术开发区	Wuhan Economic Technological Development Zone		
东湖新技术开发区	East Lake High－Tech Development Zone	7717	3334
东湖生态旅游风景区	East Lake Ecotoutism Scenic Zone	375	168
武汉化学工业区	Wuhan Chemical Indurstry Park		

11－34 市属公证、律师机构及人员
NUMBER OF NOTARIAL INSTITUTIONS AND PERSONNEL ENGAGED AT MUNICIPALITY LEVEL AND BELOW

指标名称	Index Name	2015	2016	2017	2018	2019
公证机构	Notarial Institutions					
公证机构数(个)	Number of Notarial Institutions(unit)	13	13	13	13	14
#市　级(个)	Municipality Level(unit)	7	7	7	7	8
区　级(个)	District Level(unit)	6	6	6	6	6
公证人员数(人)	Number of Notarial Personnel(person)	237	268	282	296	210
办理各类公证(件)	Number of Notarial Documnets Issued(piecces)	243702	295412	274861	187003	186993
律师事务所	Law Offices					
律师事务所(个)	Number of Law Offices(unit)	241	265	331	373	410
市　级(个)	Municipality Level(unit)	65	64	88	87	88
区　级(个)	District Level(unit)	176	201	243	286	322
律师事务所实有人数(人)	Number of Staff and Workers in Law Offices(person)	4330	4416	6387	7742	8741
#专业律师工作者(人)	Full－time Lawyers(person)	3234	3446	5531	6832	7126
兼职律师工作者(人)	Part－time Lawyers(person)	118	112	206	215	302

11－35 市属民事纠纷调解情况
STATISTICS ON CIVIL DISPUTES MEDIATED AT MUNICIPALITY LEVEL AND BELOW

指标名称 Index Name	2015	2016	2017	2018	2019
一、调解纠纷合计(件) Number of Civil Disputes Mediated(case)	53186	63543	87969	83802	77128
二、调解成功纠纷(件) Number of Cases Successfully Mediated(case)	53125	63397	87652	83748	77093
三、本年突出纠纷 Highlight Disputes in the Year					
#婚姻家庭纠纷(件) Family Disputes(case)	30656	32573	43064	38672	42024
邻里纠纷(件) Neighborhood Disputes(case)	22380	23904	31312	30843	33756
房屋纠纷(件) Housing Disputes(case)	205	196	151	274	208
四、防止民间纠纷转化为刑事案件 Preventing the Tonversion of Civil Disputes into Criminal cases(case)				189	224

11－36 社会治安及安全情况
BASIC STATISTICS ON CRIMINAL AND OFFENSE CASE

指标名称 Index Name	2015	2016	2017	2018	2019
刑事治安案件 Criminal Cases Registered					
刑事发案总数(起) Number of Criminal Cases Registered(case)	105528	94267	81085	70073	65155
刑事破案总数(起) Number of Criminal Cases Cracked(case)	28714	29918	30319	26417	23608
治安案件受理(起) Number of Offense Cases Registered(case)	105812	96684	85182	81903	87236
治安案件查处(起) Number of Offense Cases Disposed(case)	95802	89967	83592	80000	85355
交通事故 Traffic Accidents					
次　数(次) Number of Traffic Accidents(case)	1919	1758	2259	2762	2798
死　亡(人) Deaths(person)	343	344	809	648	497
伤　人(人) Injuries(person)	1930	1706	1969	2738	2811
损失折款(万元)(10000) Losses Converted into Cash(10 000 yuan)	659	486	609.15	747.17	637.38
火灾情况 Fires					
次　数(次) Number of Fires(case)	2833	2653	1940	1936	1668
死　亡(人) Deaths(person)	8	5	3	4	9
伤　人(人) Injuries(person)	12	1	0	0	0
损失折款(万元)(10000) Losses Converted into Cash(10 000 yuan)	953.6	854.3	546.27	1104	5007.5

11－37 检察机关办理各类案件情况
STATISTICS ON VARIONS CASES PROCESSED BY PROCURATORATE

指标名称 Index Name	2019
刑事执行监督工作 Supervision of Criminal Execution	
羁押必要性审查(人) Number of Persons Examined for Necessity of detention(person)	1316
对刑罚执行和监管活动违法提出书面纠正(件) Written Rectification of Illegal Punishment Execution and Supervision(case)	422
其中:已纠正(件) Total of Rectified(case)	422
民事、行政检察工作 Civil and Administrative Prosecution	
民事、行政生效裁判调解书监督(件) Supervision of Mediation Letter on Civil and Administrative Effective Judgment(case)	686
对民事、行政审判活动监督(件) Supervision on Civil and Administrative Trial(case)	127
其中:提出检察建议(件) Giving procuratorate suggestion(case)	63
对民事、行政执行活动监督(件) Supervision on Civil and Administrative Execution(case)	163
其中:提出检察建议(件) Giving procuratorate suggestion(case)	100
公益诉讼检察工作 Prosecution in Public Interest Litigation	
受理公益诉讼线索(件) Clues of Public Interest Litigation Received(case)	1090
其中:立案(件) Cases Registered(case)	999
提起公益诉讼(件) Cases Prosecuted(case)	13
控告申诉检察工作 Prosecution in Accusation and Petition	
办理各类举报、控告、申诉事项(件) Cases of Reporting, Accusation and Petition(case)	3565
办理刑事赔偿申请(件) Application for Criminal Compensation(case)	9
办理司法救助案件(件) Cases of Judicial Relief(case)	126
未成年人检察工作 Prosecution in Juvenile criminal cases	
受理审查逮捕未成年人案件(人) Reviews Concerning the Arrest of Minors(person)	570
其中:批准逮捕(人) Authorizing Arrests(person)	419
不批捕(人) Non－arrest(person)	142
受理审查起诉未成年人案件(人) Reviews Concerning the Prosecution of Minors(person)	580
其中:提起公诉(人) Prosecuted(person)	446
不起诉(人) Non－Prosecution(person)	77
附条件不起诉(人) Conditional Non－Prosecution(person)	32

11－38 审查逮捕与审查起诉工作
ARRESTS AND LAWSUITS IN CRIMINAL CASES

指标名称 Index Name	2019
受理审查逮捕案件总数(件) Number of Arrests Appealed in Criminal Cases(case)	12832
其中:逮捕数(件) Authorizing Arrests(case)	10895
不捕数(件) Non－arrest(case)	1791
受理审查逮捕案件总数(人) Number of Persons Appealed Arresting in Criminal Cases(person)	18510
其中:逮捕数(人) Authorizing Arrests(person)	14860
不捕数(人) Non－arrest(person)	3411
受理审查起诉案件总数(件) Number of Cases Appealed Prosecutions and Exempting from Prosecutions(case)	21348
其中:起诉(件) Prosecutions(case)	15069
不起诉(件) Non－Prosecution(case)	709
受理审查起诉案件总数(人) Number of Persons Appealed Prosecutions and Exempting from Prosecutions(person)	27691
其中:起诉(人) Prosecuted(person)	19614
不起诉(人) Non－Prosecution(person)	863

主 要 统 计 指 标 解 释

R&D(研究与试验发展)活动 指在科学技术领域,为增加知识总量以及运用这些知识去创造新的应用进行的系统的创造性的活动,包括基础研究、应用研究、试验发展三类活动。

基础研究 指为了获得关于现象和可观察事实的基本原理的新知识(揭示客观事物的本质、运动规律、获得新发现、新学说)而进行的实验性或理论性研究,它不以任何专门或特定的应用或使用为目的。其成果以科学论文和科学著作为主要形式。

应用研究 指为获得新知识而进行的创造性研究,主要针对某一特定的目的或目标。应用研究是为了确定基础研究成果可能的用途,或是为达到预定的目标探索应采取的新方法(原理性)或新途径。其成果形式以科学论文、专著、原理性模型或发明专利为主。

试验发展 指利用从基础研究、应用研究和实际经验所获得的现有知识,为产生新的产品、材料和装置,建立新的工艺、系统和服务,以及对已产生和建立的上述各项作实质性的改进而进行的系统性工作。其成果形式主要是专利、专有技术、具有新产品基本特征的产品,原型或具有新装置基本特征的原始样机等。在社会科学领域,试验发展是指把通过基础研究、应用研究获得的知识转变成可以实施的计划(包括为进行检验和评估实施示范项目)的过程。人文科学领域没有对应的试验发展活动。

R&D人员 指单位内部从事基础研究、应用研究和试验发展三类活动的人员。包括直接参加上述三类项目活动的人员以及这三类项目的管理人员和直接服务人员,为研发活动提供直接服务的人员包括直接为研发活动提供资料文献、材料供应、设备维护等服务的人员。

R&D经费支出 指调查单位在报告年度内用于内部开展R&D活动(基础研究、应用研究和应用发展)的实际支出。包括用于R&D项目(课题)活动的直接支出,以及间接用于R&D活动的管理费、服务费、与R&D有关的基本建设支出以及外协加工费等。不包括生产性活动支出、归还贷款支出以及与外单位合作或委托外单位进行R&D活动而转拨给对方的经费支出。

普通高等学校 指按照国家规定的设置标准和审批程序批准举办,通过国家统一招生考试,招收高中毕业生为主要培养对象,实施高等教育的全日制大学、独立设置的学院和高等专科学校、短期职业大学。

成人高等学校 指按照国家有关规定审批,招收通过全国成人高教统一招生考试的具有高中毕业或同等学历的在职从业人员利用脱产、半脱产、业余或函授等多种形式对其实施高等学历教育,培养高等教育专科或本科毕业水平的专门人才,修业年限、课程设置和总学时数均按高等学历教育要求付诸实施的学校。包括广播电视大学,职工高等学校、农民高等学校、管理干部学院。教育学院。独立设置的函授学院等。

独立研究与开发机构 指有明确的任务和研究方向,有一定学术水平的业务骨干和一定数量的研究人员,具有研究、开发、开展学术工作的基本条件,主要进行科学研究与技术开发活动,并且在行政上有独立的组织形式,财务上独立核算盈亏,有权与其他单位签订合同,在银行有单独户头的单位。包括国务院各部门、中国科学院、中国社会科学院和各省、自治区、直辖市以及地(市)以上〔含地(市)〕各部门所属的国有独立的科学研究与技术开发机构。

独立研究与开发机构职工 指在科学研究与技术开发机构工作,并由其支付工资的人员。包括长期职工和临时职工,不包括编制以外的离休、退休人员和停薪留职人员,但包括招聘人员。

专利申请量 指专利机构受理技术必明申请专利的数量,是发明专利申请量、实用新型专利申请量和外观设计专利申请量之和。

发明 指专利法及其实施细则所称的发明,指对有关产品、方法或其改进所提出的新的技术方案。

实用新型 指专利法及其实施细则所称的实用新型,指对产品的形状、构造或者其结合所提出的适于实用的新的技术方案。

外观设计 专利法及其实施细则所称的外观设计是指对产品的形状、图案、色彩或者其结合所作出的富有美感并适于工业上应用的新设计。

文化事业机构 指从事专业文化工作和为专业文化工作服务的独立建制的单位。不包括这些单位另外举办独立核算的其他机构和各部门的业余文化组织。

艺术表演团体 指从事戏曲、音乐、舞蹈、杂技等专业艺术表演,有独立帐户的单位。不包括半工半艺、半农半艺和民间职业剧团。

等级运动员人数 指经考核正式批准授予等级运动员称号的人数。运动员等级分为国际级运动健将、运动健将、一级运动员、二级运动员、三级运动员、少年级运动员。

等级裁判员人数 指经考核正式批准授予等级裁判员称号的人数。裁判员等级分为国际裁判、国家级裁判、一级裁判、二级裁判、三级裁判。

医院 指名称为医院,设有固定床位能收容病人住院并能为病人提供医疗、护理服务的医疗机构。包括县及县以上医院、农村乡卫生院、其他医院三部分。按所属性质分为卫生部门、工业及其他部门,集体经济单位三类。其中县及县以上医院按业务性质分为综合医院和专科医院。

卫生技术人员 指卫生事业机构支付工资的全部固定职工和合同制职工中现任职务为卫生技术工作的专业人员。包括中医师,西医师、中西医结合高级医师、护师、中药师、西药师、检验师,其他技师、中医士、西医士、护士、助产士、中药剂士、西药剂士、检验士、其他技士、其他中医、护理员、中药剂员、西药剂员、检验员,其他初级卫生技术人员。

医生 指经卫生部门审查合格,从事医疗工作的专业人员。分为中医医生和西医医生。包括卫生技术人员中的中医师、西医师、中西医结合高级医师、中医士、西医士和其他中医。

社会福利事业单位 指集中收养社会孤老、残、幼的机构。包括由民政部门管理的社会福利院、儿童福利院、精神病人福利院和城镇集体办的福利院,以及农村集体举办的敬老院。

社会福利事业单位收养人数 包括民政部门管理的和城镇及农村集体举办的社会福利事业单位中收养的老人、少年儿童、缺乏生活自理能力的残疾人员和精神病人。

律师 指受聘参加法律顾问处工作,担任法律顾问、刑(民)事代理人、刑事辩护人,办理非诉讼事件、解答法律询问,代写法律事务文书等主要从事律师业务的专职法律工作者和兼职律师。

公证人员 指在国家公证机关依法办理公证事务的司法人员。包括公证员、助理公证员和在公证处工作的其他人员。

办理公证文书 指公证处在一定时期内办结的公证文书件数。公证文书系按司法部规定或批准的格式制作。包括国内公证和涉外公证两部分。其中国内公证分为经济合同公证和民事法律关系公证两大类。

工业废水排放达标量 指各项指标都达到国家或地方排放标准的外排工业废水量,包括未经处理外排达标的和经过处理后外排达标的两部分。国家排放标准见 GB8978—88。

工业废气排放量 指企业厂区内燃料燃烧和生产工艺过程中产生的各种排粉空气的含有污染物的气体的总量,以标准状态〔273K,101325Pa〕计。

工业粉尘排放量 指企业在生产工艺过程中排放的颗粒物重量。如钢铁企业的耐火材料粉尘、焦化企业的筛焦系统粉尘,烧结机的粉尘、石灰窑的粉尘、建材企业的水泥粉尘等。不包括电厂排人大气的烟尘。

工业固体废物产生量 指企业在生产过程中产生的固体状、半固体状和高浓度液体状废弃物的总量,包括危险废物、冶炼陂渣、粉煤灰、炉渣、煤矸石、尾矿、放射性废物和其他废物等;不包括矿山开采的剥离废石和掘进废石(煤矸石和呈酸性或碱性的废石除外)。酸性或碱性废石是指采掘的废石其流经水、雨淋水的 pH 值小于 4 或 pH 值大于 10.5 者。

“三废”综合利用产品产值 指利用“三废”(废液、废气、废渣)作为主要原料生产的产品产值(现行价),已经销售或准备销售的,应计算产品产值;但留作生产匕自用的,不应计算产品产值。

Explanatory Notes on Main Statistical Indicators

Research and Development(R&D) refers to systematic and creative activities in the field of science and technology aiming at increasing the onowledge and using the knowledge for new application. R&D includes 3 categories of activities: basic research, applied research and experiments and development.

Basic Research Refer to experimental and theoretical researches in order to obtain new knowledge about phenomena and observable facts to the basic principle(to reveal the essence and motion law of the objective things, obtain new discoveries, new theories). It is not for the purpose of any special or specific application or use. The results forms are the scientific papers, monographs in major.

Application research Refers to creative study in order to obtain new knowledge, mainly for a particular purpose or goals. Application research is to determine the possible use of the basis results of research, or exploring new methods (the original rational) or new ways should be taken for achieving the goal. The results forms are the scientific papers, monographs, original rational model or patents for inventions in major.

Experimental Development refers to systematic work of using existing knowledge from basic research, application research and practical experience, to produce new products, materials and devices, build new technology, systems and services, and improve the production and the establishment of the above – mentioned substantial. The results forms are mainly patents, proprietary technology, products and prototypes with basic characteristics of new products, or original prototypes with basic characteristics of the new devices. In the social science area, test development refers to process of converting the knowledge obtained from basic research, application research into plans could be implemented (including the implementation of demonstration projects for inspection and assessment). Humanities area has no corresponding test development activities.

R&D Personnel Refers to personnels engaged in basic research, application research and experimental development activities in units. Including personnels directly participating in the above three kinds of project activities and management and service personnels of the three kinds of projects, and personnels providing direct service for r&d including directly provide information literature, material supply, equipment maintenance and other services.

R&D Expenditure Refers to the actual expenditure of investigation unit used for internal R&D activities (basic research, application research, development of application) in the annual report. Includeing direct spending for R&D items (projects), and indirectly spending for R&D active management, service, and the basic construction spending related to R&D activities and outsourcing processing fee, etc. productive activities expenses, and loan repayment expenses, and expenses turing to other units by cooperating with other units or entrusting other units for R&D activities.

Regular Institutions of Higher Learning refer to educational establishments set up according to the government evaluation and approval procedures, enrolling graduates from senior secondary schools and providing higher eduction courses and training for senior Drofessionals. They include full – time universities, colleges, high professional schools and short – term professional universities.

Institutions of Higher Learning for Adults refer to educational establishments, set up in line with relevant rules approved by the government , enrolling staff and workers with senior secondary school or equivalent education, and providing higher education courses in many forms of full – time, part – time, spare – time, or correspondence for adults. In these institutions, where professionals are trained with higher education specialist or undergraduate course graduate level, length of schooling, curriculum offering and the total number of class hours are set and put into practice in accordance with the requirements of higher curricula education. Institutions of higher learning for adults include Radio and TV universities, school of high education for staff and workers and peasants, colleges for management cadres, pedagogical colleges, and independent correspondence colleges.

Independent Research and Development Institutions refor to the state – – owned institutions that have direct mission and research purpose. a certain number of core members with higher research level and a certain number of research personnel, favorable conditions for R&D and engaging in scientific research and technological development. The institutions also have their own independent organization and finance, authority to sign contracts with other units, with their own accounts in banks. Independent Research and Development Institutions contains stated – owned, independent scientific research and technology development organizations belong to ministries of State Council, Chinese Academy of Sciences, Chinese Academy of Social Sciences and ministries of provinces, autonomous regions, municipalities and others at or above the level of cities.

Personnel of independent Research and Development Institutions refers to the persons who work and receive payment inresearch and development institutions. It includes regular full – time and temporary staff and workers, but excludes retirees and persons who leave their work temporarily without payment but still retain their posts.

Patent applications refers to the number of applications for technical invention patents accepted by the patent office. It is the sum of invention applications, utility model applications and design applications.

Inventions refer to the inventions as specified by the patent law and its detailed rules and regulations for implementation. They refer to the new technical proposals to the products or methods or their modifications.

Utility Models refer to the utility models as specified by the patent law and its detailed rules and regulations for implementation. They refer to the practical and new technical proposals on the shape and structure of the product or the combination of both.

Designs refer to the designs as specified by the patent law and its detailed rules and regulation for implementation. They refer to the aesthetics and industry applicable new designs for the shape, pattern and color of the product, or their combinations.

Cultural Institutions refer to units that have their own organizational system and independent accounting system and specialize in or serve cultural development. They exclude other establishments with independent accounting system run by these cultural institutions and amateur cultural groups established by various departments.

Art Troupe refers to the troupe which is engaged in drama, opera, music, dance, acrobatics or other art performance, opens independent accounts with banks and has self supporting accounting system. excluding the troupes which are engaged partly in industrial or agricultural activities, partly in art performance and the professional troupes organized by the people.

Number of Athletes in Grades refers to the number of athletes who have been given titles through examination. The tides of athletes include international masters of sports, masters of sports, first – grade, second – grade and third – grade sportsmen and young athletes.

Number of Referees in Grades refers to he number of referees who have been given titles after examination. They are classifled as international referees. national referees and referees of the first, second and third grades.

Hospitals refer to medical institutions named as" hospital" with permanent hospital beds. which are able to take in – patients and Drovide them with medical and nursing services. Hospitals are classified into three categories: hospitals at or above the county level, hospitals of vural townships. and other hospitals. According to their ownership, hospitals can be classified into three categories: hospitals under the public health departments, hospitals under industrial and other departments and collective – owned hospitals. Hospitals at or above county 1evel are divided into comprehensive and specialized hospitals. according to business nature.

Medical Technical Personnel refers to all permanent medical staff and workers employed by medical institutions, includingdoctors 0f Chinese and Western medicine. senior doctors who integrate traditional Chinese therapeutics with Western therapeutics in practice, senior nurses, pharmacists of Chinese and Western medicine, laboratory specialists, other specialists, paramedics of Chinese and Westem medicine, nurses, midwives, druggists in Chinese and Western medicine, laboratory technicians, other technicians, other practiffoners 0f Chinese medicine. nursing attendants. pharmacological workers of Chinese and Western medicine, laboratory workers, and other primary medical personnel.

Doctors refer to qualified professional medical workers approved to practice by public health departments. They are classified in to doctors 0f Chinese medicine. doctors of Western medicine, senior doctors who integrate traditional Chinese therapeutics with Western therapeutics in practice, paramedicS of Chinese medicine and Western medicine, and other specialists of Chinese medicine.

Social Welfare Institutions refer to institutions taking care of old people without children, handicapped people and orphans, They include social weflare institutions run by civil affairs departments, childrenś welfare institutions, social welfare institutions for mental patients, and collective – owned old peopleS homes in rural areas.

Number of People Taken in by Social Welfare institutions refers to the number of old people, children, totally dependent handicapped people and mental patients taken in by social welfare institutions run by civil" affairs departments and those run by collective units in urban and rural areas.

Lawyers are legal workers who are employed by legal counseling firms to act as legal advisers, agents in criminal or civil lawsuits, or defenders in criminal lawsuits, or to handle non litigious legal affairs, to advise on matters of law or to write legal papers for others. Both full – time and part – time lawyers are included.

Notary Personnel refer to judicial workers of the state notary offices handling notarization work according to law.

They include notaries, assistant notaries, and other people working for notary offices.

Notarized refer to the wuinber of documents settled by notary offices in a certain period. The notarized documents are drawn up in ac – cordance with the regulations of the Ministry of Justice. including domestic documents and foreign related documents. Domestic documents are divided into two major categories。 documents on economic contracts and documents on civil legal relations.

Volume of Industrial Waste Water up to the Standard for Discharge refers to the volume of discharged industrial waste water that, with or without treatment, has come up to the national or local standards for discharge. For the national standards for discharge, plese see GB8978 – 88.

Volume of Industrial Waste Gas Emission refers to the volume waste gas emitted from burning of fuels and from production process in the area of the factory, and is weasured by standard condotion [273k, 101325Pa].

Volume of Industrial Soot Discharged refers to the volume of solid soot, in the smoke discharged in the process of fuel burning in the area of the factory.

Volurme of Industrial Dust Discharged refers to the total weight of solid dust discharged by industrial enterprises in the production process, such as dust of refractory materials from iron plants, dust from coke screening system or from sintering machines of coking plants, dust from lime kilns, cement dust from building material enterprises, etc. , but excluding smoke and dust discharged by power plants.

Volume of industrial Solid Wastes Produced refers to the total volume of solid. semi – solid or highconcentration liquid residue produced by industrial enterprises in their production process, including dangerous wastes, residues from melting, slag, powdered coal ash, gangue, chemical residues, tailings, radioactivc residues; and other residues, but excluding stripped or dug stones in mining(except gangue and acid or alkali stones which stones are washed or soaked by water with a PH value smaller than 4 or larger than 1 0. 5.)

Output Value or Products Made from Utilization of Waste Gas. Waste Water and industrial Solid Wastes refers to the value of products(calculated at current prices) made by industrial enterprises using recovered waste water, waste gas or solid wastes as main raw materials. Only the value of the products that have been sold or are ready to be sold should be included. The value of the products that will be used in the production of the enterprises should not be included.

十二、分区资料

STATISTICS FOR DISTRICT

简要说明

本篇资料包括分区人口、生产总值、财政收入、规模以上工业主要经济指标、乡村人口与劳动力、耕地面积、农业投入、农林牧渔业产值、主要农作物产量、乡镇企业基本情况、城镇和农村常住居民人均可支配收入、固定资产投资、社会消费品零售额等。有关资料来源与计算方法详见本年鉴各相关分篇说明。

Brief Description

The data in this chapter include population by district, gross domestic product by district, government revenue by district, main economic indicators of industrial enterprises above designated size by district, rural population and labor forces by district, area under cultivation by district, consumption of agricultural producer goods by district, gross agricultural output value by district, yield of farm crops by district, basic conditions of township enterprises by district, per capita dosposable income of urban residents and rural residents, total investment infixed assets by district, total retail sales of consumer goods by district etc. Sources and computational method related data see relevant materials in details in this yearbook.

12－1 分区户籍人口(2019年)
STATISTICS ON HOUSEHOLD POPULATION BY DISTRICT(2019)

单位:人 (person)

地区 District	总人口 Total	男 Male	女 Female	城镇人口 Urban population	出生人口 Borned Population
全市 Whole City	**9063973**	**4610667**	**4453306**	**6680999**	**114610**
江岸区 Jiang'an	785889	388746	397143	785889	8177
江汉区 Jianghan	513560	256171	257389	513560	5035
硚口区 Qiaokou	539853	269001	270852	539853	5022
汉阳区 Hanyan	521545	262748	258797	521545	7667
武昌区 Wuchang	1059808	532519	527289	1059199	9703
青山区(武汉化工区) Qingshan(Wuhan Chemical Industry Par)	459550	231650	227900	459550	3368
洪山区 Hongshan	680672	353470	327202	680672	11256
汉南区 Hannan	116662	58686	57976	65921	1209
蔡甸区 Caidian	469490	236953	232537	142627	4954
江夏区 Jiangxia	646885	332197	314688	337538	10043
黄陂区 Huangpi	1163333	592327	571006	236419	14155
新洲区 Xinzhou	972901	510784	462117	314064	11285
武汉经济技术开发区 Wuhan Economic Technological Development Zone	196394	101812	94582	196394	3348
东湖新技术开发区 East Lake High－Tech Development Zone	538899	284146	254753	499363	12972
临空港开发区(东西湖区) Wuhan Airport Economic Development Zone(Dongxihu)	354974	177506	177468	284847	5822
东湖生态旅游风景区 East Lake Ecotourism Scenic Zone	43558	21951	21607	43558	588

备注:从2015年起,公安户籍数据调整统计口径,由原来的农业人口、非农业人口调整为乡村人口、城镇人口。

Note:1. Statistic caliber of population data has changed since 2015, urban and rurall population data replacing agricultural and non－agricultural population data.

12 -2 分区常住人口
STATISTICS ON PERMANET POPULATION BY DISTRICT

单位:万人　　　　(10000 person)

地区 District	2017	2018	2019
全市 Whole City	**1089.29**	**1108.10**	**1121.20**
江岸区 Jiang'an	96.24	96.27	96.28
江汉区 Jianghan	72.96	72.97	72.98
硚口区 Qiaokou	86.85	86.87	86.89
汉阳区 Hanyan	65.27	66.42	67.00
武昌区 Wuchang	125.86	126.37	126.62
青山区(武汉化工区) Qingshan(Wuhan Chemical Industry Park)	57.50	57.52	57.54
洪山区 Hongshan	117.16	117.81	118.08
蔡甸区 Caidian	45.93	46.66	47.19
江夏区 Jiangxia	70.51	70.83	71.15
黄陂区 Huangpi	98.83	101.19	102.80
新洲区 Xinzhou	90.21	91.06	91.60
武汉经济技术开发区(汉南区) Wuhan Economic Technological Development Zone (Hannan)	41.12	43.08	44.90
东湖高新技术开发区 East Lake High - Tech Development Zone	56.14	63.92	69.37
临空港开发区(东西湖区) Wuhan Airport Economic Development Zone	56.25	58.48	60.13
东湖生态旅游风景区 East Lake Ecotourism Scenic Zone	8.46	8.65	8.67

注:青山区含武汉化工区数据,武汉经济技术开发区含汉南数据

Note:The data of Qingshan Including Wuhan Chemical Industry Park, The data of Wuhan Economic Technological Development Zone Including Hannan

12－3 分区常住人口城镇化率
URBANIZATION RATE OF PERMANENT POPULATION

单位:%

地　区 District	2017	2018	2019
全　市 Whole City	**80.04**	**80.29**	**80.49**
江岸区 Jiang'an	100.00	100.00	100.00
江汉区 Jianghan	100.00	100.00	100.00
硚口区 Qiaokou	100.00	100.00	100.00
汉阳区 Hanyan	100.00	100.00	100.00
武昌区 Wuchang	100.00	100.00	100.00
青山区(武汉化工区) Qingshan(Wuhan Chemical Industry Park)	94.56	94.63	94.73
洪山区 Hongshan	96.75	97.04	97.15
蔡甸区 Caidian	38.03	40.05	40.63
江夏区 Jiangxia	53.71	55.00	56.31
黄陂区 Huangpi	46.64	47.92	49.21
新洲区 Xinzhou	52.23	53.42	54.20
武汉经济技术开发区(汉南区) Wuhan Economic Technological Development Zone (Hannan)	78.48	79.85	80.53
东湖高新技术开发区 East Lake High－Tech Development Zone	63.77	63.91	64.08
临空港开发区(东西湖区) Wuhan Airport Economic Development Zone	65.28	65.39	65.64
东湖生态旅游风景区 East Lake Ecotourism Scenic Zone	42.91	43.58	45.08

注:青山区含武汉化工区数据,武汉经济技术开发区含汉南数据

Note:The data of Qingshan Including Wuhan Chemical Industry Park, The data of Wuhan Economic Technological Development Zone Including Hannan

12-4 按行政区分常住人口
STATISTICS ON PERMANET POPULATION BY DISTRICT

单位:万人 (10000 person)

地区 District	2017	2018	2019
全市 Whole City	**1089.29**	**1108.10**	**1121.20**
江岸区 Jiang'an	96.24	96.27	96.28
江汉区 Jianghan	72.96	72.97	72.98
硚口区 Qiaokou	86.85	86.87	86.89
汉阳区 Hanyan	65.27	66.42	67.00
武昌区 Wuchang	127.63	128.28	128.54
青山区 Qingshan	52.88	52.89	52.90
洪山区 Hongshan	163.75	167.73	171.29
东西湖区 Dongxihu	56.25	58.48	60.13
汉南区 Hannan	13.55	13.58	13.60
蔡甸区 Caidian	73.50	76.16	78.49
江夏区 Jiangxia	91.37	96.20	98.70
黄陂区 Huangpi	98.83	101.19	102.80
新洲区 Xinzhou	90.21	91.06	91.60

备注:行政区常住人口中:武昌区含东湖风景区1.92万人,洪山区含东湖高新区41.82万人、东湖风景区6.75万人和武汉化工区4.64万人,蔡甸区含武汉开发区31.3万人,江夏区含东湖高新区27.55万人。

Note: The resident population of Wuchang district includes 1.91 thousand people of East Lake Ecotourism Scenic Zone, Hongshan district includes 41.82 thousand people of to East Lake High-Tech Development Zone, 6.75 thousand people of East Lake Ecotourism Scenic Zone, 4.64 thousand people of Wuhan Chemical Industry Park. Caidian district includes 31.3 thousand people of Wuhan Economic and Technological Development Zone, Jiangxia district includes 27.55 thousand people of East Lake High-Tech Development Zone.

12-5 按行政区分常住人口城镇化率
URBANIZATION RATE OF PERMANENT POPULATION BY DISTRICT

单位:% (%)

地区 District	2017	2018	2019
全市 Whole City	**80.04**	**80.29**	**80.49**
江岸区 Jiang'an	100.00	100.00	100.00
江汉区 Jianghan	100.00	100.00	100.00
硚口区 Qiaokou	100.00	100.00	100.00
汉阳区 Hanyan	100.00	100.00	100.00
武昌区 Wuchang	100.00	100.00	100.00
青山区 Qingshan	100.00	100.00	100.00
洪山区 Hongshan	85.74	86.06	86.30
东西湖区 Dongxihu	65.28	65.39	65.64
汉南区 Hannan	59.97	60.58	61.16
蔡甸区 Caidian	57.37	58.74	59.89
江夏区 Jiangxia	54.09	55.40	55.67
黄陂区 Huangpi	46.64	47.92	49.21
新洲区 Xinzhou	52.23	53.42	54.20

12-6 分区地区生产总值(一)(2019年)
GROSS DOMESTIC PRODUCT BY DISTRICT(TABLE 1)(2019)

单位:亿元 (100 million yuan)

地区 District	地区生产总值 Gross Dometic Product	比上年增长(%) Growth Rate in 2019 over 2018(%)	第一产业 Primary Industry	比上年增长(%) Growth Rate in 2019 over 2018(%)
江岸区 Jiang'an	1335.90	6.2	0.00	
江汉区 Jianghan	1428.50	6.4	0.00	
硚口区 Qiaokou	874.18	7.8	0.00	
汉阳区 Hanyang	761.39	7.3	0.00	
武昌区 Wuchang	1522.04	7.4	0.00	
青山区(武汉化工区) Qingshan (Wuhan Chemical Indurstry Park)	863.14	6.3	6.57	-0.4
洪山区 Hongshan	1058.58	7.6	1.54	-5.4
蔡甸区 Caidian	400.53	7.5	45.75	3.2
江夏区 Jiangxia	948.80	6.5	97.30	3.3
黄陂区 Huangpi	1071.10	7.8	116.38	3.2
新洲区 Xinzhou	951.61	7.7	76.61	3.1
武汉经济技术开发区(汉南区) Wuhan Economic Technological Development Zone(Hannan)	1643.53	6.6	15.20	3.3
东湖高新技术开发区 East Lake High-Tech Development Zone	1876.76	9.4	3.68	-0.6
临空港开发区(东西湖区) Wuhan Airport Economic Development Zone (Dongxihu)	1351.63	7.5	15.94	3.2

12-7 分区地区生产总值(二)(2019年)
GROSS DOMESTIC PRODUCT BY DISTRICT(TABLE 2)(2019)

单位:亿元 (100 million yuan)

地 区 District	第二产业 Secondary Industry	比上年增长(%) Growth Rate in 2019 over 2018(%)	第三产业 Tertiary Industry	比上年增长(%) Growth Rate in 2019 over 2018(%)
江岸区 Jiang'an	238.26	8.9	1097.64	5.6
江汉区 Jianghan	100.06	5.3	1328.44	6.4
硚口区 Qiaokou	232.27	7.4	641.91	8.0
汉阳区 Hanyang	163.80	6.5	597.59	7.6
武昌区 Wuchang	178.03	1.6	1344.01	8.2
青山区(武汉化工区) Qingshan (Wuhan Chemical Indurstry Park)	582.34	6.0	274.23	7.1
洪山区 Hongshan	236.05	9.1	820.99	7.2
蔡甸区 Caidian	182.82	8.4	171.96	7.8
江夏区 Jiangxia	411.44	5.1	440.06	8.8
黄陂区 Huangpi	410.90	7.1	543.82	9.6
新洲区 Xinzhou	499.56	7.2	375.44	9.6
武汉经济技术开发区(汉南区) Wuhan Economic Technological Development Zone(Hannan)	1132.11	5.8	496.22	9.1
东湖高新技术开发区 East Lake High-Tech Development Zone	818.45	8.9	1054.63	9.8
临空港开发区(东西湖区) Wuhan Airport Economic Development Zone (Dongxihu)	788.60	6.6	547.09	9.2

12-8 分区财政收入(2019年)
GOVERNMENT REVENUE BY DISTRICT(2019)

单位:亿元 (100 million yuan)

地区 District	地方一般公共预算收入 Local General Public Budget Revenue	比上年增长(%) Growth Rate in 2019 over 2018(%)
全市 Whole City	1564.12	2.3
江岸区 Jiang'an	102.70	-4.1
江汉区 Jianghan	130.62	-4.3
硚口区 Qiaokou	60.20	-13.5
汉阳区 Hanyang	101.05	0.7
武昌区 Wuchang	141.72	0.7
青山区(武汉化工区) Qingshan(Wuhan Chemical Indurstry Park)	62.33	8.6
洪山区 Hongshan	109.44	-1.5
蔡甸区 Caidian	40.05	12.7
江夏区 Jiangxia	91.85	14.3
黄陂区 Huangpi	68.55	6.3
新洲区 Xinzhou	48.27	13.6
武汉经济技术开发区(汉南区) Wuhan Economic Technological Development Zone(Hannan)	160.03	-4.0
东湖新技术开发区 East Lake High-Tech Development Zone	163.52	9.2
临空港开发区(东西湖区) Wuhan Airport Economic Development Zone (Dongxihu)	125.99	11.4
东湖生态旅游风景区 East Lake Ecotourism Scenic Zone	13.93	66.2

12－9　分区规模以上工业主要经济指标(2019年)

单位:亿元

地　　区 District	企业单位数(个) Number of Enterprise(unit)	流动资产合计 Total Circulating assets	固定资产净额 Net Fixed Assets	营业收入 Sales Income
全　市 Whole City	2890	8111.25	3957.06	13865.02
江　岸　区 Jiang'an	22	148.24	4.85	36.57
江　汉　区 Jianghan	13	34.47	6.45	49.79
硚　口　区 Qiaokou	28	138.18	92.92	193.04
汉　阳　区 Hanyang	54	557.65	92.34	949.67
武　昌　区 Wuchang	25	54.09	18.54	48.34
青　山　区 Qingshan	94	686.01	634.06	1218.00
洪　山　区 Hongshan	92	234.74	38.56	222.19
蔡　甸　区 Caidian	320	253.15	67.11	701.52
江　夏　区 Jiangxia	281	401.36	290.14	1307.74
黄　陂　区 Huangpi	341	170.12	95.65	986.89
新　洲　区 Xinzhou	313	209.38	152.50	629.13
武汉经济技术开发区(汉南区) Wuhan Economic Technological Development Zone(Hannan)	474	2216.73	419.26	2727.50
东湖新技术开发区 East Lake High－Tech Development Zone	479	2229.26	616.33	2222.44
临空港开发区(东西湖区) Wuhan Airport Economic Development Zone(Dongxihu)	333	627.17	156.78	973.64
武汉化学工业区 Wuhan Chemical Indurstry Park	20	109.62	154.11	536.58

MAIN INDUTRIAL INDEX BY DISTRICT(2019)

(100 million yuan)

地　区 District	主营业务收入 Sales income from Principal Business	利税总额 Total Profit and Tax	应交增值税 Value - added Tax Payable	全部从业人员年平均人数(万人) The average number of employees (10 000 person)
全　市 Whole City	13573.04	428.56	16324.48	67.17
江　岸　区 Jiang'an	36.43	5.87	163.98	0.29
江　汉　区 Jianghan	49.69	8.54	45.87	0.75
硚　口　区 Qiaokou	190.39	8.93	302.70	1.90
汉　阳　区 Hanyang	894.72	31.34	730.46	1.65
武　昌　区 Wuchang	47.89	5.09	90.73	0.57
青　山　区 Qingshan	1166.07	35.94	1965.80	4.22
洪　山　区 Hongshan	209.99	13.43	318.86	1.90
蔡　甸　区 Caidian	695.61	17.21	391.49	3.90
江　夏　区 Jiangxia	1294.12	34.87	836.25	5.17
黄　陂　区 Huangpi	985.28	16.90	325.91	4.28
新　洲　区 Xinzhou	626.80	11.47	438.09	3.94
武汉经济技术开发区(汉南区) Wuhan Economic Technological Development Zone(Hannan)	2661.01	109.95	3751.44	12.64
东湖新技术开发区 East Lake High - Tech Development Zone	2178.46	79.24	4045.94	15.10
临空港开发区(东西湖区) Wuhan Airport Economic Development Zone(Dongxihu)	953.26	42.16	1202.34	5.91
武汉化学工业区 Wuhan Chemical Indurstry Park	524.03	7.63	363.62	0.56

12 - 10　分区乡村户数、人口、从业人员(2019 年)

单位:万人

项　　目 Item	武汉经济技术开发区(汉南区) Wuhan Economic Technological Development Zone(Hannan)	蔡甸区 Caidian	江夏区 Jiangxia	黄陂区 Huangpi	新洲区 Xinzhou
一、乡村户数(万户) Rural Households(10 000 Households)	**1.96**	**9.05**	**11.59**	**23.66**	**19.29**
乡村人口 Rural Population	5.96	33.14	36.95	77.55	73.30
二、乡村从业人员合计 Total Rural Laborers	**2.82**	**17.53**	**21.08**	**45.96**	**39.60**
#女　性 Female	1.34	8.26	9.43	20.53	18.84
三、国营农林牧渔场从业人员 Laborers of State - owned Farms	**0.02**	**0.22**	**0.24**	**2.29**	
1. 农业从业人员 Agricultural Laborers	0.01	0.04	0.09	0.64	
2. 非农业从业人员 Non - agricultural Laborers	0.01	0.18	0.15	1.65	

RURAL HOUSEHOLDS, POPULATION & LABOR FORCES BY DISTRICT(2019)

(10 000 person)

项　　目 Item	江岸区 Jiang'an	洪山区 Hongshan	东西湖临空区(东西湖区) Wuhan Airport Economic Development Zone(Dongxihu)	其　他 Others
一、乡村户数(万户) Rural Households(10 000 Households)	**0.04**	**0.10**	**3.26**	**6.19**
乡村人口 Rural Population	0.07	0.42	9.78	18.01
二、乡村从业人员合计 Total Rural Laborers	**0.05**	**0.25**	**5.15**	**9.45**
#女　性 Female	0.02	0.15	2.39	4.50
三、国营农林牧渔场从业人员 Laborers of State - owned Farms				
1.农业从业人员 Agricultural Laborers				
2.非农业从业人员 Non - agricultural Laborers				

12－11 分区农业投入(2019 年)
AGRICULTURAL CONSUMPTION BY DISTRICT(2019)

地　　区 District	农村用电量 (万千瓦时) Consumption of Electricity in Rural Area (10 000 kwh)	化肥施用量 (折纯) Consumption of Chemical Fertilizers (100%,ton)	塑料薄膜使用量 (吨) Consumption of Plastic Film (ton)	农用柴油 (吨) Consumption of Diesel Oil for Agri. Production (ton)	农药使用量 (吨) Consumption of Pesticides (ton)
全　市 Whole City	**144889**	**110785**	**5683**	**20575**	**3351**
江岸区 Jiang'an	2	1	1	2	0
洪山区 Hanyang	640	29	5	9	9
临空港开发区 (东西湖区) Wuhan Airport Economic Development Zone(Dongxihu)	4025	7226	943	1360	259
汉南区 Hongshan	2999	2857	297	1809	210
蔡甸区 Caidian	18110	11791	642	1820	489
江夏区 Jiangxia	13932	17233	646	3322	630
黄陂区 Huangpi	63554	33005	1624	5695	650
新洲区 Xinzhou	39848	34801	1149	6259	1050
其　他 Others	1779	3842	376	299	54

12-12 分区按当年价格计算的农林牧渔业总产值(2019年)
GROSS AGRICULTURAL OUTPUT VALUE AT CURRENT PRICE BY DISTRICT(2019)

单位:万元 (10 000 yuan)

地区	District	合计 Total	按可比价计算的增长速度(±%) Grouth Rate According to comparable Prices(±%)	农业 Farming	林业 Forstry	牧业 Animal Husbandry	渔业 Fishery	农林牧渔服务业 Farming Forestry Animal Husbandry Fishery Services
全 市	**Whole City**	**6531708**	**3.3**	**4111493**	**135289**	**739799**	**1031017**	**514110**
江岸区	Jiang'an		-100.0					
江汉区	Jianghan							
硚口区	Qiaokou							
汉阳区	Hanyang							
洪山区	Hongshan	26000	-4.9	24449	131			1420
临空港开发区(东西湖区)	Wuhan Airport Economic Development Zone (Dongxihu)	262269	3.3	169175	436	9732	80133	2793
汉南区	Hannan	250009	3.3	123783	1928	31985	89771	2542
蔡甸区	Caidian	770225	3.4	505767	4249	58307	167402	34500
江夏区	Jiangxia	1655057	3.5	1058418	59443	221361	216945	98890
黄陂区	Huangpi	2023641	3.5	1287696	28762	241456	280927	184800
新洲区	Xinzhou	1374837	3.6	812251	39428	168320	168708	186130

12－13 分区农作物总产量(2019 年)

单位:吨

地区 District	粮食作物 Grains	夏收粮食 Summer Grains	秋收粮食 Autumn Grains	棉花 Cotton	油料 Oil－bearing Crops
全市 Whole City	**886043**	**30520**	**765867**	**10673**	**134101**
江岸区 Jiang'an					
江汉区 Jianghan					
硚口区 Qiaokou					
汉阳区 Hanyang					
洪山区 Hongshan					
蔡甸区 Caidian	116774	5838	110272	954	9410
江夏区 Jiangxia	201307	1780	180728	83	26856
黄陂区 Huangpi	300596	6688	260554	3492	53274
新洲区 Xinzhou	214226	14356	163185	6065	39125
武汉经济技术开发区(汉南区) Wuhan Economic Technological Development Zone(Hannan)				19	565
临空港开发区(东西湖区) Wuhan Airport Economic Development Zone (Dongxihu)				38	443
其他 Others				22	4428

GROSS OUTPUT OF FARM CROPS BY DISTRICT(2019)

(ton)

地　　区 District	麻　类 Fiber Crops	糖　料 Sugar Crops	烟　叶 Tobacco	蔬　菜 Vegetables	瓜　类 Melons
全　市 Whole City		**19333**		**7798724**	**544439**
江岸区 Jiang'an					
江汉区 Jianghan					
硚口区 Qiaokou					
汉阳区 Hanyang					
洪山区 Hongshan				34106	8304
蔡甸区 Caidian				874856	134171
江夏区 Jiangxia				1630179	144971
黄陂区 Huangpi		6300		2439377	112616
新洲区 Xinzhou		9002		1628026	53472
武汉经济技术开发区(汉南区) Wuhan Economic Technological Development Zone(Hannan)				301608	55941
临空港开发区(东西湖区) Wuhan Airport Economic Development Zone (Dongxihu)		4031		491146	20806
其　他 Others		0		433532	22462

12-14 分区全社会固定资产投资(2019年)
TOTAL INVESTMENT IN FIXED ASSETS IN THE WHOLE CITY BY DISTRICT(2019)

单位:万元 (1 0000 yuan)

地区	District	比上年增长(%) Growth Rate in 2019 over 2018(%)
全市	Whole City	9.8
江岸区	Jiang'an	-16.7
江汉区	Jianghan	-25.6
硚口区	Qiaokou	21.6
汉阳区	Hanyang	15.4
武昌区	Wuchang	18.6
青山区(武汉化工区)	Qingshan (Wuhan Chemical Indurstry Park)	23.2
洪山区	Hongshan	12.6
蔡甸区	Caidian	21.8
江夏区	Jiangxia	12
黄陂区	Huangpi	22.5
新洲区	Xinzhou	17.6
武汉经济技术开发区(汉南区)	Wuhan Economic Technological Development Zone(Hannan)	11.5
东湖新技术开发区	East Lake High-Tech Development Zone	12.8
临空港开发区(东西湖区)	Wuhan Airport Economic Development Zone (Dongxihu)	19.9
东湖生态旅游风景区	East Lake Ecotourism Scenic Zone	-45.8

12-15 分区房地产开发投资(2019年)
THE INVESTMENT OF REAL ESTATE DEVELOPMENT BY DISTRICT(2019)

地 区 District	房地产开发投资 (亿元) Investment in Real Eatate Development (100 million yuan)	比上年增长 (%) Growth Rate in 2019 over 2018 (%)
全 市 Whole City	**2966.21**	**6.7**
江岸区 Jiang'an	245.10	-24.8
江汉区 Jianghan	174.47	-39.9
硚口区 Qiaokou	260.82	19.1
汉阳区 Hanyang	406.35	17.9
武昌区 Wuchang	191.36	5.7
青山区(武汉化工区) Qingshan (Wuhan Chemical Indurstry Park)	101.68	3.6
洪山区 Hongshan	360.10	8.3
蔡甸区 Caidian	158.84	20.3
江夏区 Jiangxia	150.39	9.5
黄陂区 Huangpi	118.05	18.9
新洲区 Xinzhou	96.40	53.5
武汉经济技术开发区(汉南区) Wuhan Economic Technological Development Zone(Hannan)	176.98	74.5
东湖新技术开发区 East Lake High-Tech Development Zone	379.05	14.3
临空港开发区(东西湖区) Wuhan Airport Economic Development Zone (Dongxihu)	146.62	18.1

12-16 分区建筑业总产值(2019年)
TOTAL GROSS OUTPUT VALUE OF CONSTRUCTION BY DISTRICT(2019)

单位:亿元 (100 million yuan)

地区 District	建筑业总产值 Gross Output Value	比上年增长(%) Growth Rate in 2019 over 2018(%)
全市 Whole City	**10390.16**	**13.0**
江岸区 Jiang'an	706.66	11.6
江汉区 Jianghan	411.42	20.7
硚口区 Qiaokou	647.64	10.9
汉阳区 Hanyang	536.21	18.7
武昌区 Wuchang	1397.66	5.3
青山区(武汉化工区) Qingshan (Wuhan Chemical Indurstry Park)	256.93	0.1
洪山区 Hongshan	1817.51	15.9
蔡甸区 Caidian	149.72	13.7
江夏区 Jiangxia	302.90	11.5
黄陂区 Huangpi	501.70	5.8
新洲区 Xinzhou	1629.48	11.6
武汉经济技术开发区(汉南区) Wuhan Economic Technological Development Zone(Hannan)	649.96	14.6
东湖新技术开发区 East Lake High-Tech Development Zone	499.54	36.9
临空港开发区(东西湖区) Wuhan Airport Economic Development Zone (Dongxihu)	882.85	15.6

注:民族建设集团有限公司从2018年三季度起由洪山区转入江夏区,两区2018年建筑业总产值进行调整。

Note:National Construction Group Co., Ltd. has been transferred from Hongshan District to Jiangxia District since the 3rd quarter of 2018, the total construction output value of the two districts was adjusted in 2018.

12－17　分区建筑业增加值(2019 年)
ADDED VALUE OF CONSTRUCTION BY DISTRICT(2019)

单位:亿元　　　　(100 million yuan)

地　　区 District	建筑业增加值 Added Value of Construction	比上年增长 (%) Growth Rate in 2019 over 2018 (%)
全　市 Whole City	**1466.43**	**6.7**
江　岸　区 Jiang'an	116.11	9.7
江　汉　区 Jianghan	70.04	13.1
硚　口　区 Qiaokou	144.38	6.2
汉　阳　区 Hanyang	82.59	11.5
武　昌　区 Wuchang	150.70	1.5
青　山　区(武汉化工区) Qingshan (Wuhan Chemical Indurstry Park)	33.91	0.7
洪　山　区 Hongshan	149.93	9.1
蔡　甸　区 Caidian	22.49	7.2
江　夏　区 Jiangxia	39.07	5.4
黄　陂　区 Huangpi	110.65	1.6
新　洲　区 Xinzhou	248.60	5.5
武汉经济技术开发区(汉南区) Wuhan Economic Technological Development Zone(Hannan)	102.24	8.0
东湖新技术开发区 East Lake High－Tech Development Zone	58.63	8.7
临空港开发区(东西湖区) Wuhan Airport Economic Development Zone (Dongxihu)	137.09	8.9

12 - 18 分区社会消费品零售额(2019 年)
TOTAL RETAIL SALES OF CONSUMER GOODS BY DISTRICT(2019)

单位:亿元　　　　(100 million yuan)

地区 District	社会消费品零售额 Total Retail Sales of Consumer Goods
全市 Whole City	7774.49
江岸区 Jiang'an	618.81
江汉区 Jianghan	1210.46
硚口区 Qiaokou	825.18
汉阳区 Hanyang	601.02
武昌区 Wuchang	788.42
青山区(武汉化工区) Qingshan(Wuhan Chemical Indurstry Park)	266.12
洪山区 Hongshan	616.40
蔡甸区 Caidian	147.17
江夏区 Jiangxia	363.03
黄陂区 Huangpi	653.80
新洲区 Xinzhou	599.32
武汉经济技术开发区(汉南区) Wuhan Economic Technological Development Zone(Hannan)	149.74
东湖新技术开发区 Eeast Lake High - Tech Development Zone	436.23
临空港开发区(东西湖区) Wuhan Airport Economic Development Zone(Dongxihu)	477.42
东湖生态旅游风景区 East Lake Ecotourism Scenic Zone	21.38

注:2019 年社会消费品零售额根据第四次经济普查结果修正。

Note:The retail Sales of consumer goods in 2019 were revised according to the results of the Fourth Economic Census.

12－19　分区单位 GDP 能耗及规模以上工业单位增加值能耗情况
ENERGY CONSUMPTION PER 10000 YUAN GDP AND PER 10000 YUAN ADDED VALUE OF INDUSTRY ABOVE SCALE BY DISTRICTS

地　区 District	单位 GDP 能耗上升或下降(±%) Growth Rate of Energy consumption per 10000 yuan GDP (±%)		规模以上工业增加值能耗上升或下降(±%) Growth Rate of Energy Consumption per 10000 yuan added Value of industry above scale(±%)	
	2018	2019	2018	2019
江岸区 Jiang'an	-5.19	-3.63	12.17	4.69
江汉区 Jianghan	-5.37	-3.73	-26.78	1.50
硚口区 Qiaokou	-4.9	-3.99	1.00	-5.14
汉阳区 Hanyang	-4.4	-5.73	0.20	-16.97
武昌区 Wuchang	-5.88	-4.63	3.32	1.89
青山区(武汉化工区) Qingshan (Wuhan Chemical Indurstry Park)	-5.35	-4.08	-5.55	-0.68
洪山区 Hongshan	-5.91	-4.72	-0.07	-10.11
蔡甸区 Caidian	-3.8	-3.80	-3.82	-10.44
江夏区 Jiangxia	-3.84	-2.52	-5.76	1.72
黄陂区 Huangpi	-4.03	-4.23	-12.92	-12.84
新洲区 Xinzhou	-2.16	-2.91	1.04	-7.35
武汉经济技术开发(汉南区) Wuhan Economic Technological Development Zone (Hannan)	-	-3.13	0.89	-3.99
东湖新技术开发区 Eeast Lake High-Tech Development Zone	-	1.42	5.07	6.64
临空港开发区(东西湖区) Wuhan Airport Economic Development Zone(Dongxihu)	-3.73	-3.76	-11.05	2.00